《中国税务绩效管理：实践发展与理论研究》
国家税务总局课题组

组　长	王　军
副组长	王道树

成　员

黄　运	付树林	刘尊涛	史　峰	荣海楼	江武峰
郭顺民	宋　震	李　呆	马陟政	何　强	赵一静
谢自强	郑刚强	徐古崀	耿耐鹏	黄世明	邹振华
李铁军	赵子建	章江伟	梁　磊	柏建生	张　晨
蔡育新	赵　滕	郭志博	陈　曦	刘和祥	车　琦

执　笔

何　强	赵一静	谢自强	徐古崀	耿耐鹏	黄世明
李铁军	邹振华	赵子建			

统　稿

黄　运	宋　震	何　强

核　审

程俊峰	郑江平	王跃伟	刘雅丽	谭　珩

咨询专家（按姓氏笔画排序）

韦新忠	朱列烈	刘旭涛	负　杰	杨开峰	张国兴
张定安	周志忍	郑耀东	俞明辉	高小平	高鹏程

审　定

王　军

国家社科基金丛书
GUOJIA SHEKE JIJIN CONGSHU

中国税务绩效管理：
实践发展与理论研究

Performance Management in China State Taxation Administration:
Practice and Theory

国家税务总局课题组　著

人民出版社

责任编辑:刘志江　邓创业
封面设计:石笑梦
版式设计:胡欣欣

图书在版编目(CIP)数据

中国税务绩效管理:实践发展与理论研究/国家税务总局课题组 著. —北京:
　人民出版社,2023.8
ISBN 978－7－01－025810－2

Ⅰ.①中⋯　Ⅱ.①国⋯　Ⅲ.①税务部门-人事管理-中国　Ⅳ.①F812.2

中国国家版本馆 CIP 数据核字(2023)第 128728 号

中国税务绩效管理:实践发展与理论研究

ZHONGGUO SHUIWU JIXIAO GUANLI SHIJIAN FAZHAN YU LILUN YANJIU

国家税务总局课题组　著

人民出版社 出版发行

(100706　北京市东城区隆福寺街 99 号)

北京中科印刷有限公司印刷　新华书店经销

2023 年 8 月第 1 版　2023 年 8 月北京第 1 次印刷
开本:710 毫米×1000 毫米 1/16　印张:21
字数:289 千字

ISBN 978－7－01－025810－2　定价:85.00 元

邮购地址 100706　北京市东城区隆福寺街 99 号
人民东方图书销售中心　电话 (010)65250042　65289539

目　　录

绪　　论

一、研究缘起

党的十八大以来，以习近平同志为核心的党中央对税收工作高度重视，强调要发挥税收在国家治理中的基础性、支柱性、保障性作用。习近平总书记关于税收工作的重要论述和重要指示批示为新时代税收事业发展标定了新方位，指明了新航向。

为确保习近平总书记关于税收工作的重要论述、重要指示批示精神和党中央、国务院决策部署在全国税务系统落地生效，国家税务总局党委深入学习贯彻习近平总书记关于"完善领导干部考核评价机制"[1]"沉下心来抓落实"[2]等重要指示批示精神，按照新时代党的组织路线和中央关于"严格绩效管理"等部署要求，聚焦以"抓好党务、干好税务、带好队伍"为主要内容的新时代税收现代化建设总目标，围绕抓班子、带队伍、促落实、提质效，自2013年5月开始研究准备，2014年在全国税务系统全面推行横向到边、纵向到底、责任到岗、任务到人的绩效管理，助力税收现代化"蓝图变现实"取

---

[1] 《习近平谈治国理政》第三卷，外文出版社2020年版，第50页。
[2] 《习近平关于力戒形式主义官僚主义重要论述选编》，中央文献出版社2020年版，第100页。

得了积极成效。税务总局党委在推行和完善税务绩效管理的过程中，通过坚定不移地推、坚定不移地改、坚定不移地用，走出了一条对标中央新精神不断优化的持续改进之路、确保中央决策部署得到贯彻落实的保驾护航之路、同步推动党建与税收业务工作高质量发展的融合共进之路，极大地激发了各级税务机关和广大税务干部担当作为的动力活力，既有效促进了税收职能作用的充分发挥，又为政府部门探索实施绩效管理积累了丰富的实践经验。

习近平总书记指出："坚持和发展中国特色社会主义，需要不断在实践和理论上进行探索、用发展着的理论指导发展着的实践。"①税务总局党委在实施绩效管理过程中，既注重实践创新以实践深化理论，又注重理论提升以理论指导实践，随着税务绩效管理的体系日益完善、作用日益明显，越来越引起实务界和理论界的高度关注。有学者提出，"政府绩效管理被称为世界性难题，中国这么大的国家需要有现代化的治理体系，税务系统绩效管理既是一次政府管理模式的创新，也是一项具有全国意义的变革"②。"目前对绩效管理理论研究日益深入，但对实践案例掌握不多。专家学者们应该好好研究税务部门的做法，以丰富研究案例。"③2019 年 5 月，中央宣传部全国哲学社会科学工作办公室将"推动高质量发展的税务绩效管理：实践发展与理论研究"确定为2019 年度国家社会科学基金重大委托项目，并由税务总局承担。本书正是在这一课题研究结项报告基础上修改而成。

二、研究意义

国家社科基金重大项目对于着力加强中国特色哲学社会科学学科体系、

---

① 习近平：《在哲学社会科学工作座谈会上的讲话》，《人民日报》2016 年 5 月 19 日。
② 刘旭涛：《一以贯之抓落实　推动税收工作高质量发展——税务绩效管理跨界研讨会侧记》，《中国税务报》2018 年 1 月 12 日。
③ 李亚飞：《税务绩效管理：触及治理灵魂的自我革命》，《瞭望》2020 年第 46 期。

学术体系、话语体系建设具有示范作用。对税务绩效管理开展研究,是税务系统不断优化完善绩效管理的应有之义,也是持续推进新发展阶段税收现代化的现实需要,同时为构建政府治理体系、推进国家治理现代化特别是加强政府绩效管理学术体系、话语体系建设提供有益借鉴。

第一,税务绩效管理实践发展和理论研究是深入贯彻习近平总书记重要指示批示精神,推进税收治理体系和治理能力现代化,服务国家治理和全面深化改革的必然要求,有助于进一步厘清税务绩效管理围绕"国之大者"、融入政府治理体系、推动税收改革发展的内在机理、运行特点和未来方向,更好服务党和国家工作大局。

第二,税务绩效管理实践发展和理论研究是认真落实党中央、国务院决策部署的必然要求,有助于在更高水平更深层次准确把握税务绩效管理的理论逻辑和实践逻辑,进一步提升税务绩效管理的政治站位和工作质效,更好推动税收事业改革发展。同时,结合税务部门实践,阐发全面质量管理的要义,为改进推动高质量发展绩效评价体系和政绩考核提供有益参考。

第三,税务绩效管理实践发展和理论研究是深化税务领域"放管服"改革、持续优化税收营商环境,服务政府管理改革和高质量发展的必然要求,有助于进一步明晰税务绩效管理的鲜明导向和重点任务,为持续深化税务领域"放管服"改革、优化税收营商环境提供更加科学的机制保障。

第四,税务绩效管理实践发展和理论研究是参与全球税收合作,提供国际税收治理中国智慧与中国方案的必然要求,有助于运用绩效管理这一国际化语言加强中外税务部门互学互鉴,进一步拓展税务绩效管理的国际视野,更好参与和服务全球税收治理。

三、研究现状

（一）关于国外政府绩效管理的研究

国外政府绩效管理研究的内容与成果集中在绩效管理的起源、内涵、绩效评价的方式、绩效管理制度体系建设与法律规范等方面。

1. 政府绩效管理起源的研究

政府绩效管理来源于促进政府高质高效履职尽责的需求。早期的研究提出，对公共管理而言，必须寻找一种衡量价值的方法，以推动政府落实政治责任、克服官僚主义、以尽可能高的效率和尽可能少的成本完成适当的工作，这种方法就是绩效。随后的研究提出，为适应"工业时代""大工业时代""后工业时代"不断变化的需要，在自由主义、凯恩斯主义、新自由主义、管理主义等主要理论的交替指导下，官僚制度本身必须不断探索适应时代需要的行政管理范式，绩效管理就是其中一项重要内容。

2. 政府绩效管理内涵的研究

对于政府绩效管理的定义，经历了从工具理性到价值理性的演变。比如，有观点认为政府绩效管理是一套包含价值、工具、制度体系的综合系统，是改进公共管理组织和公共管理项目的生产力、质量、时效性、响应性以及有效性的有力工具。在此基础上，又有研究提出，公共行政的核心价值是社会公平，主张将"效率至上"转为"公平至上"；强调公共行政变革的终极目标是建立民主行政之模型；强调公共行政的顾客导向，将顾客的需求作为政府公共部门存在、发展的前提和政府公共部门组织设计方案应遵循的目标。顾客导向的理论观点奠定了当代公共管理学的雏形和绩效管理的理论基础。

3. 政府绩效管理方式的研究

绩效评价是政府绩效管理的核心,对政府绩效管理具体操作的研究更多关注绩效评价的方式。"结果论"认为,绩效评价是一个"连续监测、反馈、传播和学习"的结果。"维度论"认为,绩效评价可以以"4E"(经济、效率、效益、公平)和平衡计分卡①(财务、客户、内部运营、学习与成长)为主要评价维度。"价值论"认为,绩效评价的主要价值取向必须扩展到政府能力(权力)、人民参政情况(民主化)、经济增长(财富)和分配(福利)等四个方面。

4. 政府绩效管理立法的研究

在绩效管理制度体系与法律规范研究上,西方国家已形成较为完善的政府绩效管理法律规范和制度体系。美国早在 1993 年就通过了《政府绩效与结果法案》,近年来不断完善,每年都有新的改革措施。有研究提出,美国绩效立法的开创性体现在五个方面,即成立绩效评估的核心领导机构、在操作层面上留有较大灵活空间、强调结果、制定战略规划、从试点开始步步推进。但也有研究认为美国《政府绩效与结果法案》遇到的问题太多,作用不大,只是流于形式,不可能触及政策制定的核心部分。近年来,欧盟、澳大利亚、日本也分别从评价制度、审计制度、公众参与、政策评价等不同角度研究和完善政府绩效管理的法律制度。

(二)关于国内政府绩效管理的研究

20 世纪 90 年代以来,我国逐步加大对政府绩效管理的探索与实践力度,

---

①　平衡计分卡(Balanced Score Card)是美国哈佛商学院教授罗伯特·卡普兰和复兴方案公司总裁戴维·诺顿于 20 世纪 90 年代初发明的一种绩效管理工具。该工具自问世以来,由于创造性地提出了一个将成长战略转化为日常行为的管理新视角,被西方企业界广泛运用,并逐步被推广到全球各类企业、非营利机构和政府部门。

相关研究也不断拓展深化。

1. 政府绩效管理基础理论的研究

研究的视野侧重于对西方新公共管理理论、委托—代理理论、成本—收益理论等政府绩效管理基础理论的阐释。比如，有观点认为受新公共管理运动的启发，委托—代理理论、成本—收益理论所倡导的公共责任、顾客至上及投入产出的理念，对修正我国政府绩效中所存在的偏差和误区有着重要的启示。[1] 同时，逐渐涌现结合马克思主义的国家学说、国家治理现代化理论等进行中国化、本土化、时代化的研究。比如，有研究提出，从马克思主义政党的执政要求来看，执政绩效的重要性体现在执政党执政实践的活动中，执政党执政能力的强弱需要通过执政绩效来体现和评判，一个不讲执政绩效的执政党不是一个现代意义上成熟的执政党，也不是一个政治学意义上合法性的执政党。[2] 有观点认为，实施绩效管理是新时代背景下适应中国当前形势、推动国家治理体系和治理能力现代化的必然选择，不仅如此，国家治理现代化主要通过国家治理绩效表现出来，意识形态与国家治理绩效之间具有较为明显的关系。[3] 但从理论上看，目前中国政府绩效管理本土化的理论研究较少，理论提炼和抽象概括尚有不足，统一的规范、共识性的理论概念和知识体系有待进一步研究、提炼，达成共识。[4]

2. 政府绩效管理价值导向的研究

早期从借鉴国外理论观点切入，注重对现代政府管理理念方式所蕴含的

---

① 臧乃康：《地方政府绩效评估的悖论及其消解》，《北京行政学院学报》2007 年第 6 期。
② 王海志：《马克思主义政党执政绩效理论探源》，《佳木斯大学社会科学学报》2006 年第 6 期。
③ 任剑涛等：《意识形态与国家治理绩效》，《学海》2018 年第 2 期。
④ 伍彬：《政府绩效管理：理论与实践的双重变奏》，北京大学出版社 2017 年版，第 52—55 页。

价值导向的挖掘。比如,有观点认为现代政府管理在社会公平的基础上对公共责任和民主参与的强调,使效率、秩序、公平和民主成为政府绩效评价的基本价值取向。① 政府的职责千差万别,部门履职归根到底都是为社会和公民提供公共服务,因此,绩效评价中应坚持公民导向的原则。此外,为了用最少的投入获取最大可能的效果,实现高绩效政府的目标,还必须树立结果导向。② 绩效评价的主体主要包括公众、政府组织、企业、立法机关、专门评估组织等,不同的评价主体所追求的价值取向并不同。总体而言,在西方国家经验启示、国内行政管理体制改革内生需求的驱动下,绩效管理制度被逐步引入我国,与行政审批制度改革、行政问责制等同时成为重要的改革工具,也正在成为一种新的行政管理模式。③ 同时,也要看到在新公共管理范式中,除了实现绩效目标外,公共管理的目标还涉及更广泛的方面,比如,引导政府主动寻求公共价值创造、改善和维持信任,并对公众的集体偏好作出反应;新公共管理的绩效目标集中在效率和经济上,这在很大程度上反映了政府服务的绩效框架、公共管理者的行政管理者角色,以及公众作为服务对象的顾客角色。④

3. 政府绩效管理指标体系的研究

2004 年,人事部《中国政府绩效评估研究》课题组曾制定一套由职能指标、影响指标和潜力指标 3 个一级指标,11 个二级指标以及 33 个三级指标构成的指标体系。有研究提出构建包含思想建设、组织建设、政风建设、制度建设、一票否决、依法行政、环境规范等 15 个方面、54 项指标的绩效评价指标体

---

① 蔡立辉:《西方国家政府绩效评估的理念及其启示》,《清华大学学报(哲学社会科学版)》2003 年第 1 期。

② 周志忍:《公共组织绩效评估:中国实践的回顾与反思》,《兰州大学学报(社会科学版)》2007 年第 1 期。

③ 高小平等:《中国绩效管理的实践与理论》,《中国社会科学》2011 年第 6 期。

④ 王林川、寿志勤、吴慈生:《政府数据开放平台服务绩效评价指标体系研究:基于公共价值视角》,《中国行政管理》2022 年第 1 期。

系。① 兰州大学中国地方政府绩效评价中心也从职能履行、依法行政、管理效率、廉政勤政、政府创新等方面构建了政府绩效评价指标体系。还有研究提出，政府绩效评价的历史就是一个客观指标和主观指标动态平衡的历史，指标体系设计要处理好客观指标与主观指标的平衡问题，主观、客观指标合理平衡的着力点包括合理确定相对权重、差异化处理、强化公民为本和结果导向的客观指标的设计、发挥满意度调查的诊断与改进功能等。② 围绕实现高质量发展目标，加强新时代政府绩效管理信息化建设，一是运用关键绩效指标的管理方法，对高质量发展目标实施精准管理；二是按照多元主体、多方参与的管理理念，完善共建共管共治的目标管理体系；三是强化绩效管理大数据对高质量发展的支撑功能。③

4. 政府绩效管理制度建设的研究

较为普遍的观点是，实施政府绩效管理背后必然有着相关制度基础支撑，否则，就必然会遇到"制度瓶颈"问题。④ 我国政府绩效管理普遍存在缺乏政府部门的统一规划和权威指导、理论研究和实践重技术轻制度、缺少对政府具有强制约束力的规则系统、缺乏系统化的制度体系等突出问题。将绩效管理的目的、原则、方法、程序和步骤以制度或法律形式固定下来，是未来深入推进我国政府绩效管理的根本出路。

（三）关于**税务绩效管理**的研究

以 2014 年全国税务系统实施绩效管理为分水岭，相关研究日益增多，学

---

① 卓越：《公共部门绩效评估的对象选择》，《中国行政管理》2005 年第 11 期。
② 周志忍：《论政府绩效评估中主观客观指标的合理平衡》，《行政论坛》2015 年第 3 期。
③ 刘登峰、姚镇：《关于加强新时代政府绩效管理信息化建设的思考》，《中国行政管理》2020 年第 8 期。
④ 刘旭涛等：《论绩效型政府及其构建思路》，《中国行政管理》2004 年第 3 期。

术界和实务界互动研究氛围越来越浓厚。

1. 税务绩效管理功能定位的研究

政府绩效管理的基本出发点在于提高行政质量和效率,但不同部门在具体实施中结合各自实际又各具特色。有观点认为税务绩效管理在深入推进税收现代化中的战略定位,重点在于抓班子、带队伍、促落实、提质效,要按照党中央关于"以推进国家机构职能优化协同高效为着力点,优化行政决策、行政执行、行政组织、行政监督体制"的要求,进一步强化绩效管理助力决策部署、促进执行落实、激发组织活力、倒逼监督纠偏的机制作用。[①] 在此基础上,有观点认为进一步抓好新时代税务绩效管理,需紧扣党建引领这一灵魂,紧贴提升政治站位这一标准,紧跟新时代要求这一命题,构建党建引领下成熟定型的税务绩效管理新体系。[②] 有观点认为税务绩效管理体系聚焦发展战略,适时动态调整,使税收工作与绩效管理一体化推进,彰显了绩效管理的战略引领作用,也解决了业务推进和绩效考评"两张皮"的问题。[③]

2. 税务绩效管理发展历程的研究

有观点认为,税务绩效管理走出了一条对标中央新精神不断优化的持续改进之路、确保贯彻落实中央决策部署的保驾护航之路、同步推动党建与税收业务工作高质量发展的融合共进之路。[④] 税务绩效管理发展经历初创、调整、改进、完善等不同阶段的持续升级。[⑤] 也有观点认为,税务绩效管理智能化即

①　王军:《绩效管理在推进税收治理现代化中的战略定位与实现路径》,《中国行政管理》2020 年第 6 期。

②　胡立升:《以党建为引领提升税务绩效管理》,《财政监督》2021 年第 17 期。

③　刘旭涛:《持续改进和优化才能切实发挥绩效管理的效用》,《中国税务》2019 年第 12 期。

④　王道树:《税务绩效管理:抓班子促落实提质效》,《瞭望》2021 年第 12 期。

⑤　冯志峰:《新时代绩效管理机制持续改进的流程创新——以税务系统绩效管理版本为研究样本》,《东方论坛》2018 年第 3 期。

将进入"全面提速、有效扩容、技术升级、汇聚联通"的建设时期,促进全面实现从"以票管税"向"以数治税"分类精准监管转变,建成国内领先的智能化行政应用系统,全方位提高税务执法、税务服务和税务监管能力,进一步提升税收治理效能,更好服务国家治理体系和治理能力现代化。①

3. 税务绩效管理基本理念的研究

有观点提出,税务工作的直接目标是为纳税人提供优质服务,税务机关可以从组织结构优化和绩效管理两个方面切入,把纳税人视为顾客,并充分落实绩效管理的引导、控制、传动、效率、执行力、满意度等管理理念,实现税务部门的公共责任。② 在工作统筹方面,有观点认为税务绩效管理统筹税务系统与地方党政绩效考评,兼容地方绩效考评与税务系统绩效考评,衔接和融合同类指标的考评标准,更有利于中央改革任务的落实,有利于政府部门间的相互配合、责任划分和政府职能的有效发挥。③ 在组织绩效与个人绩效的衔接方面,有观点认为税务绩效管理注重组织绩效与个人绩效有机衔接,以此增强组织目标和个人目标的一致性,努力打造组织与个人"共赢"的考核机制,推动税务绩效管理和税务工作走向纵深,助力经济社会高质量发展。④ 实现从组织绩效到个人绩效的考评延伸,重点是把握好考核评价的"度",即凸显政治统领的评价"高度"、多方多元的评价"维度"、定量定性的评价"尺度"、共进共荣的评价"效度"、公正公认的评价"信度"。⑤

① 伍舫:《税务绩效管理智能化的规划构想和实践路径》,《中国领导科学》2022 年第 1 期。
② 徐明朗等:《基层税务机关绩效管理问题探析》,《税务研究》2016 年第 7 期。
③ 张有乾:《建设协同高效的政府绩效管理体系》,《前线》2022 年第 1 期。
④ 程俊峰:《创新组织个人绩效衔接机制 推动税务绩效管理》,《中国科技成果》2021 年第 14 期。
⑤ 江武峰:《从组织绩效向个人绩效考评延伸的公务员绩效管理——基于税务部门公务员绩效管理的实证分析》,《中国行政管理》2022 年第 3 期。

4. 税务绩效管理运行逻辑的研究

有观点提出,税务绩效管理应坚持政治性、科学性、效能性的统一,持续挖掘绩效管理的内生动力,不断创新大数据时代的绩效管理工具,进一步发挥绩效管理在服务国家发展战略、提升税收工作质效以及激励干部队伍活力等方面的整体效能。① 有观点认为税务绩效管理与政府过程融为一体,实现了对政府过程中意见表达、意见综合、决策和决策施行诸环节的转换,亦即实施绩效管理与政府过程一体推进。② 也有研究指出,税务绩效管理的理论逻辑应当基于知事识人、差异考评、高效执行、客观公正、正向激励,构建循环递进、高效运转的闭环流程。③

5. 税务绩效管理考评体系的研究

较为普遍的观点是主张从顶层设计的科学性入手,把握指标体系的客观性、考评技术的先进性等几个关键环节,根据不同阶段目标、要求的差异,通过引用平衡计分卡、360°评价等技术工具,多角度、多层次、分阶段制定考评标准,构建起科学合理、精密严谨、公平公正的考评体系。坚持"无差异无管理"的考评理念,考评范围覆盖广,指标设置全面多样,注重统筹前后年度考评,既有"横向比",也有"纵向比",发挥了固根基、扬优势、补短板、强弱项的作用。④ 有观点提出,我国省级以下税务局实行双重领导管理体制,应推进税务系统与地方党委政府绩效考评的衔接融合,进一步促进税收现代化并更好服

① 赵子建:《试论税务绩效管理的理论逻辑》,《税务研究》2021 年第 5 期。
② 何强:《作为治理效能的高质量发展绩效:政府过程、税收作用与权利本位》,《中国行政管理》2020 年第 11 期。
③ 国家税务总局河北省税务局课题组:《税务绩效管理:实践经验、理论逻辑与发展方向》,《税务研究》2021 年第 12 期。
④ 张国钧:《税收治理现代化背景下税务绩效管理的优化与改进》,《税务研究》2021 年第 8 期。

务地方经济社会高质量发展。①

6. 税务绩效管理发展转型的研究

有观点认为,我国税务系统实施绩效管理的发展转型经历了初创型、考核型、管理型和治理型四个阶段,其战略理念、指标体系及评估方法一直在不断地创新和更新,彻底改变了税务系统传统的管理方式。② 税务总局在推行之初把绩效管理作为转职能、改作风、激活力、抓落实的重要抓手,随着实践的深化更加注重多元主体参与,在强化执行力考评的基础上凸显公信力考评,评价标准从聚焦"有没有""干没干"转向"干得好不好",整体上其价值追求实现了从提高行政效率到提升治理效能的演进。③ 经过多年的改进完善,税务绩效管理已形成了一套符合中国税务部门实际、具有示范引领效应的绩效管理模式和体系,实现了从被动考评到主动考评、从经验管理向科学管理的转变。④

7. 税务绩效管理长效机制的研究

有研究认为,税务系统在建立绩效管理制度的过程中,将税务行政管理效能、税收政策精准执行、税制改革深入推进、国税地税征管体制改革、优化税收营商环境等重大战略性任务,与有序推进绩效管理具体制度改进有机结合,全面树立以人民为中心的指导思想,构建服务于高质量税收的绩效考量维度、评

---

① 国家税务总局广西壮族自治区税务局、广西壮族自治区党委编办(绩效办)、广西财经学院联合课题组:《深化税务系统与地方党政绩效考评衔接融合的探讨——基于加强"系统集成"的视角》,《广西社会科学》2022 年第 4 期。

② 高小平、杜洪涛:《我国税务系统绩效管理体系:发展、成效和特色》,《中国行政管理》2016 年第 11 期。

③ 张定安、何强:《中国特色政府绩效管理的演进逻辑和发展方向——基于税务绩效管理的实践创新》,《中国行政管理》2022 年第 3 期。

④ 张国钧:《税收治理现代化背景下税务绩效管理的优化与改进》,《税务研究》2021 年第 8 期。

估方法、工作主体、管理流程、绩效问责、绩效改进的基本准绳和标准尺度,推动战略绩效管理落地生根。① 有观点认为,税务绩效管理的初级阶段是一种他律,靠制度来管理人、促进人、调动人,随着实践的发展、积累,应该靠绩效文化来挖掘人、激发人、提升人。② 也有观点认为,应立足深化以人民为中心的服务理念、简化绩效考核的工作流程、强化绩效考核监督的全新方案、优化信息技术的应用水平,进一步探索机关效能建设与税务绩效管理互融互促的发展策略。③

8. 税务绩效管理作用发挥的研究

有研究认为,税务系统绩效管理指标体系实现了党中央、国务院重大决策部署和税收重点工作全覆盖,对在经济下行压力形势下圆满完成税收工作任务发挥了重要保障作用。④ 也为税务部门提升治理能力和治理效能,进一步"抓好党务、干好税务、带好队伍",推动新时代税收事业高质量发展提供有力支撑。⑤ 有观点提出,税务部门通过完善税收营商环境的数字化考评指标,建立适应营商环境的数字化考评机制,推动税收营商环境不断优化。⑥ 通过将"管事"和"管人"有效衔接,充分发挥组织绩效与个人绩效"双轮驱动"效应,激励税务干部担当作为,实现了组织与个人的共同发展。⑦

---

① 高小平:《创新绩效管理制度打造人民满意的服务型税务机关》,《中国税务》2019 年第 12 期。

② 李剑平:《税务绩效文化建设探索》,《湖南税务高等专科学校学报》2016 年第 6 期。

③ 林京华:《构建机关效能建设与税务绩效管理互融互促新格局的策略研究》,《发展研究》2021 年第 12 期。

④ 国家行政学院政府绩效评估中心:《税务系统绩效管理第三方评估报告》,2016 年,第 8 页。

⑤ 付树林、何强:《论平衡计分卡理论在税务绩效管理中的运用》,《税务研究》2022 年第 5 期。

⑥ 龙岳辉、劳晓峰:《以数字化改革优化营商环境的税务绩效管理创新研究:以浙江省为例》,《中国行政管理》2022 年第 3 期。

⑦ 王献玲:《政府绩效管理中组织绩效与个人绩效衔接机制研究——基于税务部门绩效管理》,《山东经济战略研究》2021 年第 12 期。

9. 税务绩效管理国际比较的研究

围绕实施背景、绩效理念、组织机构、运转环节、指标设置、结果运用、取得成效等方面对中国、美国、日本、荷兰等国税务部门绩效管理实践进行了比较研究,试图探究政府绩效管理发展新趋势,为我国政府部门深入推进绩效管理提供借鉴。

10. 税务绩效管理示范效应的研究

税务绩效管理以制度建设为突破口,以取得实效为着眼点,全面引入政府绩效管理理念,通过组织绩效与个人绩效"双轮驱动"、过程控制与结果运用有效衔接,不断推进制度创新和优化绩效管理技术方法,在全国税务系统建立起理念先进、制度完善的绩效管理体系,树立了以全面绩效管理引领税收治理现代化的管理标杆。[1] 一方面,税务部门实施绩效管理站位高、立意远,是保障税收服务国家治理的重要手段,是党政部门推行绩效管理的典范。[2] 另一方面,税务绩效管理模式扎根于中国管理情境,在绩效管理理念、方法工具、指标体系、管理流程与结果应用等方面实现了从"管理"到"治理"的转型,为在其他政府职能部门复制与推广该模式提供了经验借鉴,体现了新时代政府绩效管理改革的发展方向。[3] 从税务绩效管理实践创新看政府绩效管理发展方向,应坚持政治性与人民性的根本遵循、制度化与规范化的坚实依托、考人与考事相互结合的基本要求、创新性与技术性的重要支撑以及效能性与发展性的不懈追求。[4] 同时应以税务系统全面绩效管理的实践为参照,构建政府绩

[1] 负杰:《以全面绩效管理引领国家税收治理现代化》,《中国税务》2019 年第 12 期。
[2] 俞明辉:《绩效管理是保障税收服务国家治理的重要手段》,《中国税务报》2021 年 8 月 18 日。
[3] 张廷君、胡佳君、林娟:《治理导向型绩效管理:政府绩效管理中的税务模式及保障体系》,《税务研究》2021 年第 8 期。
[4] 张定安、何强:《中国特色政府绩效管理的演进逻辑和发展方向——基于税务绩效管理的实践创新》,《中国行政管理》2022 年第 3 期。

效管理的差异化制度体系,促进政府绩效管理向科学化、制度化和规范化方向创新发展。[①]

四、研究内容

税务总局党委高度重视课题研究及本书的撰写工作,充分调动税务系统内外的研究积极性,突出实践性、应用性、示范性、引领性,倾力把研究报告书写在奋进新时代的税收事业发展中。围绕党和国家工作大局,立足税务部门实际,按照"为什么做""做什么""具体怎么做""以什么为保障""重点突破什么""做得怎么样""有什么启示和展望"的基本逻辑,对税务绩效管理近十年来的实践和理论创新进行深入挖掘和系统阐述,其主要内容集中概括为"四个方面"的实施背景、"一二三四五"的设计思路、"五个环节"的运行过程、"四个强化"的支撑保障、实现"三个重点突破"、发挥出"四个积极效应"、得出"十条管理启示"、提出"五方面未来展望"。

(一)"四个方面"的实施背景。即实施税务绩效管理是践行"两个维护"的实际行动、是推动税收改革发展的有力抓手、是契合税务系统特点的科学之选、是借鉴各方实践经验的创新之举,概括起来就是中央有要求、税务有需求、条件有优势、实践有借鉴。

(二)"一二三四五"的设计思路。即树立"一大战略导向"、构建"双轮驱动体系"、把握"三项实施原则"、运用"四个基础理论"、突出"五条内在机理"。

树立"一大战略导向"。深刻领悟习近平总书记关于"战略是从全局、长远、大势上作出判断和决策"的重要指示精神,锚定新时代税收现代化战略导向,以绩效管理促进全国税务系统上下同欲、勠力同心,着眼"提站位、扬优

[①] 包东红、高小平:《政府绩效管理差异化制度研究——以陕西税务系统建立重大改革快速响应机制为例》,《中国行政管理》2021 年第 10 期。

势"谋划战略、"找差距、补短板"完善战略、"谱新篇、呈递进"落实战略。

构建"双轮驱动体系"。构建组织绩效管理"4+4+4+N"框架体系和个人绩效管理"1+4+1"框架体系。

把握"三项实施原则"。把握坚定不移地推、坚定不移地改、坚定不移地用的实施原则，坚决做到善始善终、善作善成、久久为功。

运用"四个基础理论"。结合实际创造性运用战略管理、目标管理、全面质量管理、组织行为学理论，为税务绩效管理的战略谋划、目标分解、执行落实、过程控制以及组织绩效与个人绩效有机衔接等提供重要指导。

突出"五条内在机理"。突出压实责任、传导压力"抓落实"，环环相扣、持续优化"强撬动"，多元考核、多维评价"精画像"，激励约束、激发活力"促提升"，层级联动、内外互动"重协同"五条内在机理。

（三）"五个环节"的运行过程。即科学编制绩效指标、扎实推进绩效执行、有序开展绩效考评、深入运用考评结果、着力抓好绩效改进。

（四）"四个强化"的支撑保障。即依靠组织、制度、技术的变革，强化组织领导、制度保障、技术支撑和各方助力，不断优化完善绩效管理的制度机制体系。

（五）实现"三个重点突破"。一是想方设法破解"严抓班子"面临的上级抓下级班子"不易抓"、班长抓本级班子成员"不好抓"、各层级班子"不齐抓"、以往只在年终考评班子"不常抓"、抓班子奖惩措施有限"不硬抓"、抓班子有时主观能动性不足"不长抓"等难题。二是想方设法破解"严管干部"面临的"知事不深、识人不准""平时不算账、年终糊涂账""一刀切、一锅煮""干多干少、干好干坏一个样""重考核评价、轻改进提升""论资排辈、平衡照顾"等难题。三是想方设法破解"严实考评"面临的"政治素质不容易考核评价""多头重复考、统筹不到位""定性考评多、定量考评少""重结果考评、轻过程考评""信息渠道窄、数据不全面""偏于看一时、失于看长远""操作不简便、费时又费力""考评者不硬、被考者不服"等难题。

（六）发挥出"四个积极效应"。一是围绕坚决做到"两个维护"发挥"主抓手"效应，推动政治机关建设走深走实、党建引领作用抓牢抓实、全面从严治党压紧压实，进一步加强党对税收工作的全面领导。二是围绕推动高质量发展发挥"指挥棒"效应，推进圆满完成组织税费收入目标、实打实硬碰硬落实好减税降费政策、全面依法治税、全面深化税收改革、持续优化税收营商环境、建立健全税务监管体系，确保中央决策部署在税务系统落地落好。三是围绕抓好"关键少数"带动"绝大多数"发挥"传动轴"效应，激发各级税务局班子主动谋事抓事、广大税务干部积极向上向善、税务系统上下同心创先争先，持续增强税务干部队伍干事创业动力活力。四是围绕创新行政管理发挥"探路仪"效应，为深化政府绩效管理研究作出理论贡献、为推动政府绩效管理发展创造实践样本、为破解政府绩效管理难题探索方法路径、为促进绩效管理国际交流提供经验互鉴，进而提供构建政府治理体系的税务经验。

（七）得出"十条管理启示"。税务绩效管理创新为行政管理体制改革积累了经验、提供了实践样本，并折射出政府绩效管理的演进逻辑，从中可以得出"十条管理启示"。

1. 绩效管理是"着眼长远"的战略管理。具体体现为绩效管理要"有指导、有指挥、有指标"。以构建促进政令畅通、保持上下战略一致性的决策指挥系统为出发点，以发挥绩效指标的"指挥棒"作用为着力点，促进各级各部门和每名干部把握战略全局，融入工作整体，认真履职尽责。

2. 绩效管理是"全面系统"的整体管理。具体体现为绩效管理要"聚纵向、聚横向、聚同向"。坚持围绕中心、服务大局、统筹高效，系统上下层级之间、横向部门之间以及系统"条线考评"与地方党政"块上考评"之间，注重关联性和耦合性，促进纵向联通、横向打通、同向贯通，突出各方共治的综合效益，服务国家治理体系和治理能力现代化。

3. 绩效管理是"和衷共济"的协同管理。具体体现为绩效管理要"合众意、合众智、合众力"。从绩效管理运行涉及全员，涉及每项业务、每一环节、每个岗位的实际出发,坚持"一切为了群众、一切依靠群众,从群众中来、到群众中去",突出"绩效管理要走群众路线,人人向上共树税务形象",通过深入调研、广泛动员,问计问需于基层干部群众和管理服务对象,促进基层和机关互动、管理和服务并重,画好向上向善最大同心圆。

4. 绩效管理是"追求卓越"的争优管理。具体体现为绩效管理要"重创业、重创新、重创造"。坚持"惟改革者进,惟创新者强,惟改革创新者胜",围绕绩效战略目标,不断拓展视野范围,拓宽工作思路,发扬创业精神,突出改革创新,注重创造性开展工作,持续在更深层次、更高水平、更新境界推进绩效管理不断上台阶。

5. 绩效管理是"克难奋进"的攻坚管理。具体体现为绩效管理要"攻难关、攻难题、攻难点"。坚持发扬事不避难、义不逃责、攻坚克难的斗争精神,"从最坏处着想,向最好处努力",充分估计面临的困难,下定"只要方向正确、意义重大,就大胆试、大胆闯"的决心,以"红军不怕远征难"的英雄气概,知难而进、迎难而上,攻打一个又一个难关、攻破一个又一个难题、攻克一个又一个难点,不断获得新进展、取得新成效。

6. 绩效管理是"递进发展"的升级管理。具体体现为绩效管理要"能推进、能改进、能恒进"。坚持"坚定不移地推、坚定不移地改、坚定不移地用",采取"先试点、再推开"的稳中求进策略,既始终保持随着实践发展而与时俱进的深入推进态势,又能以自我革命的精神对存在问题进行优化完善,做到不是一事、一时改,而是事事关联改、持之以恒改,实现平稳接续、平滑升级。

7. 绩效管理是"激励约束"的奖惩管理。具体体现为绩效管理要"抓高线、抓底线、抓长线"。坚持激励和约束并重,顶住压力把考核评价结果与干部选拔任用、公务员年度考核、评先评优、人才培养等工作挂钩,强化正向激励和负向约束,树立"追求高线有激励、触碰底线有惩戒、长线发展有引领"的绩效导向,确保通过动真碰硬、赓续发力的绩效管理促进干部队伍崇尚实干、永葆活力。

8. 绩效管理是"科技赋能"的数智管理。具体体现为绩效管理要"可机生、可机汇、可机考"。坚持"科学技术是第一生产力",充分运用现代信息技术,为绩效管理提供支撑,促进绩效管理更加高效便捷、绩效考评更加客观公正,特别是要适应大数据时代,强化数字绩效理念,以高水准的信息集成提升量化机考水平,以数字化改造、智能化升级为绩效管理赋予新动能。

9. 绩效管理是"内化于心"的文化管理。具体体现为绩效管理要"显人文、显人心、显人气"。坚持培育既具有部门特色又洋溢时代气息的绩效文化,坚持全方位、多层次、长流水、呈递进,既在关键节点有声有势,又在日常环境润物无声,凝聚人心、厚植人气,着力提升各级各部门主动抓绩效的思想境界和行动自觉。

10. 绩效管理是"明理增信"的认知管理。具体体现为绩效管理要"明道理、明原理、明机理"。领会好、把握好习近平新时代中国特色社会主义思想的世界观和方法论,坚持好、运用好贯穿其中的立场观点方法,指导绩效管理实践。强化理论思维,做到知行合一,坚持"学用研一体化"、实践推进一步、理论研究深入一层。不断增强信心,广泛凝聚共识,遇到管理难题能够找到破解之策,在理论和实践的结合中推动绩效管理向纵深发展。

（八）提出"五方面未来展望"。深入学习贯彻党的二十大精神,围绕全面建设社会主义现代化国家,坚定不移推进税务绩效管理,确保税收职能作用充分发挥,以税收现代化服务中国式现代化,需要从"五个进一步"上持续用力。一是深化绩效管理理论探索:进一步彰显中国化时代化的要求。二是强化绩效管理基本功能:进一步贯彻新时代党的组织路线。三是拓展绩效管理实践成效:进一步推动税收工作高质量发展。四是加快绩效管理技术升级:进一步提升数字化、智能化水平。五是增进绩效管理价值认同:进一步厚植内生性、持久性动力。

五、研究方法

习近平总书记指出："要推出具有独创性的研究成果，就要从我国实际出发，坚持实践的观点、历史的观点、辩证的观点、发展的观点，在实践中认识真理、检验真理、发展真理。"①在开展税务绩效管理实践发展和理论研究过程中，课题组结合工作实际、遵循客观规律、运用科学方法，以求研究成果用于指导实践。

（一）实证研究

通过对研究对象的调查和沟通，获取客观材料，从个别到一般，归纳出绩效管理的发展规律。税务绩效管理作为税务行政管理的重要组成部分，对充分体现税收基础性、支柱性、保障性作用，以及调节资源配置、收入分配、经济总量等职能作用②的发挥起到重要作用。这些作用如何传导、影响、推动高质量发展，需要搜集相关的资料和信息，采用科学的方法加以分析论证，并得出可靠的结论，以确定和检验税务绩效管理的成效。税务绩效管理经过多年的实践，已经积累了大量的数据以及实践案例，这些数据和案例为开展实证研究提供了坚实基础。

（二）历史研究

梳理税务绩效管理发展变化的轨迹，以求更为深刻地认识其现实形态以及预测今后演进的方向。本书对近三十年来政府绩效管理以及近十年来税务绩效管理改革历程进行回顾与总结，同时走向历史深处，对我国古代官吏考核制度进行梳理，使研究根植中华优秀文化之中。

---

①　习近平：《在哲学社会科学工作座谈会上的讲话》，《人民日报》2016年5月19日。
②　《税收学》编写组：《税收学》，高等教育出版社、中国税务出版社2021年版，第12页。

（三）比较研究

在研究中,一方面对古今中外政府绩效管理的实践在比较中进行辩证分析,通过纵向比较、横向比较、纵横结合比较,为进一步分类研究提供客观依据。另一方面对单一对象进行辩证分析,尤其鉴于税务总局下辖 36 个省级税务机关、近千个市级税务机关,各地既有共性又有差异,不同层级税务机关之间也存在较为明显的区别,因此,注重着眼整个税务系统,摸清各地的共性与差异,选择具有代表性的样本,进行解剖式案例分析得出一般性、普遍性的规律。

（四）文献研究

系统梳理中央领导重要讲话精神、有关制度文件、课题研究报告、数据库期刊资源、政府网站资料以及国内外相关研讨会材料。重点围绕习近平总书记关于战略、绩效、效能、考核、评价、评估、抓班子、促落实、防风险、关键少数、推动高质量发展、国家治理体系和治理能力现代化等方面的重要论述,党中央、国务院关于绩效管理、政绩考核、公务员管理、推动高质量发展、国家治理体系和治理能力现代化等方面的决策部署进行研究。同时,对 21 世纪以来理论界、实务界关于推进国家治理体系和治理能力现代化、推动高质量发展、绩效管理等方面的学术论文和专著等,结合博弈论、控制论、系统论、新公共管理、目标管理、风险管理、全面质量管理契约理论、激励理论等进行提炼借鉴。

第一章　税务绩效管理的实施背景

党的十八大以来,中国特色社会主义进入新时代。税收工作在推进国家治理体系和治理能力现代化、实现中华民族伟大复兴中国梦的征程中肩负重要使命。绩效管理是创新政府管理方式的重要举措。税务部门作为国家重要经济管理和税收执法部门,实施绩效管理,是适应政府管理改革大势的迫切需要,是服务经济社会发展大局的内在要求,是带好税务系统这支大队伍的有效抓手。

一、实施税务绩效管理是践行
"两个维护"的实际行动

税务总局党委牢记习近平总书记对带好税务系统干部队伍的殷切嘱托,对标对表新时代党的组织路线,认真落实中央关于健全干部考核评价体系、严格绩效管理的部署要求,既闻讯闻令而动,又脚踏实地而行,在全系统全面实施绩效管理,确保全国税务系统听党指挥、为党尽责,心往一处想、劲往一处使,激励各级税务机关和广大税务干部担当作为。

(一)认真贯彻习近平总书记重要指示批示精神

党的十八大以来,习近平总书记围绕加强绩效考核、完善干部考核评价机

制等发表了一系列重要论述,多次作出重要指示批示,为税务部门做好绩效管理工作指明了前进方向、提供了根本遵循。

在绩效"战略"上,突出旗帜鲜明讲政治、善于从战略上看问题。习近平总书记指出:"党的政治建设是一个永恒课题,来不得半点松懈。"① "不从政治上认识问题、解决问题,就会陷入头痛医头、脚痛医脚的被动局面,就无法从根本上解决问题。"② "只有站在政治高度看,对党中央的大政方针和决策部署才能领会更透彻,工作起来才能更有预见性和主动性。"③ "中央和国家机关首先是政治机关,必须旗帜鲜明讲政治。"④ 同时强调:"要善于进行战略思维,善于从战略上看问题、想问题。""党中央作出的战略决策必须无条件执行,确保不偏向、不变通、不走样。"⑤

在绩效"目标"上,突出完善机制体系、持续优化改进。习近平总书记指出,要"完善干部考核评价机制"⑥ "强化督促考核机制""建立健全改革举措实施效果评价体系"⑦,"必须加快形成推动高质量发展的指标体系、政策体系、标准体系、统计体系、绩效评价、政绩考核"⑧。加强绩效考核"要建立日常考核、分类考核、近距离考核的知事识人体系"⑨。"以咬定青山不放松的执着奋力实现既定目标,以行百里者半九十的清醒不懈推进党和人民事业。"⑩ 引导各级领导干部牢固树立正确的政绩观,充分发挥干部考核评价的指挥棒作

① 习近平:《增强推进党的政治建设的自觉性和坚定性》,《求是》2019 年第 14 期。
② 习近平:《增强推进党的政治建设的自觉性和坚定性》,《求是》2019 年第 14 期。
③ 《习近平谈治国理政》第四卷,外文出版社 2022 年版,第 41 页。
④ 习近平:《论坚持党对一切工作的领导》,中央文献出版社 2019 年版,第 159 页。
⑤ 习近平:《更好把握和运用党的奋斗历史经验》,《求是》2022 年第 13 期。
⑥ 《习近平谈治国理政》第三卷,外文出版社 2020 年版,第 50 页。
⑦ 《共同为改革想招一起为改革发力 群策群力把各项改革工作抓到位》,《人民日报》2014 年 8 月 19 日。
⑧ 习近平:《论把握新发展阶段、贯彻新发展理念、构建新发展格局》,中央文献出版社 2021 年版,第 216 页。
⑨ 《切实贯彻落实新时代党的组织路线 全党努力把党建设得更加坚强有力》,《人民日报》2018 年 7 月 5 日。
⑩ 习近平:《以史为鉴、开创未来 埋头苦干、勇毅前行》,《求是》2022 年第 1 期。

用。同时强调："制度更加成熟更加定型是一个动态过程，治理能力现代化也是一个动态过程，不可能一蹴而就，也不可能一劳永逸。我们提出的国家制度和国家治理体系建设的目标必须随着实践发展而与时俱进，既不能过于理想化、急于求成，也不能盲目自满、故步自封。"①"改革争在朝夕，落实难在方寸。越是任务重、困难大，越要知难而进、迎难而上。"②因此，要始终保持攻坚克难的勇气，持续改进优化绩效管理，决不能停下脚步，决不能有松口气、歇歇脚的想法。

在绩效"执行"上，突出主要领导亲自抓、层层压实责任。习近平总书记指出："党委（党组）书记作为第一责任人，既要挂帅又要出征，对重要工作亲自部署、重大问题亲自过问、重要环节亲自协调、重要案件亲自督办。要进一步健全制度、细化责任、以上率下，层层传导压力，级级落实责任。"③"要拿出实实在在的举措，一个时间节点一个时间节点往前推进，以钉钉子精神全面抓好落实。"④同时强调："要加强党内政治文化建设，让党所倡导的理想信念、价值理念、优良传统深入党员、干部思想和心灵。"⑤通过实施绩效管理，做到知行合一、真抓实干，一级抓一级、层层抓落实。

在绩效"考评"上，突出完善考核机制、做到考准考实。习近平总书记指出："坚持把政治标准放在首位，做深做实干部政治素质考察。"⑥"考核干部要经常化、制度化、全覆盖"⑦。同时强调，"要改进考核方法手段"⑧，"要全面

---

① 《习近平谈治国理政》第三卷，外文出版社2020年版，第127页。

② 《坚决贯彻全面深化改革决策部署　以自我革命精神推进改革》，《人民日报》2016年10月12日。

③ 《习近平关于严明党的纪律和规矩论述摘编》，中央文献出版社2016年版，第121—122页。

④ 《切实学懂弄通做实党的十九大精神　努力在新时代开启新征程续写新篇章》，《人民日报》2017年10月29日。

⑤ 《把党的政治建设作为党的根本性建设　为党不断从胜利走向胜利提供重要保证》，《人民日报》2018年7月1日。

⑥ 习近平：《高举中国特色社会主义伟大旗帜　为全面建设社会主义现代化国家而团结奋斗——在中国共产党第二十次全国代表大会上的报告》，人民出版社2022年版，第66页。

⑦ 习近平：《在全国组织工作会议上的讲话》，人民出版社2018年版，第18页。

⑧ 《习近平谈治国理政》第一卷，外文出版社2018年版，第419页。

贯彻网络强国战略,把数字技术广泛应用于政府管理服务,推动政府数字化、智能化运行"①,"要加强统筹安排,特别是要采取有效措施为基层减负"②"把握好定量分析和定性判断的关系"③,"要加强信息资源共享,不能简单以留痕多少、上报材料多少来评判工作好坏"④。因此,必须充分运用信息化手段改进考核方式,既要增强考核的科学性、针对性、可操作性,也要切实为基层减负。

在绩效"奖惩"上,突出强化激励约束、推动高质量发展。对各级干部,要坚持激励和约束并举,既坚持党纪国法的"高压线",也要重视正面激励,完善容错纠错机制,旗帜鲜明给那些呕心沥血做事、不谋私利的干部撑腰鼓劲。习近平总书记指出:"要建立崇尚实干、带动担当、加油鼓劲的正向激励体系,树立体现讲担当、重担当的鲜明导向。""要建立健全干部担当作为的激励和保护机制,切实为勇于负责的干部负责、为勇于担当的干部担当、为敢抓敢管的干部撑腰。"⑤推动形成能者上、优者奖、庸者下、劣者汰的正确导向。同时强调:"要找出短板,在补齐短板上多用力,通过补齐短板挖掘发展潜力、增强发展后劲。"⑥因此,要通过绩效管理反映工作成效和存在的不足,促进改进提升,推动高质量发展。

(二)认真贯彻新时代党的组织路线

新时代党的组织路线是全面贯彻习近平新时代中国特色社会主义思想,

① 《加强数字政府建设 推进省以下财政体制改革》,《人民日报》2022年4月20日。
② 《习近平关于力戒形式主义官僚主义重要论述选编》,中央文献出版社2020年版,第82页。
③ 习近平:《论把握新发展阶段、贯彻新发展理念、构建新发展格局》,中央文献出版社2021年版,第313页。
④ 习近平:《努力造就一支忠诚干净担当的高素质干部队伍》,《求是》2019年第2期。
⑤ 习近平:《贯彻落实新时代党的组织路线 不断把党建设得更加坚强有力》,《求是》2020年第15期。
⑥ 习近平:《深入理解发展理念》,《求是》2019年第10期。

以组织体系建设为重点,着力培养忠诚干净担当的高素质干部,着力集聚爱国奉献的各方面优秀人才,坚持德才兼备、以德为先、任人唯贤,为坚持和加强党的全面领导、坚持和发展中国特色社会主义提供坚强组织保证。

新时代党的组织路线突出了我们党具有严密组织体系这个独特优势,揭示了着力培养忠诚干净担当高素质干部的本质要求,指明了为坚持和加强党的全面领导、坚持和发展中国特色社会主义提供坚强组织保证的目标取向,为做好新时代党的建设和组织工作提供了根本遵循。贯彻落实新时代党的组织路线,要始终坚持以组织体系建设为重点,通过组织绩效与个人绩效管理,努力提高各级党组织的政治领导力、思想引领力、组织凝聚力、社会号召力。

正确理解新时代党的组织路线的科学内涵和实践要求,必须坚持目标导向、问题导向、结果导向相统一,准确把握好贯彻落实的基本要求。通过推行绩效管理,进一步把坚持和加强党的全面领导这一根本目的、党管干部这一根本原则落到实处,推动全国税务系统统一意志、统一行动、步调一致向前进。特别是让政治标准具体起来、鲜明起来、落得下来,引导广大干部在贯彻落实习近平总书记重要指示批示精神和党中央决策部署的实际行动中,进一步增强"四个意识"、坚定"四个自信"、做到"两个维护",在思想上政治上行动上始终同以习近平同志为核心的党中央保持高度一致,确保干部队伍政治上信得过、靠得住、能放心。

(三)认真贯彻中央关于严格绩效管理的部署要求

我们党历来高度重视对干部的考核评价,党的十八大以来更加鲜明地树立起重干重实绩的政绩考核评价导向。党的十八大报告提出:"完善干部考核评价机制,促进领导干部树立正确政绩观。"党的十八届五中全会审议通过的《中共中央关于制定国民经济和社会发展第十三个五年规划的建议》提出:"完善政绩考核评价体系和奖惩机制,调动各级干部工作积极性、主动性、创造性。"党的十九届四中全会审议通过的《中共中央关于坚持和完善中国特色社会主义制度、推进国家治理体系和治理能力现代化若干重大问题的决定》提出"把制度执行力和治理能力作为干部选拔任用、考核评价的重要依据"。

2014年3月,国务院《政府工作报告》提出:"完善政绩考核评价体系,切实把各方面积极性引导到加快转方式调结构、实现科学发展上来";2015年3月,国务院《政府工作报告》提出:"完善政绩考核评价机制,对实绩突出的要大力褒奖,对工作不力的要约谈诫勉,对为官不为、懒政怠政的要公开曝光、坚决追究责任。"

为确保党中央、国务院部署要求落地落细,中央有关部门进一步印发文件作出细化规定。其中,中共中央办公厅2019年4月印发《党政领导干部考核工作条例》,成为党在法规制度建设史上对干部考核工作作出总体规范的第一部条例,既为做好新形势下绩效考核工作提供了基本规范,也为进一步激励广大干部担当作为、干事创业提供了制度保证。中央组织部2013年12月印发《关于改进地方党政领导班子和领导干部政绩考核工作的通知》,对"完善政绩考核评价指标""加强对政绩的综合分析"等作出细化规定;2020年11月印发《关于改进推动高质量发展的政绩考核的通知》,对"充分发挥政绩考核指挥棒作用""聚焦推动高质量发展优化政绩考核内容指标"等作出细化规定。

绩效考核是绩效管理的核心环节,是政绩考核评价的具体应用和深化拓展。党的十八大报告提出:"创新行政管理方式,提高政府公信力和执行力,推进政府绩效管理。"党的十八届三中全会审议通过的《中共中央关于全面深化改革若干问题的决定》提出:"严格绩效管理,突出责任落实,确保权责一致。"党的十九届三中全会审议通过的《中共中央关于深化党和国家机构改革的决定》提出:"严格绩效管理和行政问责,加强日常工作考核,建立健全奖优惩劣的制度。"2013年3月,国务院《政府工作报告》提出:"探索建立政府绩效管理制度,建立并切实执行以行政首长为重点的行政问责制度,努力提高行政效能。"随后在国务院第一次全体会议通过的《国务院工作规则》中进一步规定："国务院及各部门要推行绩效管理制度和行政问责制度,加强对重大决策部署落实、部门职责履行、重点工作推进以及自身建设等方面的考核评估,健全纠错制度,严格责任追究,提高政府公信力和执行力。"2018年6月,国务院修订《国务院工作规则》,重申"国务院及各部门要严格执行工作责任制,严格绩效管理和行政问责"。2020年7月,中央组织部办公厅印发《关于开展公务员绩效管理试点工作的通知》,决定自2020年10月开始,在天津、内蒙古、江苏等5个地区和税务总局、工信部2个部门开展公务员绩效管理试点工作,为建立公务员绩效管理制度积累实践经验。

为贯彻落实好上述要求,税务总局党委以推行绩效管理为载体,创新行政管理方式,将绩效考核与干部考核、政绩考核等融为一体,积极打造"战略—目标—执行—考评—奖惩—改进"的绩效管理闭环,完善上下贯通、执行有力的组织体系,健全并严格执行工作责任制,既考班子又考干部、既考机关又考基层、既抓考核又抓管理、既抓过程又抓结果、既重数量又重质量、既重效率又重效益,坚决整肃庸政懒政怠政行为,尤其对重点任务,铆紧各方责任、层层传导压力,确保不折不扣落实到位。

二、实施税务绩效管理是推动税收改革发展的有力抓手

党的十八大以来,习近平总书记对税收工作发表了一系列重要论述,多次作出重要指示批示,集中体现了党在税收领域的意志、主张、立场,为税务部门更好把握职能定位、担当历史使命提供了政治指引和根本遵循。税务总局党委着眼新时代赋予税务部门光荣艰巨的使命任务,探索和实施税务绩效管理,确保全国税务系统贯彻落实好习近平总书记关于税收工作的重要论述、重要指示批示精神和党中央、国务院关于税收改革发展的重大决策部署。

（一）推动"抓好党务"加强党对税收工作的全面领导

习近平总书记指出："中央和国家机关首先是政治机关,各部门各单位职责分工不同,但都不是单纯的业务机关。"①在实施国税地税征管体制改革期间,习近平总书记亲自批准同意各级税务局党组改设党委,从领导体制上为加强党对税收工作的全面领导提供了更为有力的保障。只有把党的领导贯穿到税收工作的全过程和各方面,税务部门才能不负党和人民的信任与重托,担负起"为国聚财、为民收税"的神圣使命。

税务总局党委始终牢记税务机关第一身份是政治机关、第一属性是政治属性、第一要求是旗帜鲜明讲政治,反复强调税务总局和省、市、县税务局以及税务分局(所)都是政治机关,都要把党的政治建设摆在首位,坚定捍卫"两个确立",坚决做到"两个维护"。为此,着眼于健全党委领导体制及相关工作机制,将"绩效管理抓班子"作为"带好队伍"机制体系的重要组成部分,推动税务系统各级党委充分发挥把方向、管大局、保落实的作用,切实把党对税收工作的全面领导落到实处。

（二）推动"干好税务"充分发挥税收职能作用

习近平总书记强调要发挥税收在国家治理中的基础性、支柱性、保障性作用,并指出："科学的财税体制是优化资源配置、维护市场统一、促进社会公平、实现国家长治久安的制度保障。"②习近平总书记关于税收工作的重要论述,突破性地把税收置于党和国家事业发展全局的高度进行谋划,把税收制度作为基本制度来安排,把税收治理上升到国家治理层面进行布局,使税收的职能作用超越了经济层面,拓展到政治、社会、文化、生态文明等诸多领域,使税

---

① 习近平:《论党对一切工作的领导》,中央文献出版社 2019 年版,第 323 页。
② 习近平:《关于〈中共中央关于全面深化改革若干重大问题的决定〉的说明》,《人民日报》2013 年 11 月 16 日。

收作为治国理政的重要手段和制度保障的作用进一步强化和升华。为贯彻落实好习近平总书记关于税收工作的重要论述和党中央、国务院有关决策部署，税务总局党委深入研究如何发挥税收职能作用、如何进一步深化税收征管改革、如何优化税收营商环境、如何健全完善税务监管体系、如何提升国际税收领域话语权影响力等一系列重大理论和实践问题。

从税收职能看，税务部门一方面既收税又收费，税费规模不断增长，以2021 年为例，征收税费收入共计 24.1 万亿元，其中，税收收入（已扣除出口退税）15.46 万亿元，社保费 6.68 万亿元，非税收入和其他收入 1.97 万亿元。另一方面相机抉择的政策多、专业性强，既有普适性税收政策，又有针对不同企业、不同行业、不同类型经济活动的专门性政策，很多政策需要根据经济社会发展形势变化及时调整，既有减税降费，又有缓税缓费，还有大规模退税，同时也有加强税收监管和税务稽查方面的部署要求。特别是近年来，税收工作大事难事叠加、职能职责拓展，从增值税改革到个人所得税改革、到社保费和非税收入划转，再到更大规模减税降费以及新的组合式税费支持政策包括大规模留抵退税政策落实，从国税地税"合作"到机构"合并"，再到建设智慧税务推进"合成"，一个任务接着一个任务干、一项改革接着一项改革推，而且在组织收入的同时落实减税降费，在推进内部变革的同时"带电作业"实施税制改革和系列退税减税政策，可以说任务不断增加、责任也越来越大。

税务总局党委始终胸怀"国之大者"，自觉把税收工作放在党和国家事业发展大局中谋划，着力构建"依法征税聚财力、改革兴税促发展、便民办税优服务、科技强税提质效、多方协税谋共治"的"干好税务"机制制度体系，提出并推进"四个想方设法"，即想方设法把名义税率降下来、想方设法把实际征收率提上去、想方设法把偷逃税打击掉、想方设法把税费服务优化好，发挥税收在国家治理中的基础性、支柱性、保障性作用。为此，通过实施绩效管理，打造一套落实重大决策部署的快速响应机制、税收工作持续改进的评价导向机制、树立税务队伍良好形象的内生动力机制、促进征纳关系和谐的服务增效机制,促进税收职能充分发挥,助力推动税收治理现代化。

（三）推动"带好队伍"倾情打造税务铁军

税务总局党委始终牢记习近平总书记的殷殷嘱托,全面贯彻新时代党的组织路线,适应税务系统干部队伍建设新形势新要求,着眼于构建强党治税带队的机制制度体系,倾心倾情带队,锻造勇于担当的"钢铁之师",推动党和国家税收事业不断开拓新局面、取得新成效。

从税务系统干部队伍状况看,全系统从税务总局到分局(所)5个层级,截至2021年底,共有在职干部职工60余万人,队伍大、层级多、分布广、战线长,存在不小的管理难度。在2018年税务机构改革之前,分设国税、地税两大系统,在上下协同开展工作、密切合作服务好纳税人等方面需要加强;改革之后,两大系统合并为一,在人员磨合、业务整合、系统集合过程中又面临新的挑战。总体上看,需要进一步创新管理理念方式,激发干部队伍动力活力,不断提高工作效能效率。一是需要一套解决"执行力梗阻"的有效办法,促进打通政策执行落实"最初一公里"和"最后一公里",防范出现随着层级向下延伸有的单位和干部在执行落实中搞变通、作选择、打折扣的现象;二是需要一套解决"创新力不足"的有效办法,防范出现随着改革向纵深推进有的单位和干部畏难情绪抬头、意志削弱、要么随波逐流、要么裹足不前的现象;三是需要一套解决"激励力缩水"的有效办法,防范出现由于干与不干一个样、干多干少一个样、干好干坏一个样导致干部队伍人心涣散、甘于"躺平"、不思进取的现象。

"火车跑得快,全靠车头带。"税务总局党委深刻认识到,唯有抓好班子才能带好队伍,唯有带好队伍才能干好税务,班子建设之于队伍建设犹如发挥"头雁效应"。从税务系统管理体制来看,从税务总局到县税务局四级班子可能存在"看得见的管不着、管得着的看不见"等难题,更需要一套行之有效的办法来破解,实现一级抓一级、一级带动一级、上下贯通抓落实提质效。

为此,通过实施绩效管理,统筹组织绩效与个人绩效,既以组织绩效管理为抓手促进解决抓班子过程中存在的问题,又以个人绩效管理为抓手促进解决带队伍过程中存在的问题;既以制定考评指标、落实工作责任倒逼职能转变、工作改进,又以评价工作业绩、强化结果运用切实体现干与不干、干多干少、干好干坏不一样,持续不断提振税务干部精气神,释放担当作为正能量,树立税务部门良好社会形象。

三、实施税务绩效管理是契合税务系统
特点的科学之选

税务总局党委立足税务系统垂直化的管理体制、同质化的业务优势、规范化的工作优势以及主动适应数字化时代加快金税工程建设的信息化技术优势,经过深入调研、反复论证、集体决策、广泛动员,探索和实施税务绩效管理。

（一）契合垂直化的体制优势

全国税务系统从税务总局到省、市、县、乡税务机构具有垂直化的体制特点,实施税务绩效管理具有三个方面的优势。一是组织领导力优势。税务系统始终把加强党对税收工作的领导放在首位,党的政治领导力、思想引领力、群众组织力、社会号召力在税收领域不断增强。同时,建立健全一级对一级负责、层层抓落实的制度机制,坚决贯彻落实党中央、国务院决策部署,始终确保政令畅通、令行禁止。二是贯彻执行力优势。始终围绕"国之大者",自觉与党中央、国务院的决策部署对标对表,始终坚持系统上下一盘棋,配套建立权责一致、分工合理、科学决策、执行顺畅、监督有力的管理机制,确保了税务系统统一认识、统一行动,做到步调一致向前进。三是统筹协调力优势。牢固树立系统观念,既自觉把税收工作融入党和国家事业发展大局中去思考和谋划,加强税收改革发展的顶层设计,又注重统筹"人、财、物、事",强化统筹协调和指挥调度,以重点突破带动全面工作提升。这些优势为全国税务系统实施绩效管理提供了管理体制上的有利条件。

(二)契合同质化的业务优势

税务总局党委立足全国税务系统抓好党务、干好税务、带好队伍具有同质化的业务优势,在税务绩效管理实施过程中,从税收业务同质可描述、可比较、可考评角度出发,明确考评标准,优化考评规则,不断推进科学化、精细化考评。业务同质化的优势,一方面有利于构建统一的绩效管理体系。由于具备业务同质化的特点,各地税务部门的工作目标、要求、标准趋于一致。在税务总局统一领导下,各级税务部门围绕统一的目标任务设立考评指标体系和相应的考评标准、规则,在此基础上,坚持统分结合、分级管理、联动协调,既发挥了各级税务机关自主创新的积极性,也使税务绩效管理工作形成了上下良性互动、各地统筹并进的良好局面。另一方面有利于形成完整的绩效管理链条。税收工作同质化的业务优势,决定了工作标准要求的趋同性,有助于形成科学的绩效管理链条。比如,落实中办、国办印发的《关于进一步深化税收征管改革的意见》(以下简称《意见》)的有关工作任务和要求、标准,经过分级分层科学分解定责后,能精准有序在税务机关各级、各部门、各岗位逐级逐项得到贯彻落实,虽然各地具体措施不同,但目标"殊途同归"。此外,把上一年度绩效考评中发现的工作短板纳入下一年度绩效指标进行考评,能使同质化税收业务得到持续有效的优化完善,更加有利于抓好工作的改进提升。

(三)契合规范化的工作优势

随着税收现代化的持续推进,税务系统党的建设、组织收入、税收征管、纳税服务、内控监督、风险防范以及干部队伍建设、内部行政管理等方面制度化、规范化建设水平不断提高,为实施绩效管理奠定了坚实的基础。对照相关业务规范、工作标准,能够设置工作可量化、计分可操作、过程可监控的绩效指标并严格实施考评,使落实各项目标任务的路线图、时间表、责任书清晰地展现在各级税务机关和广大税务干部面前。比如,《全国税务系统党建工作规范》制定后,对其贯彻落实情况进行考评,围绕责任内容、责任清单和工作事项细化考评标准,各级税务机关党委主体责任越压越实、工作抓手有力有效。又如,贯彻落实《意见》,将重点改革任务全部纳入绩效考评,明确改革任务台账和分工安排,促进系统上下合力攻坚。再如,制定一体化综合监督体系"1+6"制度文件,进一步规范综合监督工作,在此基础上,对应设置相关指标,将"督察内控""巡视巡察""正风肃纪"等方面监督检查内容细化和明确,形成更加完善的考评体系,促使监督之弦越绷越紧、制度之网越织越密、问责之剑越磨越亮。

（四）契合信息化的技术优势

税务总局主动适应数字化时代的发展趋势,持续加快金税工程建设。从金税三期上线、优化到金税四期启动,智慧税务建设推动了税务执法、服务、监管、内部管理的理念、方式、手段等全方位变革。金税三期工程建成了税收业务处理"大平台",着力打造大数据云平台,首次实现了税收征管数据的全国集中,能够处理90%以上的税收业务。伴随中办、国办印发的《意见》落地,以金税四期建设为主要内容的智慧税务建设正式启航,推动税收征管方式从"收税"到"报税"再到"算税",税收征管流程从"上机"到"上网"再到"上云",税收征管效能从"经验管税"到"以票控税"再到"以数治税"。同时,税务绩效管理也"内嵌"到金税四期系统,成为业务流和工作流的最后一个环节,形成"信息系统+业务应用+内控绩效"的"大三角"税收治理体系。此外,电子税务局建设开启了办税缴费的新时代,涉税事项实现跨区域远程办理、跨层级联动办理、跨部门协同办理,全国95.7%的涉税市场主体注册使用电子税务局,纳税人网上申报率持续稳定在99%以上。运行增值税发票管理2.0版,手机App上线发票网上申领模块,建成全国统一的电子发票服务平台等,促进了税收征管数字化升级和智能化改造。税收信息化突飞猛进带来的技术优势,为实施绩效管理提供了可靠的数据来源,使指标设置更加精细、数据抽取更加方便、考评结果更加客观、操作运行更加有效。同时,更加科学高效的绩效管理也有力推动了精确执法、精细服务、精准监管、精诚共治,促使税务执法规范性、税费服务便捷性、税务监管精准性进一步提升。

四、实施税务绩效管理是借鉴各方
实践经验的创新之举

习近平总书记强调:"要按照立足中国、借鉴国外,挖掘历史、把握当代,关怀人类、面向未来的思路,着力构建中国特色哲学社会科学"①。税务总局党委坚持开阔视野、广泛借鉴,从有关部门和地方的前期实践、古代中国政绩考核传统文化、外国政府及其税务部门做法中汲取有益经验,并针对一些单位在推行绩效管理中面临的问题,寻求创新求变的突破口,探索和实施税务绩效管理。

(一)借鉴有关部门和地方的前期实践

现代意义上的中国政府绩效管理发轫于 20 世纪 80 年代,当时各地基于目标管理实施的目标责任制是政府绩效管理的开端。20 世纪 90 年代,围绕效能建设,各地探索并形成了诸如基于目标责任制的"青岛模式"、重视效能提升的"福建模式"、强调社会服务承诺制的"烟台模式"等一批具有代表性的政府绩效管理新模式。进入 21 世纪后,随着目标管理、PDCA 循环、平衡计分卡等西方政府绩效管理理念与技术的引入,目标责任制、效能建设以及社会服务承诺制等多种模式逐步整合,基本形成相对统一的政府绩效管理框架。但

---

① 习近平:《在哲学社会科学工作座谈会上的讲话》,《人民日报》2016 年 5 月 19 日。

整体来看,中国政府绩效管理仍处于自发状态,规范的制度建设比较滞后,配套机制与措施也尚未建立起来,绩效管理效用的充分发挥仍有较大空间。[①]税务绩效管理是税务部门吸收借鉴有关经验,结合部门特点进行探索实践、创新发展的成果。

1. 政府绩效管理的发展环境

我国政府绩效管理以干部考核制度为发端,大体经历了从个体绩效到部门绩效再到组织绩效的发展历程。1949 年中央组织部颁布《关于干部鉴定工作的规定》,强调干部考核的政治性,提出要把干部考察的重点放在"政治立场、观点作风、掌握政策、遵守纪律、联系群众、学习态度等方面。"1979 年中央组织部发布《关于实行干部考核制度的意见》指出,干部考核是一项新的政治工作,考的就是干部的政治立场和思想品德。1984 年劳动人事部下发《关于逐步推行机关工作岗位责任制的通知》提出,严明干部工作考核和奖惩对于改善机关工作、克服官僚主义、提高办事效率、调动广大干部奋发向上的积极性有着非常重要的政治作用。

改革开放初期,小岗村率先实行的联产承包责任制就是一种绩效考核方法。在 1994 年中央提出"产权清晰、权责明确、政企分开、管理科学"16 字方针之后,国有企业更是加快了自己的改革步伐,绩效管理作为改革的一项重要内容,得到不断的巩固和完善。可以说,国有企业改革的成功离不开"铁饭碗"的打破以及在企业内部实行绩效管理。2003 年 10 月,党的十六届三中全会明确提出要建立预算绩效评价体系。2005 年国务院《政府工作报告》提出要"抓紧研究建立科学的政府绩效评估体系和经济社会发展综合评价体系"。2008 年党的十七届二中全会通过的《关于深化行政管理体制改革的意见》中提出,推行政府绩效管理和行政问责制度。这是中央文件中第一次正式提到

---

① 负杰:《中国政府绩效管理 40 年:路径、模式与趋势》,《重庆社会科学》2018 年第 6 期。

"绩效管理"这一术语。至此,政府绩效管理开始在中央层面部署推进,从考核政治素养到考核政治责任、从评价权力运行的单个环节到所有环节、从建立考核制度到建立绩效评估体系,政府绩效管理实践逐步深入。

2. 政府绩效管理的制度建设

"有制"才能"有治","善制"方能"善治"。2009 年 7 月,中央组织部下发《地方党政领导班子和领导干部综合考核评价办法(试行)》《党政工作部门领导班子和领导干部综合考核评价办法(试行)》《党政领导班子和领导干部年度考核办法(试行)》三个文件,这是关于领导班子、领导干部个人绩效考核评价的第一批制度,为绩效管理的制度化奠定了基础。2012 年 3 月,国务院政府绩效管理工作部际联席会议第二次会议通过《关于政府绩效管理试点工作中期评估情况的报告》《2012 年政府绩效管理工作要点》《政府绩效管理工作部际联席会议议事规则》三项制度,进一步明确了政府绩效管理的基本运行规则。同时,一些地方政府与部委也分别研究制定适用于本地区或本部门的绩效管理办法与实施细则等,进一步推动了政府绩效管理的制度化、规范化。

3. 政府绩效管理的实践历程

2006 年 2 月,国务院深化行政管理体制改革联席会议决定探索实行政府绩效评估,具体工作由人事部牵头。人事部确定湖南、吉林、上海杨浦区、南通市为第一批试点单位。2008 年,政府绩效评估正式发展为政府绩效管理,并被写入党的十七届二中全会文件和国务院《政府工作报告》中。2010 年 7 月,监察部增设绩效管理监察室,负责政府绩效管理的调查研究、指导协调和监督检查工作。2011 年 3 月,国务院建立由监察部、中央组织部、国家发改委、财政部等 9 个部门组成的政府绩效管理工作部际联席会议制度。2011 年 6 月,监察部印发《关于开展政府绩效管理试点工作的意见》,选择北京、福建、广西、杭州等 8 个地方政府和国家发改委、财政部等六部委进行政府绩效管理试点。到

2012 年底,全国已有 23 个省(区、市)和 20 多个国务院部门开展政府绩效管理工作。这些探索积累了实践经验,加深了对中国特色政府绩效管理规律的认识。

4. 政府绩效管理的基本做法

通过对近五年来各省、自治区和直辖市党委政府绩效考核办法和指标体系的梳理可以看出,政府绩效管理已经从“一种管理工具”发展成为地方政府治理创新和转型发展的重要组成部分,在提升行政效能和推动高质量发展方面发挥了重要作用。

一是加强组织保障。为确保绩效管理有序推进,大部分省都成立党委牵头、党政合一的绩效考评领导小组及工作机构负责组织实施绩效管理工作,挂靠在省委办公厅、省政府办公厅或省委组织部、省政府督查室等部门,有的设置专职机构负责考评工作。比如,北京市成立由常务副市长任组长、20 多个部门参加的市政府绩效管理工作领导小组,统筹指导开展市级行政机关和区政府绩效管理工作,同时在市政府办公厅设有 10 人编制的绩效管理办公室,在纪检监察部门增加绩效监察职能并增加人员编制,形成了决策、执行、监督“三位一体”的工作机制。湖南省考评领导机构为湖南省绩效评估委员会,省委书记任委员会主任,委员会下设办公室,省人社厅厅长任省绩效办主任,人社厅下设绩效考核和表彰奖励处,负责省直和中央在湘单位绩效评估相关事宜。广西壮族自治区党委、政府联合成立自治区绩效考评领导小组,在自治区党委编办挂领导小组办公室牌子,并设第一绩效考评处、第二绩效考评处、社会评价管理处(第三绩效考评处)3 个职能处。

二是健全制度办法。各地党委、政府基本都制定了绩效管理制度办法及年度考评工作实施方案,明确指导思想、组织保障、考评对象、指标架构、评价评议、程序方法、结果运用等制度安排。比如,天津市制定《年度全市绩效管理工作实施方案》《年度绩效管理公众评议方案》《关于被考评单位因获得表彰和受到通报批评进行加减分的规定》;山东省制定《党群机关政府部门绩效考核办法(试行)》《省直机关绩效考核实施方案》;陕西省制定《陕西省年度目标责任考核工作规定》,每年还出台《年度考核实施办法》,提出具体的实施方案和操作细则。同时,普遍把税务部门等垂直管理单位纳入地方绩效考评,比如,山西省制定《中央驻晋单位促进地方经济社会发展工作目标综合评价试行办法》,大连市制定《部分中直驻连单位工作实绩考核实施方案》等,重视发挥中直单位服务地方经济社会高质量发展的作用。

三是完善指标体系。各地党委政府绩效指标体系内容涵盖党的建设、部门履职尽责、主要职能完成情况及由社会各界群众评议打分的公众评价等方面内容。比如,河北省 2021 年度全省绩效考核目标体系由职能工作、重点任务、批示批办、评价评议、党的建设 5 类指标构成;江苏省《2021 年度综合考核实施办法》规定,考核内容要聚焦推进或服务高质量发展成效、加强党的建设高质量成效和满意度评价等;广东省《2020 年度中直驻穗机关绩效考核方案》重点考核落实主责主业、落实党建工作责任、服务基层和群众满意度 4 方面情况;重庆市《2021 年市级党政机关目标管理绩效考核方案》采取"3+2"考核指标体系,即党建目标、职能绩效目标(包括业务目标、专项目标)、基础保障目标 3 大类,以及其他加分项目、扣分项目。整体上,各省绩效考评注重以党的建设统领各项工作,并高度重视地方经济和民生事业的发展。

四是优化方式方法。一方面注重优化方式。比如,北京市统筹组织专项考评部门和第三方机构,分年中、年底两次对各单位绩效任务落实情况进行察访核验并据之进行绩效考评,做到任务有台账、监管有平台、节点有反馈、考评有依据;吉林省坚持平时考评和年终考评相结合,并注重运用自我评估、察访核验、社会评价、领导评价、综合评价等方法。另一方面注重运用信息技术。比如,福建省开发建设全省绩效管理公众网络测评系统,并与福建省网上办事大厅、闽政通 App 互联互通。

五是强化结果运用。各地党委、政府在绩效考评结果运用中坚持激励约束并重。比如,黑龙江省将绩效考评结果与选拔任用、问责追责结合起来,建立反馈通报、督查整改、组织处理等工作机制，实现压力传导、责任倒逼；福建省将绩效考评结果作为政绩考核、干部考察、评先评优、精神文明单位评定的重要参考，并在安排设区市正向激励资金时，将上一年度绩效考评结果作为重要分配因素；安徽省委、省政府发文通报绩效考核结果，对排名靠前的予以表扬，排名靠后的给予提醒、约谈等；深圳市将绩效考评结果作为领导决策、编制管理、预算管理、奖励惩戒的重要依据。

总体而言，借鉴有关部门、地方党委政府以不同形式开展的绩效管理或考评工作，主要有以下几点。一是着眼于提升效能。通过对工作过程、实绩和效果的综合考评，促进政府职能转变，增强执行力和公信力。二是立足于过程控制。通过制定适时监控、事中监督、专项督查等机制，跟踪工作进度，强化各层级、各部门之间的沟通，及时发现问题，纠正偏差。三是落脚于工作改进。通过绩效管理发现问题、解决问题、改进工作，注重创新创优。四是侧重于正向激励。通过为干部提供展示才华、创造业绩的平台，采取通报表彰、给予嘉奖、记功等方式，激发干部动力活力。五是依托于组织保障。设立绩效管理或绩效评估领导机构和办事机构，保障工作运转。

（二）借鉴中国古代政绩考核的传统文化

习近平总书记指出："优秀传统文化是中华民族的精神命脉。"我国古代行政管理实践蕴含着优秀的政绩考核理念和绩效思想，"绩效"概念亦可从中追溯，比如，《后汉书·荀彧传》提到"原其绩效，足享高爵"，《旧唐书·夏侯孜传》提到"录其绩效，擢处钧衡"，说明绩效与论功行赏、职务任免密切联系。在实施绩效管理中，需要从中国古代政绩考核文化中继承优秀的"历史基因"，进行创造性转化和创新性发展。

1. 古代考核制度的脉络

先秦时期，尧、舜的考绩之法可以认为是我国官吏考核制度的实践渊源。

《尚书》《史记》记载,尧、舜使用考绩之法,以奖勤罚懒、扬善抑恶、进贤退拙。尧通过考绩选择舜做接班人,《尚书·尧典》记载:"帝曰:格汝舜,询事考言,乃言底可绩,三载。汝陟帝位。"①同时,舜也通过考绩选拔人才管理国家,并以考绩的结果来确定奖罚和留退。《周礼·天官冢宰·大宰》记载,"以八法治官府""八曰官计,以弊邦治"。官计,即考察官对吏员的监督考课,使人知勉励而不敢懈怠。② 战国时期各诸侯国普遍实行"上计"制度,由国君与官吏"剖券"为凭进行"对账式"考核。后来,高级官员对下级官吏也逐渐普遍采用这种方法进行考核。

秦代对官吏的考核称为"考课",分为一年一次的大课和一季度一次的小课。汉代"上计"制继续完善。郡、县平时都有工作记录,秋冬岁尽,各县将户数增减、农田垦植、社会安定状况等,上计于郡,郡再加以汇编,上报丞相、御史两府。丞相府分管中央机构和地方郡国的考核,御史府负责核实被考核官吏政绩的虚实。③ 魏晋南北朝时期,皇帝亲巡是对官员的一项重要的考课方式。唐太宗非常重视考绩,进一步完善了考绩制度,其时的唐制规定宰相以下文武官吏不论职位高低、出身门第都要经过考核。宋代范仲淹在《答手诏条陈十事》提出"明黜陟、抑侥幸、精贡举、择官长、均公田、厚农桑、修武备、减徭役、覃恩信、重命令"④十项改革举措,认为太祖、太宗两朝"文武百官皆无磨勘之例,惟政能可旌者,擢以不次;无所称者,至老不迁"。基于此,他得出"故人人自励,以求绩效"的结论,建议破格提拔政绩卓著者,撤换有罪和不称职者,能者上、平者让、庸者下。⑤ 明代的考绩分"考满"与"考察"两种,"考满"是指对每个官员在任职年限中的政绩所进行的考核,"考察"是指对官员是否有不称

---

① 顾颉刚、刘起釪:《尚书校释译论》,中华书局 2005 年版,第 98 页。
② 颜世富:《中国古代绩效管理思想研究》,《上海管理科学》2014 年第 6 期。
③ 颜世富:《中国古代绩效管理思想研究》,《上海管理科学》2014 年第 6 期。
④ 《范仲淹全集》第二册,李勇先、刘琳、王蓉贵点校,中华书局 2020 年版,第 462—474 页。
⑤ 何强:《"人人自励,以求绩效"——中国古代绩效文化管窥》,《中国税务报》2015 年 10 月 19 日。

职或过失行为进行审查和处理的一种政绩方法，两者相辅而行。清代停止了考满法，而将其功能全部并入考察法之中。①

2. 古代考核机构的设置

推动政府绩效管理，需要成立专门的绩效管理岗位和机构。《尚书·舜典》记载，舜设 12 牧分管政事，委任 22 人为主管，考绩逐级推行。《周礼》记载有很多官吏负有考核职能，使考核形成了一个完整的体系，复杂的考核职事得以顺利开展。② 战国时期，荀子提出应当由"相"来主管考绩，"论列百官之长，要百事之听，以饰朝廷臣下百吏之分，度其功劳，论其庆赏，岁终奉其成功以效于君。当则可，不当则废"③。"相"的职责是考核百官，规定职分，计功行赏，年终向君主述职。秦朝统一全国后，在中央实行三公九卿制度，"三公"中除太尉外，丞相和御史大夫均有考绩百官的职责。荀子的思想在汉代得到实践，中央主持考绩的官吏是丞相（司徒）和御史大夫（司空）④，地方上则主要由郡、县行政长官负责。⑤ 魏晋南北朝时期，吏部开始设考功郎、考课尚书等官职。由此可见，隋唐以前的考绩制度尚无专门的管理机构，通常是由某些特定官吏兼领，尤其是中央各部门及地方各级行政长官，一般都兼掌考绩。

专门负责考绩制度的管理机构是在魏晋南北朝时期开始萌芽，到隋唐时期才确立起来的。⑥ 隋朝在吏部正式设置考功司，专门负责对全国官吏的考绩，从而在中国历史上第一次出现了专职的考绩机构。唐代明确把考课与选授、勋封连在一起，由同一个部门负责。宋代对官吏的考绩，不再专属吏部，而是独立出来另外设立专门负责考绩事宜的审官院和考课院。审官院负责考绩

---

① 鲍静、解亚红：《政府绩效管理理论与实践》，社会科学文献出版社 2012 年版，第 217 页。
② 颜世富：《中国古代绩效管理思想研究》，《上海管理科学》2014 年第 6 期。
③ 楼宇烈主撰：《荀子新注》，中华书局 2018 年版，第 223 页。
④ 东汉时改由尚书台负责，尚书台下属六曹之一的三公曹就是主管官吏考课的机构。
⑤ 鲍静、解亚红：《政府绩效管理理论与实践》，社会科学文献出版社 2012 年版，第 201 页。
⑥ 林新奇：《机关绩效管理》，中国人事出版社 2011 年版，第 7 页。

京官,考课院负责考绩外官。此后各朝代虽有某些变化,但由专门的机构主管全国各级各类文武官吏考绩的体制则相对稳定下来,比如,明清时期的考功清吏司等。通过设置专门的官吏考核机构,不仅使考核工作更加专业化、常规化、系统化,还确立了官吏考核工作的责任追究机制,确保考核工作的系统性、严肃性和权威性。[1]

3. 古代考核标准的演变

考绩标准是考绩制度赖以实行的重要依据,也是考绩能否取得成效的前提条件之一。我国历史上为考绩而制定的标准很多,包括"德、能、勤、绩"等各个方面,各朝代总是依据其当时所处的社会实际状况和需要来制定考绩的标准,所以各朝代考绩的侧重点不同。

《周礼》中官计涉及官吏考核标准问题。"官计,谓小宰之六计,所以断群吏之治。"[2]"六计",即"廉善、廉能、廉敬、廉正、廉法、廉辩"[3]。战国时期上计的范围包括仓库存粮、垦田和赋税数目,户口统计、治安情况等。秦代以"五善五失"[4]作为考核标准。"五善"为"中(忠)信敬上、精(清)庸毋谤、举事审当、喜为善行、龚(恭)敬多让","五失"为"夸以迣、贵以大(泰)、擅裚割、犯上弗智(知)害、贱士而贵货贝"。从个人政治品德及行为表现方面提出了具体考核要求。魏晋南北朝时期,西晋制定"五条课郡县法",以"正身、勤百姓、抚孤寡、敦本息末、去人事"[5]五项标准对郡县官吏进行考核。唐代实行磨勘,并形成一套"四善二十七最"的指标体系。"四善"是考核官德的抽象标准,包括"德义有闻,清慎明著,公平可称,恪勤匪懈"。"二十七最"则是将官吏按职能

---

① 梁仁志:《中国古代官吏考核制度及启示》,《紫光阁》2018 年第 9 期。
② 《周礼注疏》,中华书局 2009 年版,第 1390 页。
③ 《周礼注疏》,中华书局 2009 年版,第 1480 页。
④ 秦朝《为吏之道》竹简,1975 年 12 月湖北省云梦县睡虎地秦墓出土的睡虎地秦墓竹简之一。
⑤ 《晋书·武帝纪》,中华书局 1974 年版,第 58 页。

分为二十七类进行考核。宋代颁行《守令四善四最》考课法，"四善"为"德义、清谨、公平、勤恪"，"四最"为"断狱平允、赋人不扰；均役屏盗、劝课农桑；赈恤饥穷、导修水利；户籍增衍、整治簿书为最"①。明代的"考察"制度，专察官吏的不足，考察内容主要有八个方面：贪、酷、浮躁、不及、老、病、罢、不谨。清代的考察借鉴明代，对京官的考绩以"四格八法"为考核内容。所谓"四格"，即"守、政、才、年"。其中，"守"分廉、平、贪；"政"分勤、平、怠；"才"分长、平、短；"年"分青、中、老。所谓"八法"指"贪、酷、罢软无为、不谨、年老、有疾、浮躁、才力不及"等八个方面，基本与明制同。②

综上，从先秦到明清的考绩标准发展趋势：在内容上由主要看官吏的工作实绩到工作实绩与德行表现相结合，而且德行表现的成分越来越重；形式上则由繁杂逐渐简化，甚至形成某种抽象化的概念。这种趋势与古代皇权专制主义的发展以及考绩对象由重视考绩地方官转向既重视地方官更重视京官的变化特点密切联系在一起。

4. 古代考核程序的规定

中国历代官吏考核基本都遵循着大体相同的程序：先由部门主事官员对下属官吏进行初考；再由京师各部门和地方政府将初考情况具文送至中央主管机关，由中央主管机关委派专职官员进行复考；最后再将复考情况上奏皇帝，由皇帝亲自裁定批准。中央考核地方，上级考核下级，考核程序自下而上层层推动、级级落实，使考核工作落到实处。③

古时受制于地理空间、交通工具、信息传输手段等因素影响，对外派官员的考核难以做到日常考核和过程管理，因此考评周期的时间跨度往往都比较

---

① 张晋藩：《考课与监察：中国古代职官管理的法律传统》，《中国应用法学》2018 年第 5 期。
② 刘绍义：《清代官员考核的"四格八法"》，《秘书工作》2017 年第 1 期。
③ 梁仁志：《中国古代官吏考核制度及启示》，《紫光阁》2018 年第 9 期。

长,尽管如此,古人还是想尽办法克服困难,努力做到平时考核和任期考核相结合。周朝对官员"三载考绩,三考,黜陟幽明"①,即三年一小考,九年一大考。这种以三年为一个考评周期的做法影响深远,确立了中国古代考核周期的基本节奏,直至明清依然沿用。汉代的"上计"制度,在每年秋天开始,年终结束。一年一小考,三年一大考。唐代同样也是每年一小考,仅评定被考核者的等级;三至五年一大考,综合考评这几年的政绩以决定升降与奖惩。宋代基本沿袭唐代做法,继续保留每年一小考、三年一大考的做法,而且还规定文官三年一任、武官五年一任的任期制度。明代考察京官每六年一次,外官每三年一次,其中外任武官每五年一次。清代在明代的基础上,对京内官员和京外官员即地方总督、巡抚及其下属官吏的考核均为三年一次,三次方为"考满"。

5. 古代考核方法的类型

考绩程序一旦确立,便要制定相应的考绩方法,使考绩标准付诸实施。考绩方法是否合理得当,直接关系到考绩的成败及效果。为了使考绩不致流于形式或走过场,我国古代曾创造过许多考核方法。

分类考评。西周时天子就对官吏实行不同的考绩方式。东汉时期思想家王符认为,要使各项法令制度得到较好的实施就必须"治吏",而实现"治吏"的主要手段是考功,"知贤之近途,莫急于考功"②。他认为不同的官吏要有不同的"实"去考核,要将考核重点放在将相权臣和"言不忠行"者等人身上,通过考核以其功绩决定其进退。唐代"二十七最"考核体系就是对不同业务的官吏实行不同的考核标准。比如,"铨衡人物,擢尽才良,为选司之最"③,是对人事部门的考核标准;"礼制仪式,动合经典,为礼官之最",是对礼事部门的考核标准;等等。此后,历朝历代均对京官和在外派驻的官员分别实施考评。

---

① 顾颉刚、刘起釪:《尚书校释译论》,中华书局 2005 年版,第 193 页。
② (汉)王符撰,(清)汪继培笺:《潜夫论笺校正》,彭铎校正,中华书局 1985 年版,第 62 页。
③ 《新唐书》卷四六,中华书局 1975 年版,第 1823 页。

量化考评。汉代评定政绩的方法，或评分、定等，或"功劳案"，都存在一种"量化"的趋向。垦田、户口、狱讼等都是通过数量反映出来的，而不能用数量表示的其他行政事务，也是通过一定的标准换算成分数，这就使不同官吏的政绩具有横向可比性。唐代"四善二十七最"的指标体系中的"二十七最"每类均制定相应标准，据之设置一定量化指标进行考核。比如，考核州县官，管内户口每增加10%进一等，每减损10%降一等。

分档考评。比如，汉代考核的结果，好的称"最"，差的称"殿"。唐代官吏考核分为三等九级，即上、中、下三等，上上、上中、上下，中上、中中、中下，下上、下中、下下九个级别。① 明朝将被考者相应分为三类，称职被列为上等，平常为中等，不称职为下等。清代对京官的考绩称为"京察"，其考核结果分为一等勤职、二等称职、三等供职。对外官的考绩称为"大计"，将外官的结果分卓异与供职两种。卓异，即其政绩突出、优于他人，可以升迁；供职，即其作为平庸，无所建树，不能升迁。②

察访核验。中国古代对于官员的考核包括抽查、巡视等考核手段。比如，汉代特别重视朝会受计和实地考察，官员不仅要在朝堂上汇报政绩，同时也要接受实地考察。元代官吏考课方法有廉访与计月制两种。其中廉访是指每个道都设肃政廉访司，每司有肃政廉访使八人，两人留司掌握总的情况，其余六人实地巡查官员的功过优劣。③

6. 古代考核结果的运用

古代考绩只是一种手段，它的直接目的是为奖惩提供依据。任何一种成功的考绩制度无不带有明确的奖惩目的性，所有的考绩流程无不落实到结果运用上来。

① 李恩柱：《古代官员如何考核》，《领导文萃》2010 年第 2 期。
② 颜世富：《中国古代绩效管理思想研究》，《上海管理科学》2014 年第 6 期。
③ 颜世富：《中国古代绩效管理思想研究》，《上海管理科学》2014 年第 6 期。

我国古代的奖惩又称"赏罚",传说原始社会末期已开始奖惩之施。禹的父亲鲧治水九年而无成,被舜杀于羽山。禹治理水患取得巨大成就,得到人们的称赞和爱戴后,成为舜的接班人。夏商时期,赏罚普遍用于战争。从西周开始,国家政治体制比较系统地建立起来,国家管理走向正轨,奖惩措施逐渐由主要用于军事而转向与日常管理考绩制度相结合。军功赏赐除赏赐官爵外,还赏给土地、住宅、奴婢等,而惩罚则有免职、疏用、不用、鞭笞、惩罚及处死。

春秋战国时期,随着封建官僚制度的确立,奖惩开始真正以考绩为基础。秦国时期,奖惩制度以"上计"结果为依据,宣明优劣,以定黜陟进退。奖励主要有官职的升迁、实物奖励、特殊礼遇等。处罚主要有降职、鞭笞、禁锢等。汉代董仲舒提出"有功者赏,有罪者罚。功盛者赏显,罪多者罚重。不能致功,虽有贤名,不予之赏;官职不废,虽有愚名,不加之罚。赏罚用于实,不用于名;贤愚在于质,不在于文",主张赏罚一定要与绩效密切联系,重奖重罚才有明显的激励效果。

自唐代至清朝,随着政治制度的不断完善和君主专制集权统治的日益加强,奖惩制度不断完备,并且更加紧密地与考绩制度结合起来。唐代将考绩结果划分为三等九级,所有官员皆依考绩结果等级定黜陟,"凡考,中上以上,每进一等,加禄一季;中中,守本禄;中下以下,每退一等,夺禄一季"①。唐代考绩方法细致具体奖罚严明,取得明显效果。明代根据对官吏政绩的考核结果,决定其去留、转正和升降。

吏治是国家治理的关键,张居正曾说:"致理之道,莫急于安民生;安民之要,惟在于核吏治。"况且中国素有"民以吏为师"的传统文化,官为民作出表率,既需要道德教化,也需要制度保障。在这个意义上,考核可以说是实现这一目标的一项重要制度安排。钱穆认为,中国历史上"选举与考试基本上是

_____

① 《新唐书》卷四六,中华书局1975年版,第1192页。

融为一体的""考试的原意,一为考绩,二为试用"。他同时指出:"中国历史上考试与选举两项制度,其用意在政府和社会间打通一条路,好让社会在某种条件某种方式下来掌握政治,预闻政治和运用政治,这才是中国政治制度最根本问题之所在。"①1983年,美国卡特总统时期的人事总署署长艾伦·坎贝尔在中国演讲时说:"当我被邀请来中国讲授文官制度时,我感到非常惊讶。因为在西方所有的政治学教科书中,当谈到文官制度时,都把文官制度的创始者归于中国。"②如果从现实的角度去认知中国古代的绩效文化,由此而折射出整个历史进程的脉络,其重要性不言而喻。③

总体而言,考绩作为对官吏选拔的一种手段,不仅可通过检验政绩以确定官吏的实际政治素质,而且可通过确认每个官员在国家行政活动中的基本作用与责任,以达到有效促进国家行政管理活动的目的。从古代考绩制度的实践特点可以看出,把工作实绩与奖惩结合可以更好地识别和使用官吏;考核与"监督"相结合才能收到实效;简明易懂,标准适中,是考绩制度得以落实的重要条件。④ 这带给现代政府绩效管理的重要借鉴是,绩效考评必须坚持知事识人导向、注重过程控制、做到简便易行,特别是要强化组织领导、明确评价标准、创新考评方法、加强结果运用、激励约束并重,从而确保更加充分地发挥积极效应。

从中国古代政绩考核体系的发展演变,可以总结出以下几点经验:一是在考绩对象上,坚持全员考核。中国古代的考绩与奖惩面向所有官吏,从宰相、尚书以下,直至州县官,均须接受考核,并根据考绩结果接受奖惩。通过考绩制度来加强对全国地方行政长官的约束,对于整肃官僚队伍,维护国家的长治久安,具有重要意义。二是在考绩标准上,坚持全面考核。历代考绩都强调内

① 钱穆:《中国历代政治得失》,生活·读书·新知三联书店2001年版,第8页。
② 宋鲁郑:《中国创造新的制度文明》,《红旗文稿》2013年第22期。
③ 何强:《"人人自励,以求绩效"——中国古代绩效文化管窥》,《中国税务报》2015年10月19日。
④ 郑海峰:《中国古代官制研究》,天津人民出版社2007年版,第3页。

容全面、标准明确。对京官强调德才兼备,对地方官则特别注重实绩。这种针对不同官员、依其具体职责制定考绩目标的做法,既使官吏对于自己职守内应干什么、努力到什么程度等做到心中有数,同时也能使考绩管理者较为客观地衡量被考绩者的优劣,使双方都有规可循,使考绩具有较强的可操作性。[1] 三是在考绩操作上,坚持制度规范。为保证考绩活动顺利进行,历朝历代都设立专门职官或机构行使职能,并按规定时间期限和考绩程序进行。这对广大官员起到了持续的激励约束作用。历代考绩多要求御史等监察官员参与,以"按察虚实真伪,相辅为用",初步形成了考绩与监察相结合、分级考核管理与中央垂直监督相结合、实体性制度安排与程序性制度安排相结合的制度体系。这对于当今政府绩效管理改革来说,具有重要的借鉴意义。四是在结果运用上,坚持业绩为重。历代统治者大都重视考绩活动,以考绩结果作为官员的任免、升迁、奖惩的依据。中国古代探索出一整套赏罚并重的约束激励机制,保证了考绩制度的实际效果。凡是奖惩升迁机制与考绩结果严格挂钩的时期,往往政治清明、社会运行良好、经济发展迅速。所以我们今天应以贤能为依据、以业绩为依据来选拔和奖惩政府官员。[2] 其中,尤其要注重政治建设,把好政治标准。五是在政绩考核理念上,坚持文化培育。从中国古代政绩考核理念和绩效思想上看,包括四个基本理念:公众满意理念、公共服务理念、公共责任理念、社会效益理念。推进实施绩效管理,要在借鉴中国古代政绩考核传统文化理念基础上,坚持守正创新,重视政府绩效文化的培育。倡导科学化、精细化、以人为本、知行合一的管理理念,形成"人人讲绩效、事事求绩效"的文化氛围,进而持续释放绩效管理的积极效应。

(三)借鉴外国政府及其税务部门的实践做法

外国政府绩效管理实践首先起源于 20 世纪 50 年代美国联邦政府的绩效

---

① 侯经川等:《中国古代政府绩效管理:发展与启示》,《湖南社会科学》2006 年第 6 期。
② 胡森森:《中国古代政府如何进行绩效管理》,《领导科学论坛》2014 年第 6 期。

预算制度。20 世纪 70 年代末 80 年代初,在全球化背景下,西方发达国家高度重视国家竞争力,政府能力成为综合国力和竞争力的一种主导性因素。企业管理领域的目标管理、平衡计分卡等理念和方法开始被引入政府管理,并发展成为新的公共管理工具。国外实践的主要特点和发展趋势:一是绩效评估的制度化,即首先建立一套法律制度体系,严格履行政府绩效评价流程;二是评估体系的规范化,即根据实际情况制定科学合理的绩效考量标准体系;三是突出绩效评估的公民导向,以公民为中心,以满意为尺度。①

1. 美国政府及税务部门绩效管理

美国政府绩效管理源于 20 世纪初成立的纽约市政研究局,该局从 1906 年开始,定期向市政府提交市政管理和公共工程绩效报告。② 1949 年,美国开始在联邦政府层面上大力推广绩效预算。1993 年,美国国会通过《政府绩效与结果法案》,要求美国所有的联邦机构部门制订一个至少包括未来 5 年工作目标的战略规划、将战略目标分解成年度目标的年度执行计划、对年度计划执行结果进行评价的年度计划执行情况等三份报告的总体战略规划。这三份报告将提交给国会中相应的专门委员会、美国审计总局、行政管理和预算局,行政管理和预算局则根据各机构的规划制定情况以及工作绩效的评估情况分配财政预算。③

美国国内收入局(Internal Revenue Service,简称"IRS")自 1998 年税务组织机构大规模重组以后,于 2000 年引入中期税收综合战略规划,至今已持续实施 5 个 5 年美国税收工作战略规划,总体上与美国财政部的战略目标一致,旨在应对收入形势挑战和保障本届政府财政法案实施。其中,《2018—2022 财

---

① 本节涉及外国政府及税务部门绩效管理的情况,除有专门注释外,均从官网资料翻译。

② 高小平、贾凌民、吴建南:《美国政府绩效管理的实践与启示——"提高政府绩效"研讨会及访美情况概述》,《中国行政管理》2008 年第 9 期。

③ 张长立、许超、曹惠民:《政府绩效管理》,中国矿业大学出版社 2018 年版,第 12 页。

年美国税收工作战略规划》定位于实现 IRS 使命和愿景的指南,主要是明确工作计划、运营管理和资源决策目标,并根据这些目标确定具体行动措施,以满足纳税人不断变化的需求和期望。具体包括六大战略任务:引导纳税遵从、提升税收征管水平、深化外部合作、培养员工队伍、深化数据应用、提高机构运行效率。

IRS 设置指标时看重经济考量,通过预算导向来评估投入产出效率。其组织绩效与预算申请捆绑在一起,每年向白宫和国会提交年度绩效计划和年度绩效报告,作为部门预算和申请拨款的主要依据。

IRS 围绕其使命和愿景,从客户满意度、员工满意度、税收征管运营三方面入手构建起绩效均衡衡量体系。同时由于扁平化、专业化的机构设置特点,评估更多依据的是纵向比较分析,即结合历史数据、可用资源的预期组合以及趋势评估等信息制定衡量指标,呈现出定制化、精细化、持续化的特点。对于被考评单位,重点在于自我比较有无发展和改进。这样设置指标使得工作开展具有可持续性,能够围绕目标一以贯之、持续发力,有利于对标分析问题找原因寻改进,进而将绩效管理持续优化体现得更充分。

IRS 利用外部合同商开展纳税人满意度调查,由独立于被调查组织机构之外的团体实施员工满意度调查,以确保原始数据基于测评对象的真实意愿表达,避免数据被操纵或调查被干扰。在绩效监督方面,除内部领导团队进行业务绩效评估,还引入内外多方监督主体,包括财政部、财政部税收管理巡察总长和政府问责办公室审计检查以及对照《税务手册》的内部项目检查评估等,对工作实效的评价更全面,结果更可靠。

2. 英国政府及税务部门绩效管理

英国是当代西方行政改革的先驱,其绩效评估始于 1979 年的"雷纳评审",即对政府部门工作开展特定的调查、研究、审视和评价活动,重点是政府机构的经济和效率水平,之后政府机构内部的评审又发展到有社会参与的公共服务和质量评估。后来,英国财政部颁布"财务管理新方案"通过了 3E 评价体系①;英国政府颁布实施《绩效审计手册》,使得评价体系日益完善,从依赖政府、市场和公众的评价方式逐步向包含有综合评价因素的方式发展。

2005 年,英国国家税务局和英国海关与消费局合并成立英国皇家税务海关总署(Her Majesty's Revenue and Customs,简称"HMRC"),为应对征管业务整合及组织机构融合的复杂局面,提高工作质效、促进人员融合,保障征管秩序和纳税服务质量,绩效管理被作为有效抓手而深入推进。HMRC 持续发布跨年度税收工作战略规划,其中 2018—2019 年度确立实现收入最大化,严厉处理偷漏税行为,为消费者转变税收征缴活动,设计和实现专业、高效和乐于沟通的机构三大目标,并据之设置绩效指标(见表 1-1)。

表 1-1 HMRC 绩效指标体系

战略目标	部分指标
战略目标一:实现收入最大化,严厉处理偷漏税行为(14 项关键指标)	• 税收收入:总税增长 3.6% • 应对避税、逃避和不遵从产生的附加税 • 税收缺口:应该支付的税与实际支付的差额 • 惩治罪犯和骗税 • 税收抵免制度中的错误和欺诈比例 • 从有组织犯罪中取得的税收
战略目标二:为消费者转变税收征缴活动(13 项关键指标)	• 客户对数字服务满意程度 • 接听电话的平均速度 • 在线涉税处理 7 天内的比例 • 开征个人所得税账户数
战略目标三:设计和实现专业、高效和乐于沟通的机构(15 项关键指标)	• 节约总可持续成本 • 招聘全职工作人员数量 • 员工晋升人数 • 征收成本 • 员工敬业度得分

① 20 世纪 80 年代初,英国的效率小组建议要在财务管理新方案中设立"经济"(economy)、"效率"(efficiency)、"效益"(effectiveness)的"3E"标准体系,以取代传统的效率标准(如财务、会计指标等)。不久,英国审计委员会又将"3E"标准纳入到绩效审计框架中,并运用于地方政府以及国家健康服务的管理实践。

HMRC对绩效指标在三年周期内实行动态调整机制。一旦指标设定目标已经达成、被新指标包含或者已经不是绩效改进的重点对象,则立即从绩效指标体系中移除。

HMRC以监测作为指标评价的主要方式。一是由执行委员会和董事会负责内部绩效监督。其中,执行委员会负责制定和实施战略目标,下设战略绩效和资源分委员会、组织能力分委员会、人力事务分委员会;董事会就如何制定和执行战略、业务计划以及绩效标准等提出建议和质疑。二是执行委员会按月对异常情况开展检查,按季开展具体的季度评估,通过季度业务检查流程,对特定的业务领域进行详查。负责职能领域或业务流的主任与团队经理一起按月开展检查,对优先项目、有可能达不到目标和无法满足截止日期要求的项目或工作等特定项目开展持续监测。三是定期公布绩效考评和监测情况。对于表1-1中的战略目标一和二,每季度公布一次指标执行情况;同时每年会对外发布绩效年报,对全部绩效指标完成情况作出说明。三是从2016年开始实行信息技术战略,搭建企业税收管理平台、个人税收管理平台、海关申报服务三个核心税收征管平台,内部还有案件管理、数据和风险分析(包括绩效报告)、债务管理、财务、人力资源五个相互交叉的平台。

HMRC全体员工的个人绩效考评结果均主要由直接管理者进行评估。组织绩效考评结果与管理层的个人绩效直接挂钩,不直接与普通员工的个人绩效考评结果相挂钩,个人绩效考评结果将直接影响员工薪酬、职务晋升等。

3. 法国政府及税务部门绩效管理

1959年法国《财政组织法》确立政府公共预算绩效管理基本框架。随着整体社会经济环境的变化,2001年8月1日,新《财政组织法》(Loi Organique relative aux Lois de Finance,简称"新LOLF法案")颁布,明确提出建立以结果和绩效为导向的绩效预算,目的是根据新公共管理模式,使管理者在分配使用国家财政资源上拥有更大的灵活度与责任,并根据结果及绩效导向,提高公共支出的效率,同时加强议会的作用,进一步改善公共财政民主制度,使评估和监督成为议会在预算领域工作的重点。历经 5 年准备,从 2006 年 1 月 1 日起开始执行新方法编制的公共预算案。[①] 这给法国政府部门管理的各个方面都带来了显著变化。

2008 年,法国财政部与法国税务部门进行合并,兼具税收管理职能和会计、预算、国库等财政管理职能。原先的税务管理机构演变成财政部下属的三个部门:税务基础管理部门、税务法律部门和税务检查部门。法国税务系统作为财政部下属部门,其绩效战略规划重点为改进税收服务和提高税收征管效率,绩效评价是依据"新 LOLF 法案"的预算绩效管理要求而展开的税务项目绩效管理,即:对财政预算法案相关任务中涉及的税务工作项目进行绩效考评。

法国"新 LOLF 法案"规定,每个税务"项目"都要有年度绩效计划,列出项目任务、目标和相对应的量化绩效指标。法国税务"项目"绩效评价指标,按照"项目→目标→指标"的逻辑,先确定各项目的绩效目标,再根据项目绩效目标确定绩效评价指标。其中,项目绩效目标设定,一是从公民的角度,考虑社会经济利益;二是从公共服务使用者(用户)的角度,考虑公共服务质量;三是从纳税人的角度,考虑公共管理效率。绩效目标确定后,据之设置绩效评价指标,每个绩效评价指标下又设置若干子绩效指标,考评标准列出财政法案年的数值(预测)和中期目标(1—5 年),并对数值(预测)和中期目标确定的原理都予以说明。公共财政总署负责的"国家和地方公共财政和税收管理""国家税的退税和减免""地方税的退税和减免"三个税务项目,共设置 11 个绩效指标、25 个子绩效指标(见表 1-2)。

---

① 黄严:《新 LOLF 框架下的法国绩效预算改革》,《公共行政评论》2011 年第 4 期。

表1-2　法国税务 2020 年绩效指标体系

项目	目标	绩效评价指标		指标数量
		指标名称	数量	
国家和地方公共财政和税收管理	1. 提高打击税务欺诈和处理公共支出的效率	（1）打击税务欺诈的成效 （2）公共支出的处理	2	5
	2. 为用户和合作伙伴的利益加强服务质量	（1）行政便利、信任关系、用户获取信息的速度和质量 （2）账号的质量 ……	4	12
	3. 控制公共财政总局管理成本以提高效率	成本率和服务能力变化	1	4
国家税的退税和减免	让用户尽快从他们的权利中受益	（1）在 30 天期限内支付的增值税退税的比率 （2）超过 30 天的不可归因于增值税退税期限的增值税退税的天数 ……	3	3
地方税的退税和减免	让用户尽快从他们的权利中受益	当地服务机构在 30 天内处理的与住房税有关的争议性投诉的比率	1	1

　　法国税务"项目"绩效评价,采取目标管理型评价方法。由于所有的子绩效评价指标都是量化指标,在项目的绩效计划中对每一个子绩效评价指标都有计算方法和数据来源的规定,据此得出每个财政年度的业绩值,与目标值相比,得出子绩效指标的评价结果。综合每一个子绩效评价指标是否达成目标的情况,得出绩效评价指标的结果。依次类推,得到项目的年度绩效结果。

　　法国税务绩效评价结果运用主要体现在:首先,评价结果是部门的《年度预算绩效报告》的组成内容,绩效结果必须反映到部门年度绩效报告中,年度绩效报告向社会公开。其次,评价结果为下年度预算安排和绩效计划提供支持,年度预算绩效报告包括上一年度执行情况的分析,为下一年度的预算安排提供依据,在此基础上制定下年度的年度绩效计划。最后,评价结果是法国议会开展事后监督的依据。议会有权就绩效目标完成情况对项目负责人进行质询和约谈,绩效目标完成不好通常会对项目负责人追责。

4. 荷兰政府及税务部门绩效管理

荷兰对政府部门实行绩效预算管理,将部门工作职责与财务责任紧密结合起来,即把年度工作计划纳入政府预算安排并提交议会审定后组织实施,通过审计进行评价。荷兰绩效审计的目标是改善荷兰政府以及有关组织机构运营的合规性、效益性。其以审计对象为目标开展绩效审计,审计主要标准有3个方面:以目标为导向的国家管理,即审计财务制度、合同和保证各项支出经济性等;公共服务组织、审计组织的经济性和效率性;公共服务功能、审计政策的效果。[①]

荷兰税务与海关管理局(Netherlands Tax and Customs Administration,简称"NTCA")根据自身面临来自内外部的各种挑战,制定明确的战略目标。一是工作更好。不断追求卓越、持续改进、提高满意度,使税收工作符合纳税人和社会各界的预期。二是成本更低。最大限度降低征税成本和纳税成本,从而降低社会运行成本。三是状态更可控。对税务人和纳税人的管理,都在可控范围内,促进行政和纳税遵从。这也是荷兰政府对 NTCA 的主要评价指标,NTCA 从强化数据分析应用、征纳双方良性互动、内部管理科学化、执法监管信息化和信息沟通技术现代化 5 个领域采取行动,谋求突破。

NTCA 以战略为导向,依据平衡计分卡(BSC)理论把战略细化为具体目标,按照"PDCA"运行机制,将绩效管理与税收工作高度融合,确保具体目标落到实处。其绩效管理和指标体系主要分为组织绩效管理和个人绩效管理两个部分。

对部门而言,NTCA 与各部门签订一份绩效合同,在绩效合同中明确部门的具体工作任务、完成期限、落实措施和考评指标。在部门内部实行团队工作

---

① 李玲娟:《荷兰绩效审计的最新发展与启示》,《上海商业》2021 年第 1 期。

运行机制,部门把承接的工作任务进行再细化,分解给负有相应工作职责的现有团队,也可以根据工作需要临时组建新的团队来承担。承担任务的团队确定后,部门管理者要与团队就工作任务、期限及目标等沟通,达成一致意见后双方签订合同,团队则据之行事,采取一切尽可能的措施努力完成目标。

2012 年以前,NTCA 对员工的绩效考评,采取由团队管理者对下属员工已经完成的工作进行单向评价,主观性强,评价维度单一、范围窄,员工接受度不高,所发挥的作用不能适应内部工作任务的变化以及外界形势的发展。从2013 年开始,NTCA 开始建立新的评价体系,从工作成果、发展状态、可流动性、正直诚实度、辅助活动(工作以外的活动)、替代工作场所战略(不在办公室的工作)、工作条件和薪金报酬 8 个方面对其员工进行综合评定。此外,在2012 年以前,NTCA 采取纸质评估表(Evaluation Form)的方法对员工进行评价。从 2013 年开始,NTCA 开始采用电子化的绩效评定(Performance Appraisal)方法对其员工进行绩效管理。

NTCA 同时非常重视绩效纠偏,设有专门的部门和人员,并有针对性地采取措施。比如,开展避免认知偏差的技巧培训、组织员工诚信度测试、引入第三方测评,最大限度减少绩效考评的主观性,增强客观性。[1]

5. 澳大利亚政府及税务部门绩效管理

澳大利亚是联邦制国家,有一个高度分权的政府绩效管理框架,其绩效管理改革经历权力下放(1996 年以前)、推进绩效评价(1996—1999 年)、注重结果阶段(1999 年至今)三个阶段[2]。注重结果阶段的绩效管理主要变化有 3点:一是引入结果绩效报告制度,要求政府机构对预算支出和产出进行报告;二是进一步开展绩效审计,审计审查支出的有效性;三是培育和发展绩效文

---

① 《推动管理创新:荷兰税务的经验与启示》,《中国税务报》2016 年 11 月 2 日。
② 财政部预算司:《绩效预算和支出绩效考评研究》,中国财政经济出版社 2007 年版,第5 页。

化,下放责任权力给部长自主更新编制预算文件和报告。①

2010 年 5 月,澳大利亚政府公布《澳大利亚未来 10 年税制改革计划》。此项税制改革计划是澳大利亚政府为未来税务系统和福利体系能够应对来自未来 10 年人口、社会、环境和经济调整而制定的,主要包括对资源税、个人所得税、企业所得税和养老金的税收制度调整,也是澳大利亚税务局(Australian Taxation Office,简称"ATO")税收工作的整体战略。

ATO 的组织目标是通过提高公民对缴纳税款和养老退休金的参与程度,促进经济发展,提高社会福利。ATO 发布最新共同计划,希望在 2024 年建立对税务系统和养老金系统的信任和信心;建立数据驱动、整合、精简的组织架构。同时,将组织目标细化分解为 5 个方面 9 项绩效目标(见表 1-3)。

表 1-3　ATO 绩效指标体系

战略目标	具体目标
政府方面	G1:通过持续减少税务差距并在税收和养老金体系中提供保障来建立政府和公众信心。 G2:在税收和养老金领域设计完善的法律、政策和征管手段,使其更容易遵守。
客户方面	C1:为客户提供一致的、定制化和公平透明的体验和互动。 C2:提供有效、可靠的税收和退休金系统服务。
工作人员方面	W1:打造一支高效能、反应迅速且专业的员工队伍,具有与之相匹配的文化和能力,可以为现在和将来提供服务。 W2:提供合适的工具和工作区,以便员工为纳税人提供最佳的服务。
运营方面	O1:利用数据信息和数据分析为客户创造价值,并为税务决策提供信息。 O2:优化信息技术和数字服务,提供可靠的客户体验。
财务方面	F1:追求卓越的运营,提升工作质效。

ATO 每年都会依据公共治理绩效和责任法案制定绩效计划,明确下一个

---

① 吕昕阳:《政府绩效管理创新研究》,经济管理出版社 2017 年版,第 2 页。

财政年度的重点领域和优先事项。2015 年,ATO 建立评估本部门绩效的指标体系,由 43 个指标组成。这些指标中,11 个 ATO 服务指标延续至今,2015—2016 年为了向监管机构绩效框架报告而设置 2 个服务指标也被保留了下来,其中 7 个服务指标来源于客户调研结果。除此之外,还有 10 个额外的客户调研指标,10 个基于结果和 10 个基于监管行为的绩效衡量指标。

ATO 绩效评估指标最初是效率和效果两个维度,随着评估活动的逐年推进和新公共管理理念的影响,不仅关注对投入产出的评价,而且更加重视对结果的评价,相应的绩效指标在评估活动中也逐年改善,拓展为效率、效果与公平 3 个维度。这三大类的衡量指标主要是:投入、产出和结果。投入是指测量以单位产品所需要投入的资源数量;产出是指政府提供的服务数量;结果是指服务目标达成的情况,即服务的质量和效果。因此 ATO 绩效评估指标不仅要体现公平、效率和效果,而且也要把指标渗透到投入、产出和结果指标中,从而完善澳大利亚税务局绩效评估指标的思路。

ATO 绩效监测信息主要来源于 5 个方面:用于管理客户互动的应用程序;纳税人和第三方调查;宏观和微观经济分析;行为和其他趋势分析;相关的针对性研究。

ATO 绩效评估指标的特点是,突出产出、结果、效率和效益指标;指标体系设计以定量指标为主、定性指标为辅。ATO 每年会按照特定指标和报告要求,形成当年年度的《监管机构绩效框架内部评估报告》。报告以上一年度报告为基础,对 ATO 当年度的绩效表现进行分析,对上一年度列示问题的改进进展予以说明。比如,《2017—2018 年 ATO 监管机构绩效框架内部评估报告》对 2016—2017 年度报告中认为需要改进的 7 个问题的改进情况予以说明,同时指出 2017—2018 年度需要改进完善的问题。

6. 日本政府及税务部门绩效管理

面对全球化挑战,日本政府从重视生存、重视国家化角度推动了公共管理市场化、民营化、自由化改革,并在行政体制绩效改革中引入民营化改革,由政府驱动和主导,发挥竞争和市场机制的作用,促进行政机构的精简和高效。

日本国税厅将"确保纳税人合理、顺利且自发履行纳税义务"设定为国税厅的战略使命,该使命不仅是税务绩效管理的根本引领,也被应用于历年的《国税厅报告》《国税厅年度事务报告》中,成为日本税务部门追求的最高目标。

日本国税厅业绩评价的制度依据来源于有关法令确定的税收行政任务。税收行政任务由不同位阶的立法规范加以确定,具体包括:日本国会制定的《财务省设置法》等法律,内阁颁布的《财务省组织令》等政令,财务省制定的《财务省组织规则》等省令,以及财务大臣颁布的《国税厅事务实施基准及准则有关训令》等训令,由上而下、由粗及细提出一系列税收行政任务,由此构成税务部门的绩效目标。

日本国税厅业绩评价指标是按照"任务→目标→指标"的逻辑进行设置的,在根据国税厅行政任务明确评价目标的基础上,再根据目标设置相应的施策及测定指标。根据1999年《财务省设置法》,日本国税厅确定了"国内税收公平合理地征收"、"促进酒类行业健康发展"和"保证税务会计业务的正常开展"3项行政任务。根据这3项行政任务,分别设置了3类业绩目标(大),即:"国内税收公平合理地征收"、"酒类行业健康发展的促进"和"税务代理服务恰当运营的确保"。根据目标设置相应的施策及对应测定指标。以2019事务年度日本国税厅业绩评价指标为例,在各类业绩目标下共设置43项施策;每项施策下设若干测定指标,合计70项测定指标(见表1-4)。测定指标包括测定量的指标(定量)和测定性的指标(定性)两类,对于测定量的指标(定量)设定了目标值并明确设定根据,对测定性的指标(定性)的有目标说明和设定根据。

表1-4 2019事务年度日本国税厅指标体系

目标		施策		测定指标数量	
		施策名称	数量	定量	定性
业绩目标（大）1. 国内税收公平合理地征收	业绩目标（小）1—1 税务行政的公正合理地执行	（1）正确适用相关法律法规并及时进行处理 （2）确保税务管理的透明度和妥善处理个人信息等………	6	4	6
	业绩目标（小）1—2 纳税服务的充分	（1）加强对公民和纳税人的宣传活动 （2）增强纳税意识的活动………	10	20	5
	业绩目标（小）1—3 实施恰当的调查征收及纳税人的权利救济	（1）有效资料信息的收集 （2）精准调查工作的管理………	11	6	10
	业绩目标（小）1—4 国际化措施	（1）应税务机关之间的要求进行信息交流 （2）基于共同申报准则（CRS）实现金融账户信息交换………	6	3	4
业绩目标（大）2. 酒类行业健康发展的促进		（1）确保酒精饮料的安全及品质提升 （2）改善酒精饮料的公平交易环境………	7	3	6
业绩目标（大）3. 税务代理服务恰当运营的确保		（1）促进与税务代理协会的联络协调 （2）落实对税务会计师的指导监督………	3	2	1

日本国税厅业绩评价采取目标管理型评价方法，通过测定指标判定目标达成状态，各级指标逐级汇总综合统计形成评价结论。对于测定指标，根据指标的标准值或达成目标分为3级："目标达成""虽未达成但是差距很小""未达成"。施策在测评指标结论的基础上，考虑其他相关要素，将结果评定为5

级："S+超目标达成""S目标达成""a有相当程度的进步""b进步不大""c与目标背道而驰"。业绩目标的评定,将各项施策进行综合统计,施策评定全部为S时,业绩评价为S;如果施策评定既有S又有a,则业绩评价为a,如果施策评定为S、a、b皆有,则业绩评价为b,以此类推。综合各业绩目标达成情况形成评价结论。

日本政府高度重视评价结果运用,对政策方向调整、指标变化、预算增减等决策提供重要信息。日本国税厅的业绩评价结果运用主要体现在:一是在财务省会议上进行相关政策决策时,要尽可能根据评价结果进行讨论。二是评价结果与财政预算联系较为紧密。日本国税厅业绩评价时要考量与业绩目标相关的预算金额,评价结果是确定国税厅预算的重要依据。三是评价结果被用于下一事务年度的业绩评价,在业绩目标中反映。另外,日本国税厅业绩评价结果由财务省按规定公布。评估结果必须向国民公开并接受监督、听取改进意见,评估报告在送交总务大臣的同时通过媒体报道、互联网主页登载等方式公布,以便于国民了解相关情况。

7. 韩国政府及税务部门绩效管理

韩国政府自20世纪60年代开始探索实践政府绩效管理,经过了制度引进阶段、系统化阶段、快速发展阶段和整合阶段4个时期。2006年,韩国政府出台《政府绩效评估框架法案》,旨在提高政府决策的质量和透明度、加强办事效率和有效性、促进政府行政结果对公民负责、提高政府公信力和减少各类评估的行政成本。目前,韩国政府绩效管理不仅对政策课题、财政、组织、人事以及信息化等政府业务进行评价,而且还将政府组织、部门和公务员个人绩效评价紧密联系起来,使之形成综合性的绩效管理体系。同时,为提高政府绩效、政策质量和公众满意度,绩效管理主管机构要求所有政府组织必须制订和实行绩效管理的中长期计划和实施方案,并在制订和执行计划等方面向各部门赋予极大的自主权,形成了具有韩国特色的政府绩效管理体系。

　　韩国国税厅确立的绩效战略使命是："为纳税人提供公平、透明的税务管理服务"，其绩效管理的主旨是通过对税务绩效（主要是税收政策落实情况）的自我评价，提高政策成果，提高国民的感受度，确保绩效评价的实效性。

　　韩国国税厅的绩效评价体系以韩国政府颁布实施的《关于政府业务等评价的基本法》为依据，按照这一法律要求开展自我评价，并接受中央政府的上位评价，实现评估主体和评估对象的法定化、评估指标的系统化、评估运作的制度化。具体采取"自我评价+上位评价"的绩效考评模式，相应设计自我评价指标和上位评价指标两套指标体系。自我评价方面，将"国民能感受到的成果作为重点评价项目"，比如，2020 年共设计 44 个自评项目（韩国国税厅将其表述为"政策课题"），既包括各税种申报征收、惩治偷逃税行为、一站式服务等常规性质的税收管理和纳税服务业务，还包括对受新冠疫情影响的纳税人实施税政支援、为进军海外企业开展全球税政外交、女性职员人力资源建设等特定工作，甚至将灾难安全管理及安保意识也纳入自评范畴。对每个自评项目从"制定计划的适当性""成果指标的达成度""执行度""政策效果"4 个维度，进行指标评价（见表 1-5）。

表 1-5　2020 年韩国国税厅自我评价指标体系

评价项目	评价指标	测定方法
制度计划的适当性	计划制订时，事前调查、意见收集是否充足	相关统计现状、事例、专家意见收集与否
成果指标的达成度	工作成果及效应	通过报告等形式反映
执行度	1. 执行度	绩效管理实施计划中测定管理课题推进日程等执行履行度
	2. 与其他部门合作的配合度	在推进管理课题过程中，与其他部门的配合度

评价项目	评价指标	测定方法
政策效果	1. 成果指标除外的政策效果	选定的成果指标以外的各种统计、舆论反应等
	2. 主要政策宣传效果	主要政策国民宣传度,现场沟通优秀事例等定性评价
	3. 是否对国家政策运行等上层目标作出贡献	相应课题对达成成果目标的贡献程度

上位评价方面,韩国中央政府主要从自我评价的充分性、自我评价的适当性,以及优秀事例的卓越性、上年度评价改善情况等维度设计评价指标,对包含国税厅在内的各中央行政机关的自我评价质量进行上位检查,作出绩效评价(见表1-6)。

表1-6　2020年韩国中央行政机关绩效管理自我评价检查指标

检查项目	检查指标(评分)	测定内容(评分)
本年度评价 (70分)	1. 自我评价的充分性	建立自我评价计划(10分)
		检查评价指标推进情况(10分)
		(减分)上年度评价结果是否公开(-1分)
	2. 自我评价的适当性	原因分析充实性(15分)
		政策建议充实性(15分)
	3. 优秀事例的卓越性	自我评价优秀事例(20分)
上年度评价改善情况 (30分)	上年度评价改善成果	上年度未达标指本年度改善成果(30分)

韩国税务的自我评价和上位评价绩效指标均以定性评测为主,定量评测为辅。究其原因,与韩国中央政府特有的上位评价机制有关,即由于韩国各中央机关的工作职能、性质和任务差异较大,难以从定量角度在各中央机关进行绩效的横向比较,因而更加注重定性评价。

韩国的组织绩效考评强调评价过程的客观性、独立性，无论是自我评价还是上位评价，均以外部评价为主。国税厅的自我评价中聘请多个领域的外部专家，组成自我评价委员会，对各个自评项目独立开展评价工作，比如，2020年自我评价委员会共由 18 名评价委员组成，其中外部专家就有 17 名。该委员会下设 5 个小委员会，将自评项目归类为税收收入、打击偷税、纳税服务、税收政策落实以及持续发展和推进革新等领域，由各小委员会分别开展绩效评价工作。值得注意的是，自我评价委员会对国税厅的每个自评项目分为非常优秀、优秀、较优秀、普通、少许不足、不足、不满意共 7 种评价结果，试图通过细致划分评价结果，弥补定量评价不足的缺陷。

韩国对绩效考评结果的应用，并非仅仅当成是对公务员的奖惩依据，而是被看成是收集信息、检讨政策的重要手段，以利于高层管理者宏观把握行政管理方向，不断改进完善施政方针。国税厅的绩效考评结果运用与人事管理、奖金发放等挂钩。税务机关与税务公务员签订公文式的绩效合同，合同中包含"绩效合同评价"和"工作业绩评价"两个方面，具体设置投入指标、过程指标、产出指标和结果指标等来评价税务人员各项工作完成情况，并对个人建立"绩效管理卡"，记录工作人员的绩效合同评价结果和工作业绩评定结果。每个合同期结束后，对每名税务公务员的素质、能力和日常表现作出评价，并记录在个人绩效管理卡上，反映在职务晋升、人事审查、人才推荐等人事决策中。

8. 新加坡政府及税务部门绩效管理

2000 年以来，新加坡不断深化绩效预算管理改革，将重心转移到各部门如何分配与利用项目预算资金，即各部门的绩效表现上。政府各部门的分支机构和法定机构逐渐在预算管理上自治，并且发展出一套绩效指标体系，每个机构的预算拨款都与绩效相关联，形成了独具特色的政府绩效预算管理。具体而言，新加坡新一届政府上台前要制定出综合战略图，包括愿景、战略结果。其中战略结果又分解成运作结果，由各部门及其法定机构完成。各部门在编制年度预算时,要制定相应的关键绩效指标,并利用财政部开发的部门报告卡进行部门绩效的自我评估。新加坡财政部绩效与组织司将在部门报告卡的基础上,对政府整体绩效进行评估。[①]

　　新加坡是一个单层次政府,没有地方行政机构,中央政府直接管理各项事务,其国内收入局(Inland Revenue Authority of Singapore,简称"IRAS")负责本国税收事务管理工作,就税收事务向政府做出各种建议并在国际上代表新加坡,其机构设置比较精简。IRAS 的战略目标是营造支持包容性增长的经济环境、提供优质的服务、最大限度地提高自愿遵守、提高组织和员工的生产力和敏捷性、实现高水平的员工能力、主人翁感和满意度。该局提出其税务管理要在国际上居于领先地位,并强调实现这一任务的前提是由受到良好培训的、专心工作的税务人员提供优质的服务。从 IRAS 对战略使命的表述看,该国税务绩效管理的导向倾向于激发税务公务员的责任感,更加注重对"人"的激励作用。

　　IRAS 主要围绕对"人"的评价而非对"组织"的评价,重点从日常工作、主动性与责任感、承压能力、关系应对、理解水平、决断能力等方面设置多套绩效评价指标,对员工进行综合评价。以个人素质评价指标为例,评价项目和标准包括行为(是否树立良好榜样并对别人产生正面影响)、投入(是否尽最大努力做好工作并具有奉献精神)、正直(在工作中和对待民众时是否公正、诚实、正直、不偏不倚)、主动(是否显示出智慧和创新,能够独立采取有效行动解决问题)。评价结论包括"等次评价"和"评语评价",其中等次评价分为"永远、经常、有时、很少、从不"等五类,主要由上级主管对下级绩效情况作出书面评语。

　　IRAS 采取上级评价的单一考评方式,工作人员的直接领导是绩效评价的实施者。IRAS 绩效评价制度赋予各级税务人员的直接上级以充分的评估职

[①]　张誉琼:《新加坡政府绩效评估研究》,《青年与社会》2013 年第 10 期。

能,上级负责对下属进行全面评估,包括评定等次、撰写评语、绩效谈话、结果反馈等。在这一考评方式下,上级对其给出的评价结果的公正性负全责,税务人员的同级或下级不参与彼此间的评价。为保持评价的客观公正,该局要求评价者和被评价者一般应具有半年以上的共同工作经历,以确保评价者对被评价者有较为全面客观的了解。评价者可以采取公开或秘密的形式,对被评价者的能动性、理解力、创新力、决策力等标准作出全面真实评估,并据此生成评估结论。

IRAS 一是把考评结果与税务员工的个人薪酬挂钩,考评结果直接影响税务人员的可变奖金,以调动和有效发挥工作人员的主动性和积极性。此外,还设计图书奖、服务奖、创新奖、技术贡献奖等个人奖项,对绩效优秀的员工提供在职学习和内部培训机会、安排休假旅游、推荐到国际组织任职等多样化奖励(见表1-7)。二是把考评结果与税务人员的职业发展相联系,为税务人员提供管理路径和专家路径两条职业发展路线,其中管理路径类似我国的行政管理岗位,专家路径类似我国的专业技术岗位。

表1-7　IRAS 绩效考核奖励项目

奖项	认可
图书奖	在第一次税务考试中取得优异成绩。
服务奖	一项年度奖项,旨在奖励表彰前线和后台员工为纳税人和内部客户提供的出色服务。
创新奖	对 IRAS 创新文化的杰出贡献。
技术贡献奖	认可税务专家以研究和政策审查的形式作出的技术贡献。
服务冠军	以表彰在组织中领导和实施重大改进以提高客户满意度的个人,这些客户满意度对业务成果产生了积极影响。
星级服务团队	星级服务团队是授予在服务交付方面表现出团队合作精神、超出客户期望并超越职责要求的团队的奖项。
公共部门转型奖	公共部门转型(PST)奖旨在表彰公职人员和公共机构对卓越服务和组织实践的奉献。通过确定提供模范服务的榜样,鼓励优质的客户服务,提高新加坡公共部门的服务标准。
旅游奖	始终如一的良好表现和良好行为。

以上外国政府及税务部门绩效管理,均有明确的绩效战略,有的突出组织绩效,有的侧重个人绩效,既各具特色又具有趋同性,可借鉴者亦多。一是坚持战略导向。比如,各国税务部门都制定了各自的税收现代化战略目标,都将围绕组织战略实施绩效管理,将战略目标分解为具体任务,编制绩效指标,实施绩效考评,推动组织战略目标的实现。比如,法国根据《财政组织法》,要求每个税务项目的年度绩效计划都要列出项目任务、目标和相对应的量化绩效指标。对于每个绩效指标,还要列出财政法案年的数值(预测)和中期目标(1—5年)。在经济和财政部部长的授权下,法国公共财政总署负责人负责制定有关税务项目年度绩效计划。在确定年度绩效计划目标时,要进行管理者对话,确保各级管理人员就目标分解、可用资源和管理方法达成一致。二是突出考评重点。比如,美国IRS围绕其使命和愿景,从客户满意度、员工满意度、税收征管运营3方面入手构建起绩效均衡衡量体系,呈现出定制化、精细化、持续化的特点。韩国的政府绩效管理内容包括主要政策、革新管理、顾客满意度、政策宣传管理、法制业务和义务5个方面,并把清廉度、危机管理和规制改革作为加减分项目。三是彰显效益导向。提高工作质效是政府部门实施绩效管理的基本目标,通过对成本和过程的控制,实施预算绩效管理,致力于提升政府投入产出率,提高财政资金使用效益,以压缩成本,提供更优质的公共服务,树立政府部门良好形象。比如,美国IRS设置指标时看重经济考量,通过预算导向来评估投入产出效率。四是拓展考评方式。比如,日本财务省国税厅对税务人员的考评,既有违纪评分法,又有综合评定法,并且重视日常考核,对税务人员平时服务成绩进行分析与记录。五是注重管理沟通。比如,韩国政府的部门负责人每年与下属签署职务成果契约,沟通意见,确定绩效管理目标和指标。日本财务省国税厅制定绩效考评标准,要征求一般税务人员的意见,使其在参与制定中了解和支持工作标准。NTCA专门成立知识与沟通中心,自下而上听取员工对战略决策制定的意见,为员工提供解决问题的建议;成立心理咨询机构,为员工提供心理辅导。六是受到文化影响。比如,日本注重中央政府的权威,由法律统一规定绩效管理,各地的自主性比较弱。新加坡国内收入局基于人性向好的传统观念,注重从正面激发税务人员的潜力。NTCA 非常重视人本理念,坚持把员工个人发展与组织发展结合起来,让员工在实现自我价值的同时,推动组织价值的实现。七是强化结果运用。各国政府及税务部门都强化绩效结果运用,强调以结果为导向,鼓励先进、鞭策后进。同时,将绩效评价结果和绩效执行情况的分析作为编制下一年度绩效计划的基础的做法也具有共性。比如,日本国税厅业绩评价结果主要用于相关政策决策、预算增减等方面。法国税务项目绩效评价结果主要用于年度预算绩效报告、下一年度的预算安排和议会的事后监督。八是坚持绩效改进。各国政府及税务部门都重视绩效改进。比如,日本国税厅业绩评价结果向社会公开并接受监督以促进绩效管理改进。法国既要向议会报告并接受监督和问责,也要公开年度预算绩效报告,接受社会监督,以改进绩效管理。

第二章　税务绩效管理的设计思路

　　税务绩效管理坚持以习近平新时代中国特色社会主义思想为指导,认真贯彻习近平总书记关于税收工作和完善干部考核评价体系、加强绩效考核等重要论述,致力于打造富于税务特色、具有典型效应、务实有效管用、突出创新引领的绩效管理模式,设计思路概括起来就是树立"一大战略导向"、构建"双轮驱动体系"、把握"三项实施原则"、运用"四个基础理论"、突出"五条内在机理"。

一、树立"一大战略导向"

　　战略是对组织未来发展的全局性或决定性的谋划。战略对绩效管理的决定作用主要体现在,绩效目标体系要以组织战略为基本依据。如果没有明确的战略,或绩效目标体系不是依据战略而制定的,就无法通过绩效管理将整个组织活动统一到组织战略的实现上。

　　"用兵之要,先谋为本。"①税务总局坚持目标导向、问题导向和创新导向,在 2013 年 12 月召开的全国税务工作会议上明确提出税收现代化战略目标,

---

　　①　熊武一、周家法主编:《军事大辞海·上》,长城出版社 2005 年版,第 750 页。

之后适应新形势新任务新要求不断丰富、拓展和完善,并在每年的全国税务工作会议上都围绕这一战略目标进行谋划部署推动。税务绩效管理锚定以"抓好党务、干好税务、带好队伍"为主要内容的新时代税收现代化总目标,将税法、税制、征管、服务、信息化和干部队伍建设等具体内容纳入绩效考评,促进全系统上下同欲、勠力同心。

(一)着眼"提站位、扬优势"谋划战略

党的十八大确立了全面建成小康社会和全面深化改革开放的目标。党的十八届三中全会对全面深化改革,完善和发展中国特色社会主义制度,推进国家治理体系和治理能力现代化作出战略部署,其中对税制改革提出"一个鲜明特点、五个重要方面"的要求。"一个鲜明特点",就是从推进国家治理体系和治理能力现代化的高度部署税制改革,强调财政是国家治理的基础和重要支柱,科学的财税体制是优化资源配置、维护市场统一、促进社会公平、实现国家长治久安的制度保障。这凸显了税收在国家治理体系和治理能力现代化中的重要地位,使税收的职能作用超越了经济层面,成为治国理政的重要手段,丰富和发展了马克思主义税收理论。"五个重要方面",就是保持税负稳定、现有中央和地方财力格局总体稳定"两个稳定",落实税收法定,优化税制结构,支持全面改革,完善征管体制。这为深化税制改革,发挥税收在推进国家治理体系和治理能力现代化中的积极作用指明了方向。为此,税务总局坚持继承与发展相结合,紧扣"提升站位、依法治税、深化改革、倾情带队"描绘税收现代化蓝图,提出到2020年基本实现税收现代化总目标,并将其细化为建设完备规范的税法体系、成熟定型的税制体系、优质便捷的服务体系、科学严密的征管体系、稳固强大的信息体系、高效清廉的组织体系"六大体系"1.0版,确立"六大体系"建设路线图、任务书。在实践中随着"六大体系"建设的有力推进,不断巩固成果、发扬优势,持续完善战略谋划并据此确立绩效目标和相关制度机制。

（二）着眼"找差距、补短板"完善战略

税务总局坚持目标导向与问题导向相结合，紧扣"抓好党务、干好税务、带好队伍"，实事求是总结成绩，自觉主动查找差距，主要包括：一是面向科学发展，服务大局有差距。比如，服务大局的站位不够高、办法不够多。二是面向市场经济，职能转变有差距。比如，税制与健全宏观调控体系的要求不相适应，纳税服务与市场主体需求不相适应，管理方式与税源发展状况不相适应。三是面向法治中国，依法治税有差距。比如，税法体系不健全，税收执法需要进一步规范，税法震慑力不足。四是面向科技创新，信息管税有差距。比如，信息化统一规划管理不够好，信息应用能力不够强。五是面向事业需要，人才支撑有差距。比如，人才队伍建设亟待加强，活力动力尚显不足。六是面向国际潮流，合作竞争有差距。比如，维护国家税收权益的能力还不强，在国际税收实践和规则制定中的话语权还不大，对跨国纳税人的服务和管理水平需要提升。税务总局在深入剖析问题原因的基础上，顺时应势不断完善税收现代化战略并相应优化绩效管理体系。

（三）着眼"谱新篇、呈递进"落实战略

面对差距短板和新的挑战，税务总局坚持以创新的精神、改革的思路推动税收事业发展。比如，创新理念，树立善治理念、弘扬法治理念、增强共治理念；创新机制，实施绩效推进机制、完善信息管税机制、健全人才保障机制；创新组织，优化资源配置、激发组织活力、强化领导责任；创新方法，坚持顶层设计与基层探索相结合、坚持面上统筹与点上突破相结合、坚持总结经验与持续改进相结合；创新能力，强化学习能力、强化思考能力、强化感悟能力；创新文化，培育税务精神、凝聚税务力量、彰显税务形象。

"明者因时而变,知者随事而制。"①税收现代化战略总目标(见表2-1)和"六大体系"的内容(见表2-2),随着形势的发展变化而不断完善丰富。在战略目标的指引下,紧扣绩效指标一抓到底,既打基础又利长远,既推一域又促全局,化战略为行动,前后接续谱写税收现代化新篇章。2016年,税务总局根据国家"十三五"发展规划要求和税务部门实践创新成果,对"六大体系"内涵进行修订形成2.0版。2020年根据党的十九届四中全会精神进一步丰富完善升级为坚强有力的党的领导制度体系、科学完备的税收法治体系、优质便捷的税费服务体系、严密规范的税费征管体系、合作共赢的国际税收体系、高效清廉的队伍组织体系"六大体系"3.0版,确立了新时代税收现代化建设战略目标。同时提出要锤炼税收治理"六大能力",即政治引领力、谋划创新力、科技驱动力、制度执行力、协同共治力、风险防范力;构建推进实现税收现代化目

表2-1　税收现代化战略总目标

版本 (时间)	1.0版 (2013年)	2.0版 (2016年)	3.0版 (2020年)
战略总目标内容	推进税务行业成为社会上形象良好、受人尊重、拥有较高满意度的行业;推进税务部门成为国家治理体系和治理能力现代化建设的主力军之一;推进我国成为在国际税收规则制定中拥有重大话语权,在国际税收舞台上发挥强大影响力的重要成员。	推进税务行业成为形象良好、受人尊重、拥有更高社会美誉度的行业,增强纳税人获得感、满意度、遵从度;推进税务部门成为国家治理体系和治理能力现代化建设的主力军之一,进一步增强税收在国家治理中的基础性、支柱性、保障性作用;推进我国成为在国际税收舞台上发挥强大影响力的重要成员,更好地发挥在全球税收治理中的引领作用。	到党成立100年时,使税收治理"六大体系"基本定型,税收治理"六大能力"有明显提升;到2035年,基本实现税收治理体系和治理能力现代化,迈入国际领先行列;到新中国成立100年时,全面实现税收治理体系和治理能力现代化,并使税收在国家治理中的作用显著增强,在全球税务舞台上充分发挥重要引领作用。

① (汉)桓宽撰,王利器校注:《盐铁论校注》,中华书局1992年版,第162页。

标的"十大举措",即纵合横通强党建、绩效管理抓班子、数字人事管干部、人才工程育俊杰、严管善待活基层,依法征税聚财力、改革兴税促发展、便民办税优服务、科技强税提质效、多方协税谋共治。

表 2-2　税收现代化"六大体系"内容

	1.0 版		2.0 版		3.0 版
完备规范的税法体系	税收法定原则得到落实,税收法律级次高、效力强,规范确定、公开透明,执法统一、利于遵从,执法监督有力有效,税收法律救济及时可靠。	完备规范的税法体系	税收法定原则得到全面落实,税法级次高、效力强,规范确定、公开透明,执法统一、利于遵从,税收优惠政策法定规范,执法监督有力有效,税收法律救济及时可靠。	坚强有力的党的领导制度体系	落实坚持党对一切工作领导的要求,按照新时代党的建设总要求,健全加强党对税收工作全面领导的制度,建立不忘初心、牢记使命的长效机制,把党的领导落实到税收现代化建设各领域各方面各环节。
成熟定型的税制体系	立足我国国情,适应社会主义市场经济发展要求,积极借鉴国际经验,形成直接税与间接税搭配合理,税种配置科学,地方税体系健全,有利于结构优化、社会公平的税收制度,使税收职能作用得到较好发挥。	成熟定型的税制体系	立足我国国情,适应社会主义市场经济发展要求,积极借鉴国际经验,建立税种科学、结构优化、法律健全、规范公平、征管高效的现代税收制度,使税收职能作用得到全面发挥。	科学完备的税收法治体系	落实全面依法治国和税收法定原则的要求,加快推动完成税收立法并不断完善。优化税务执法方式,促进严格规范公正文明执法。于法有据深化税制改革,完善直接税制度并逐步提高其比重,形成直接税与间接税搭配合理、地方税体系健全、有利于高质量发展的税制体系。

		1.0 版	2.0 版	3.0 版
优质便捷的服务体系		普遍树立以客户为导向的理念,有效满足纳税人正当需求,显著减轻纳税人办税负担,充分保护纳税人合法权益,纳税人足不出户就能依法轻松办税,纳税人税法遵从度和满意度居于国际先进行列。	优质便捷的服务体系	树立以纳税人为中心的理念,推行税收规范化建设,推进办税便利化改革,建立服务合作常态化机制,完善诚信纳税体系,有效满足纳税人合理需求,显著减轻纳税人办税负担,充分保护纳税人合法权益,让纳税人享有更快捷、更经济、更规范的服务,有更多获得感,纳税人税法遵从度和满意度有较大幅度提升。	优质便捷的税费服务体系	落实以人民为中心的发展思想,以纳税人和缴费人的正当需求为税收改革创新的重要驱动力,以纳税人和缴费人实际感受为主要评价标准,建立健全民本化、智慧化、便利化的税费服务体系,依托功能强大的电子税务局实现纳税人、缴费人足不出户依法轻松纳税缴费,推动税收营商环境进一步优化。
科学严密的征管体系		建成与税制改革相促进、与税源状况相适应、与科技创新相协同、与有关部门相配合,以专业化管理为基础的税收征管体制,拥有强大的信息管税能力,能够精准实施税收风险监控,严厉打击和有效震慑涉税违法犯罪行为,营造公平正义的税收环境,使税收流失率不断降低,税收征收率达到成熟市场经济国家平均水平。	科学严密的征管体系	与税制改革相促进、与税源状况相适应、与科技创新相协同、与有关部门相配合,以税收风险管理为导向,实施分类分级管理,建立自然人税收管理体系,加快税收征管的科学化、信息化、国际化进程,拥有强大的信息管税能力和税收司法保障能力,精准实施税收风险分析及应对,严厉打击和有效震慑涉税违法行为,税收流失度不断降低,税收征收率达到成熟市场经济国家的平均水平。	严密规范的税费征管体系	落实健全完善税务监管体系、深化"放管服"改革和数字政府建设的要求,对内健全征收管理和内控机制,对外健全收入风险管理和稽查机制,信息系统支撑驱动做到国内一流、国际领先,税收数据作为征管和国家治理要素的重要作用得以充分发挥,税法遵从度和税收征收率居于国际先进水平。

续表

	1.0版		2.0版		3.0版
稳固强大的信息体系	建成覆盖税收工作各环节,拥有自主可控核心技术,运行安全稳定、国际先进的税收信息系统,全面掌握、有效应用、及时提供各方面信息,为纳税服务、税收征管、管理决策和经济社会发展提供强大和权威支持的电子税务。	稳固强大的信息体系	全面完成金税三期工程建设,统筹谋划和积极推进信息化建设,建成覆盖所有税种及税收工作各环节、运行安全稳定的税收信息系统,全面推行电子发票,建成电子税务局,有效发挥税收大数据优势,为纳税服务、税收征管、宏观管理决策和经济社会发展提供强大和权威支持,为服务国家治理提供有力支撑。	合作共赢的国际税收体系	落实推动构建人类命运共同体的要求,适应百年未有之大变局带来的深刻影响,坚持用国际视野谋划税收工作,健全"一带一路"税收规范化、制度化、常态化合作机制,明显增强税收便利服务"双向开放",为推动全球税收治理体系建设提供更多的中国经验、中国方案、中国主张,国际税收领域话语权和影响力不断增强。
高效清廉的组织体系	与税制改革、征管变革、服务优化要求相适应,逐步实现机构设置扁平化、职能配置科学化、运行管理高效化,并拥有千名以上领军人才和数以十万计岗位能手,打造铁一般纪律武装起来的,政治坚定、清正廉洁、能征善战的税务干部队伍。	高效清廉的组织体系	与税制改革、征管变革、服务优化要求相适应,构建税务系统全面从严治党新格局,完善税务组织体系,合理配置资源,坚持严管善待,推进绩效管理、数字人事制度、内控机制建设,落实"两个责任",逐步实现机构设置扁平化、职能配置科学化、运行管理高效化,打造铁一般纪律武装起来的,政治坚定、业务精通、执法文明、管理严格、清正廉洁的税务干部队伍。	高效清廉的队伍组织体系	落实新时代党的组织路线,坚持好干部标准,进一步完善"带好队伍"机制体系,进一步形成机构设置更加科学、职能更加优化、权责更加协同的组织体系,进一步健全监督体系强化权力监督制约,一体推进不敢腐、不能腐、不想腐的体制机制,打造忠诚干净担当的税务铁军。

2022年税务总局党委把税收现代化建设总目标的主要内容拓展为"学思践悟强武装、政治建设强统领、纵合横通强党建、六位一体强严治、健全机构强保障"的"抓好党务"机制制度体系,"依法征税聚财力、改革兴税促发展、便民办税优服务、科技强税提质效、多方协税谋共治"的"干好税务"机制制度体

系,"绩效管理抓班子、数字人事管干部、人才工程育俊杰、选贤任能树导向、严管善待活基层"的"带好队伍"机制制度体系,税收现代化建设框架及内涵进一步健全和完善。

"战略是从全局、长远、大势上作出判断和决策。"①总的看,税务绩效管理从战略决策抓起,立足当前、面向未来,既围绕推进税收现代化"做正确的事",又通过创新绩效管理确保"正确做事"。一是坚持和践行目标导向与问题导向相统一。既从基本实现税收现代化的目标着眼,厘清各项任务完成的时间节点,提出可行思路和务实举措,又从迫切需要解决的问题着力,坚持问题所在就是工作所向,全面补齐短板。二是坚持和践行顶层设计与基层创新相统筹。税务总局顶层设计重在明方向、定规范、强指引,基层实践创新贵在探新路、出新招、求实效。两者互促互进、螺旋上升。顶层设计不是顶层包办,让基层这也不能做,那也不能干,而是确保工作的前瞻性、全局性、统一性。各级税务机关在总体框架下进行大胆探索,推动税收现代化不断创新发展。三是坚持和践行一事做优与事事联动相协调。"六大体系"是一个互相联系的有机整体,税收现代化推进越是深入,各个体系、各项工作的关联性和互动性越是增强,每一项工作都会对其他工作发挥作用,每一项工作又都需要其他工作协同配合。做任何一件事,不仅把制度、机制、人才与信息化手段等内在要素整合起来,还要与其他的事、长远的事统筹考虑,确保各项工作相互促进、相得益彰。四是坚持和践行步步为营与久久为功相结合。实现税收现代化不可能一蹴而就,需要坚持不懈地努力。既稳扎稳打、步步为营,打连发、呈递进、抓落实、重成效,一锤接着一锤敲,一杵接着一杵磨;又锲而不舍、决心不减、标准不降、勇气不泄,保持持久耐力和韧劲,推动税收现代化步步为"赢",久久为功。

税务总局党委围绕税收现代化战略目标,将实施绩效管理作为改革创新

---

① 《习近平谈治国理政》第四卷,外文出版社 2022 年版,第 31 页。

的重要举措,加快建立具有税务特色的绩效管理模式,让绩效管理在激发干部活力、促进管理创新中发挥重要推动作用。一是坚持总要求,坚定不移地搞、积极稳妥地推、持续不断地改,以绩效管理促进税务部门转变职能、创新管理,盘活全国税务"一盘棋";二是实施分步骤,从 2014 年起做到一年试运行,两年见成效,三年创品牌,形成具有时代性、引领性和示范性的税务绩效管理文化;三是采取硬措施,考评制度和绩效指标设计努力做到目标明确、任务量化、节点清晰、过程可控、结果可考,进一步营造人人担当、人人争先的良好氛围。

二、构建"双轮驱动体系"

现代管理学普遍认为,激活个体的关键是建立组织管理新范式。这就要求组织管理的目标需兼顾个体的意义,进而更好将个体与组织融合在一起,实现组织与个人的价值。① 按照新时代党的组织路线和中央有关党政领导干部考核、推动高质量发展的政绩考核、开展公务员绩效管理试点工作等制度文件规定,结合税务系统实际,税务绩效管理框架体系由侧重于"考核班子"的组织绩效和侧重于"评价干部"的个人绩效共同构成。这一体系注重构建上下贯通、执行有力的严密组织体系,突出对领导班子和税务干部的考核评价,确保党中央决策部署有效落实。

组织绩效管理侧重于"考核班子"的"一级抓一级"工作机制,通过抓好班子这一"关键少数"促进带好干部队伍;个人绩效管理侧重于"评价干部"的"一竿子到底"工作机制,通过管好干部"绝大多数"体现强化各级班子建设。组织绩效管理以抓班子发挥牵引带动作用;个人绩效管理以管干部实现整体推动效果,两者"双轮驱动"共同确保新时代党的组织路线在全国税务系统落地见效。

　　"双轮驱动"的税务绩效管理,经历先组织绩效考评、后延伸至个人绩效考评、再将个人绩效考评深化为"数字人事"的发展过程。2013 年 12 月印发《国家税务总局关于实施绩效管理的意见》,2014 年上半年在税务总局机关司局和部分省税务局试点组织绩效管理,下半年在全国税务系统全面试行组织绩效管理,并在税务总局机关司局和各省税务局班子成员、部分省税务局全系统试点个人绩效管理。2015 年正式运行组织绩效管理和个人绩效管理,逐年优化升级,并将个人绩效管理逐步拓展深化为"数字人事"。

　　税务绩效管理通过"双轮驱动"确保税收现代化持续推进。一是强化战略眼光看长远。树牢战略绩效管理理念,站高望远,明确组织使命和愿景,对关键因素综合研判,顺时应势不断调整,做到"咬定青山不放松""一张蓝图绘到底"。二是强化底线思维防风险。保持如履薄冰的谨慎和见微知著的敏锐,切实防范化解重大风险。三是强化问题意识补短板。扭住持续改进的绩效管理核心要义,将绩效考评反映的问题短板,作为编制关键绩效指标的重要着眼点,纳入考评予以精准解决。

（一）构建组织绩效管理"4+4+4+N"框架体系

　　经过持续不断完善,形成"四类对象、四大板块、四处来源、N 个专项"的税务组织绩效管理框架体系。

1."四类对象"

　　税务组织绩效管理在考评范围上覆盖税务总局机关各司局,各省、自治区、直辖市和计划单列市税务局,税务总局驻各地特派员办事处和副省级城市税务局"四类对象"。以上绩效考评对象针对税务总局本级和对下一级绩效考评而言,适应不同时期经历了逐步扩围的过程。

　　2014 年上半年,税务总局推出组织绩效管理 1.0 版,试点运行,考评对象为税务总局机关所有司局和覆盖东、中、西部的 9 个省税务局;下半年,根据试点运行情况,总体研判具备在全国税务系统推开的条件,制发组织绩效管理2.0版,考评对象扩围至省一级税务局,将原省国税局、地税局全部纳入,并逐级延伸至市、县税务局。

2017年11月,为提高征管服务效能,经中央编办批准,税务总局设立驻北京、重庆、上海特派办。考虑到3个驻各地特派办成立的时间节点已经处于年末,机构、人员仍需磨合适应,暂未将驻各地特派办纳入考评范围。2018年,实施国税地税征管体制改革,省级和省级以下国税地税机构合并。面对征管体制改革后的新形势,税务总局在2018年制定的6.0版绩效指标中将合并后的36个省级税务局和新设立的3个驻各地特派办纳入考评,进一步扩大了考评对象覆盖范围。

2020年,税务总局在基于全国层面进行横向比较有利于提高副省级城市税务局工作积极性、主动性和创造性的考量,将沈阳、长春、哈尔滨、南京、杭州、济南、武汉、广州、成都、西安10个副省级城市税务局纳入考评对象覆盖范围。同时,考虑到设立驻沈阳、广州、西安特派办后,税务总局驻各地特派办数量达到6个,因此单列一个序列进行考评。

2.“四大板块”

税务组织绩效管理按照党的全面领导、税收改革发展、工作运转保障、各方多维评价“四大板块”确定指标内容。

2014年,税务总局推出试点和试运行的2个版本组织绩效指标,从目标引领和结果导向考虑,将绩效指标按照属性和类型分为“改革发展”“依法行政”“税务形象”“满意服务”四大类。其中:“改革发展”类指标主要考评重大税收政策落实情况和组织收入完成情况,包括税收收入任务和税收改革任务等内容;“依法行政”类指标主要考评税务机关行政运转和征管执法情况,包括征管效能、执法效能和内管效能等内容;“税务形象”类指标主要考评领导班子及干部队伍建设情况,包括领导班子建设、干部队伍建设、党风廉政建设等内容;"满意服务"指标主要考评税务机关各维度的满意度,包括上级评价、纳税人评价和基层评价等内容。

2015 年的组织绩效指标,将"税务形象"类指标名称优化改进为"队伍形象",以进一步突出绩效管理抓班子带队伍的功能定位。2016 年,为了更清晰更有力地引导各级税务机关及其广大税务干部紧盯税收现代化战略目标持续奋进,将税收现代化"六大体系"作为设置绩效指标的"六大板块"。其中:"完备规范的税法体系"类指标主要考评推进税收立法等内容;"成熟定型的税制体系"类指标主要考评税制改革和完善政策等内容;"优质便捷的服务体系"类指标主要考评优化纳税服务和保护纳税人权益等内容;"科学严密的征管体系"类指标主要考评组织收入、税源管理、风险防控、税务稽查等内容;"稳固强大的信息体系"类指标主要考评信息系统建设和数据质量与应用等内容;"高效清廉的组织体系"类指标主要考评行政效能建设、干部队伍建设和党风廉政建设等内容。

经过两年的实践运行,以税收现代化"六大体系"为大类的绩效指标框架,从上到下逐级分解承接,有力推动了税收现代化建设,强化了全国税务系统为税收现代化而奋斗的使命感、责任感。但由于各层级承担的税收现代化"六大体系"建设任务并非完全对应,比如,省税务局就基本不涉及完善税法体系和税制体系的任务,为进一步直观展现从战略目标到年度指标"化战略为任务"的考评逻辑,结合实际汲取战略地图和平衡计分卡理论成果,2018 年组织绩效指标的编制对税收现代化"六大体系"内容按税收工作业务逻辑进行细化,优化调整为"全面从严治党""税收改革发展""税收行政效能""税收工作创新""各方综合评价"五大类。2019 年,为贯彻落实党中央、国务院关于减税降费的决策部署,税务总局在编制绩效指标时单设"实施减税降费"类指标,凸显对政策落地情况和纳税人、缴费人获得感的考评。2020 年,进一步对指标框架进行优化完善,明确为"全面从严治党""税收改革发展""工作运转保障""各方多维评价""四大板块";2021 年将"全面从严治党"类的名称优化调整为"党的全面领导"。

现行税务组织绩效管理框架体系各个板块的主要构成是:

——"党的全面领导"板块。以加强党对税收工作的全面领导为导向,重点考评学习贯彻习近平新时代中国特色社会主义思想和习近平总书记关于税收工作的重要论述等内容,促进全国税务系统在对标对表中找准方向、明确思路,进一步增强"四个意识"、坚定"四个自信"、做到"两个维护"。同时,加强对政治机关建设、落实管党治党政治责任、强化一体化综合监督、持之以恒推进正风肃纪等工作考评,推动建设让党中央放心、让人民群众满意的模范机关。

——"税收改革发展"板块。以充分发挥税收在国家治理中的基础性、支柱性、保障性作用为导向,围绕"干好税务",从组织税费收入、落实减税降费、税收法治建设、税费种管理、优化纳税服务、推进税收征管改革、加强税收监管、信息化建设等方面设置指标,对各单位落实各项税收主题主业主线工作进行考评。

——"工作运转保障"板块。以促进机关运转顺畅、效能提高和防范化解风险为导向,设置政务公开、安全稳定、财务与采购、重要会议组织、机关督办等指标,对各单位提高行政质效、畅通机关运转、维护系统安全的成效进行考评。

——"各方多维评价"板块。以多维度反映各单位工作努力程度和综合成效为导向,按照360°考评法,设置领导考评、地方党政考评、纳税人满意度、司局考评、基层满意度、机关协作配合度等指标,从上下左右内外等各个角度,多维度评价各单位主观努力程度和整体工作质效。

3. "四处来源"

税务组织绩效管理确定指标考点主要基于年初工作部署、全国"两会"精神、年中新增任务、特殊调整事项"四处来源"。

税务组织绩效管理设置绩效指标体系,始终坚持把认真贯彻落实习近平总书记重要指示批示精神和党中央、国务院决策部署摆在首要位置。为做到"及时响应",指标内容需要与时俱进,因此实行"既定目标"与"动态调整"相结合,并不断厘清具体考点的设置依据和来源。

在探索编制组织绩效指标的起步阶段,主要把握两处来源:一是党中央、国务院决策部署;二是税务总局年度重点工作任务,且全年指标保持稳定不变。在实际运行中,对党中央、国务院在年度中间作出的重大决策部署,及时新增指标或考点,促进落实年度中间新增的重点工作任务。

从 2015 年起,税务组织绩效管理确立绩效指标动态优化调整机制,年中根据税收工作任务重点的变化对绩效指标进行调整、增加和减少,进一步强化绩效管理抓重点工作落实的作用。同时,为防止绩效指标"频繁变动"给基层执行带来"负面波动",统筹总体稳定和适时变化,相应优化调整绩效指标,其中,每年年底启动编制下一年度指标,重点是贯彻落实中央经济工作会议精神;每年 4 月份第一次优化调整当年绩效指标,重点是贯彻落实全国两会精神,年中根据税务系统重要工作安排进行优化调整。

现行税务组织绩效管理框架体系各处来源的主要构成是:

——"年初工作部署"。每年年初根据中央经济工作会议、国务院常务会议精神以及全国税务工作会议、税务总局党委会议的决策部署,聚焦全年税收重点工作任务编制绩效指标,将重点工作部署逐一纳入考评。

——"全国两会精神"。每年全国两会结束后,根据国务院关于落实《政府工作报告》重点工作分工意见的有关文件精神,对涉税重点工作任务编制绩效指标纳入考评。

——"年中新增任务"。每年年度中间,根据税务总局党委要求,对重要会议决定事项、重要文件确定事项和税务总局领导批示要求等内容编制绩效指标,及时纳入考评。

——"特殊调整事项"。每年年度中间,根据工作实际需要,依照有关工作安排变化进行相应调整。

4."N个专项"

税务总局根据党中央、国务院决策部署,对本年度需要啃的"硬骨头"工作实行"N个专项考评"。

税务组织绩效专项考评起于2016年版。经国务院批准,自2016年5月1日起,在全国范围内全面推开营业税改征增值税(以下简称"营改增")试点,将建筑业、房地产业、金融业、生活服务业等全部营业税纳税人,纳入试点范围,由缴纳营业税改为缴纳增值税。为确保全面推开营改增试点工作落到实处,税务总局决定对推进营改增工作实施专项绩效考评,制发《营改增专项绩效考评及结果运用办法》,以绩效管理保障营改增重大改革任务顺利完成。

2018年,中共中央办公厅、国务院办公厅印发《国税地税征管体制改革方案》,合并省级和省级以下国税地税机构,划转社会保险费和非税收入征管职责,构建优化高效统一的税收征管体系。为适应国税地税征管体制改革新形势和新要求,平稳扎实有序推进改革工作,税务总局制发《国税地税征管体制改革专项绩效考评办法》,将国税地税征管体制改革任务逐项细分为指标,明确路线图、时间表、任务书,完善配套考评措施,并由督办组和联络(督导)组提出专项考评建议,有力有效保障征管体制改革顺利实施。

税务绩效管理2020年版,明确提出针对各年度税收改革发展需要啃"硬骨头"的工作,实行"N个专项考评"的绩效管理专项工作推进机制,将落实新"纵合横通强党建"机制、推进增值税发票电子化有序实施、确保个人所得税改革顺利落地、优化税收营商环境和领军人才培养工作纳入专项考评。之后,2021年版将专票电子化改革、落实《关于进一步深化税收征管改革的意见》纳入专项考评;2022年版将发票电子化改革(金税四期)纳入专项考评,特别是为深入贯彻落实党中央、国务院关于实施新的组合式税费支持政策决策部署,制定《退税减税政策落实工作专项绩效考评方案》,突出考评退税减税政策落实情况,全力确保政策落地落细。

(二) 构建个人绩效管理"1+4+1"框架体系

税务总局在个人绩效管理方面,牢固树立"数字人事"的理念,形成"一个基础、四个支柱、一个顶子"的个人绩效管理框架体系,将现行按"事"考核评价和干部日常管理的制度规定,转化为按"人(岗)"量化归集的评价和管理指标,着力构建包括平时考核、公认评价、业务能力评价、领导胜任力评价四大支柱,涵盖"德、能、勤、绩、廉、评、基"七个方面的"个人成长账户",构建干部考核评价管理制度机制,促使税务干部一生向上、一心向善。

1. "一个基础"

职业基础包括"新人"的从业基础和"老人"的职位基础。其中:从业基础包括税务干部接受教育信息、考录信息以及新进培养信息等,主要适用于通过公务员考录、事业单位公开招聘等方式进入税务系统工作的税务干部。职位基础,是指税务干部在同一职务(职级)层级近三年考核期间内的年度考核情况,作为评价干部工作努力程度的基准,适用于全体税务干部。

2. "四个支柱"

一是平时考核。对干部日常工作情况及各方面表现进行记录和考核,意在引导干部把精力用在平时,提升日常工作业绩。

二是公认评价。对干部德、能、勤、绩、廉等表现,采取内部公认度和外部满意度相结合的方式进行评价,意在引导干部自觉接受内外部监督。

三是业务能力。结合岗位实际把干部工作能力设置为综合管理、纳税服务、征收管理、税务稽查和信息技术5类11档(与公务员分类管理的层级相对应),设置升级标准,并与干部职务职级晋升挂钩,引导干部不断提升履职能力。

四是领导胜任力。对领导干部履职情况、群众公认度，以及任职考察、试用期管理、党建和巡视、经济责任审计、干部离任检查等事项进行量化，并实行领导胜任力测试，意在引导领导干部德才兼修、担当作为，发挥示范带动作用。

3."一个顶子"

应用"数字人事"，对海量数据按照干部单位、职务等维度进行分类排序，作为干部晋升、考核、评先评优的重要参考。

税务个人绩效管理在"1+4+1"的框架体系内逐步形成"六化"格局。

——科学化。围绕贯彻落实习近平总书记关于税收工作的重要论述和重要指示批示精神，紧扣党中央、国务院决策部署和高质量推进新发展阶段税收现代化战略目标，准确把握和运用干部队伍建设的内在规律，建立科学化的税务干部评价管理体系，解决"导向不明确、机制不完善"的问题，切实发挥考核的指挥棒作用。

——日常化。强化干部日常管理，注重干部日常表现，坚持以平时考核为重点、平时考核与定期考核及专项考核相结合，按周记实、按季考评、按年累计的方式，及时记录和考核日常工作、德才表现等各方面情况，解决"平时不算账、年终凭印象"的问题，引导干部把功夫下在平时，促使税务干部敬业守责、履职尽责。

——多维化。科学规划干部整个职业生涯，建立职业基础、平时考核、公认评价、业务能力评价、领导胜任力评价各方面多维指标体系，进一步明确税务干部岗位职责、工作目标和绩效任务，解决"工作没目标、干活没压力"的问题，发挥各个维度指标的导向作用，提升税务干部队伍管理的针对性、有效性。

——数据化。运用大数据理念方法量化税务干部管理，创新管理方式，对所有考核指标进行量化，设置不同权重，折算成分数，用数据说话，全面定量展现干部综合素质和工作实绩，解决"看人凭印象、用人拍脑袋"的问题，增强干部管理客观性、精确性。

——累积化。建立税务干部个人成长账户,科学分类、连续记载税务职业生涯各个阶段的每项指标数据,实现时时累积、次次累积、逐年累积,展现干部成长轨迹,解决"平时无数据、长期无积累"的问题,为干部管理提供长期完整数据支持。

——可比化。建立规范统一的指标体系、权重配比、计分规则,实现同级同类人员横向综合对比和单项对比,以及税务干部个人不同时期纵向综合对比和单项对比,解决"想比不好比、对比无依据"的问题,为各级税务局干部管理使用以及个人自我提升提供重要参考。

三、把握"三项实施原则"

切实遵循推进改革创新的基本规律和策略,充分认识政府部门绩效管理既是先进管理工具又是"世界性难题",也是构建职责明确、运转高效、科学规范的服务型政府的必由之路,牢牢把握"坚定不移地推、坚定不移地改、坚定不移地用"的实施原则,做到善始善终、善作善成、久久为功。

(一)"坚定不移地推"

认真贯彻习近平总书记"对长期任务,要保持战略定力和耐心,坚持一张蓝图绘到底,滴水穿石,久久为功"①的重要指示精神,坚决落实中央关于严格绩效管理的部署要求,从 2014 年起,确定"一年试运行、两年见成效、三年创品牌、在此基础上再接再厉开创新局面"的绩效管理总布局,步步为营,年年有成,积小胜为大胜。各级税务局党委高度重视"下定决心推",完善主要领导全面抓、副职领导协同抓、考核考评部门靠前抓、各级各部门跟上抓的工作格局,形成推进绩效管理的强大合力。全国税务系统自上而下广泛动员"坚定

---

① 《筑牢理想信念根基树立践行正确政绩观　在新时代新征程上留下无悔的奋斗足迹》,《人民日报》2022 年 3 月 2 日。

信心推",加强绩效管理宣传引导、工作指导、培训辅导,营造推进绩效管理的浓厚氛围。广大税务干部增强认同"笃定恒心推",深刻认识实施绩效管理的重要意义,熟练掌握实施绩效管理的机理要义,自觉融入绩效管理,厚植推进绩效管理的坚实基础。

(二)"坚定不移地改"

认真贯彻习近平总书记"要坚持问题导向,真刀真枪解决问题"①的重要指示精神,按照统筹规范督查检查考核工作、改进推动高质量发展的政绩考核等要求,彰显持续改进的绩效管理核心要义,先立后破、不破不立,固根基、扬优势、补短板、强弱项,以自我革命的精神不断优化完善基本框架、绩效指标和考评规则,一年一升级,累计升级 10 个版本,促进绩效管理制度机制体系更加成熟定型。坚持目标导向与问题导向相结合"重点改",锚定税收现代化目标精益求精,针对工作中存在的问题扬长补短,促进持续不断优化完善。坚持与时俱进与因事制宜相结合"主动改",统筹年初按计划确定目标与年中因变化完善指标,该增加的增加,该取消的取消,该调整的调整,促进各级结合实际抓好落实。坚持实践探索与理论研究相结合"深化改",从实践中总结理论,运用理论指导实践,促进绩效管理理论与实践互促互进。

(三)"坚定不移地用"

认真贯彻习近平总书记"要建立科学合理的考核评价体系,考核结果作为各级领导班子和领导干部奖惩和提拔使用的重要依据"②的重要指示精神,以"绩效管理不用则废"的强烈意识,切实把绩效考评结果运用作为绩效管理

---

① 《习近平关于力戒形式主义官僚主义重要论述选编》,中央文献出版社 2020 年版,第30 页。
② 《坚决打好污染防治攻坚战　推动生态文明建设迈上新台阶》,《人民日报》2018 年 5 月20 日。

的"生命线",顶住压力用、拓展渠道用、公道合理用,在与干部任用、年度考核、人才培养、评先评优等挂钩运用中强化绩效意识、倒逼绩效改进、促进绩效扎根,着力激发广大税务干部干事创业正能量。坚持提高站位、专门发文"定制度用",以税务总局党委名义制发《绩效考评结果运用办法》,让绩效考评结果运用"有办法可依"。坚持动真碰硬、兑现奖惩"按规定用",让绩效考评结果运用"有办法必依"。坚持抽查检查、上下协同"督促着用",适时对全国税务系统绩效考评结果运用情况进行督导,并把督导情况纳入绩效考评,确保各级税务机关都用起来用到位。

四、运用"四个基础理论"

坚持理论联系实际,创造性运用现代管理基础理论,择其善者而从之,为税务绩效管理的战略谋划、目标分解、执行落实、过程控制以及组织绩效与个人绩效有机衔接等提供重要指导。

(一)战略管理理论

习近平总书记高度重视战略问题,积极倡导战略思维,将赢得战略主动作为应对复杂多变形势、化解风险挑战,全面建设社会主义现代化的制胜之道。习近平总书记指出:"一个党要立于不败之地,必须立丁时代潮头,紧扣新的历史特点,科学谋划全局,牢牢把握战略主动,坚定不移实现我们的战略目标。"[①]税务部门肩负"为国聚财、为民收税"的神圣使命,必须聚焦战略目标凝聚各方合力,确保贯彻落实党中央、国务院决策部署不偏向、不变通、不走样。

在全国税务系统实施绩效管理,是一项着眼税收事业长远发展的战略性

---

① 《习近平谈治国理政》第二卷,外文出版社 2017 年版,第 53 页。

决策。税务总局牢固树立战略绩效管理理念,注重结合实际创造性运用战略管理理论,明确战略目标,增强战略定力,确保"一张蓝图绘到底"。

战略管理是管理者立足组织的长远发展方向,制定与内外部环境相适应的战略规划并采取相应措施来实现的过程。管理者在制定明确的战略目标后,据之分配资源,明确运行措施的优先顺序,确定这些决策的影响,根据实施过程中发现的问题,调整具体措施和资源配置,必要时根据实际情况更新战略目标。

20世纪中叶以来,战略管理理论发展形成了战略规划学派、环境适应学派、战略定位学派、资源基础论与核心能力学派、动态能力学派等。[①] 其中,战略规划学派认为战略应包括机遇(你可以做什么)、资源与能力(你能够做什么)、价值与抱负(你想做什么)和社会责任(你应该做什么)四个要素;环境适应学派主张适应环境变化对战略方向和战略能力进行调整;战略定位学派强调战略制定过程和战略内容本身的重要性;资源基础论与核心能力学派注重把开发和利用自身的独特资源和能力作为战略制定核心;动态能力学派则希望通过建立一种有效的组织学习机制,不断重构能力,谋求长期的、动态的可持续发展优势。

税务绩效管理的实施与税收现代化战略目标相伴而行。一是突出全局性。围绕落实党中央、国务院决策部署,注重发挥税收在国家治理中的基础性、支柱性、保障性作用,加强战略机遇的判断、发展战略的完善,调节系统上级和下级、内部和外部、组织和组织、个人和组织、局部和整体之间关系,保证全局战略目标的实现。二是突出长远性。对基本实现税收现代化、2025年深化税收征管制度改革取得显著成效、2035年全面实现税收现代化远景目标等进行展望和规划,引导各级税务机关既脚踏实地又面向未来,始终朝着战略目标聚力前行。三是突出根本性。抓住税务部门首先是政治机关这个根本,把

---

① 商迎秋:《企业战略管理理论演变与战略风险思想探析》,《技术经济与管理研究》2011年第3期。

坚持和加强党对税收工作的全面领导作为战略之"本",把践行以人民为中心的发展思想作为战略之"根",从战略上凸显税务绩效管理政治性和人民性的鲜明特质。

(二)目标管理理论

习近平总书记指出:"中央和国家机关有关部门是改革的责任主体,是推进改革的重要力量。各部门要坚决贯彻落实党中央决策部署,坚持以解放思想、解放和发展社会生产力、解放和增强社会活力为基本取向,强化责任担当,以自我革命的精神推进改革,坚决端正思想认识,坚持从改革大局出发,坚定抓好改革落实。"①党的十八届三中全会提出"严格绩效管理,突出责任落实,确保权责一致",充分体现了管理学的权责一致原则,而且更加强调责任落实,"有权必有责,有责要担当",意味着通过实施绩效管理,确保管理者所拥有权力与其所承担责任相适应,进而促其担当作为、履好职尽好责、持续聚焦目标提升绩效。

税务总局党委坚持既以战略管理强化大局意识,又以目标管理强化责任意识,依据目标管理理论(Management By Objectives,简称"MBO")将长远战略转化为年度计划并设置绩效指标、明确责任分工的核心观点,强调岗位就是责任,把税收工作年度重点任务目标逐级逐层分解并压实到单位、部门和个人,共促战略目标实现。

目标管理理论是由被誉为现代管理学之父的彼得·德鲁克首先提出。在我国政府绩效管理发展历程中,早期以目标责任制为特征的绩效管理深受其影响。从20世纪80年代开始,为了促进机关作风的转变,各级政府陆续引入目标管理模式,并与岗位责任制相结合,形成了政府目标责任制。1982年,劳动人事部下发《关于建立国家行政机关工作人员岗位责任制的通知》。1984

① 《习近平谈治国理政》第二卷,外文出版社2017年版,第105—106页。

年,中央组织部、劳动人事部联合下发《关于逐步推行机关工作岗位责任制的通知》,机关岗位责任制开始在全国推行。截至 20 世纪 90 年代初期,河南、四川、山西、山东、河北等省,在全省范围推行了目标管理;湖南、湖北、内蒙古等省区的一些地市、县区也实行了目标管理,全国共有 200 多个地方政府推行了目标管理,其中包括 55 个大中城市政府机关。①

简言之,所谓目标管理,就是组织通过目标的制定与实施,以调动所有资源有效实现各种任务的系统化管理过程,包括人本、自觉、民主、参与、责任、绩效等丰富内容。② 该理论特别强调,目标与责任息息相关。彼得·德鲁克认为,管理学的核心就是责任,"要使员工承担起责任和有所成就,必须由实现工作目标的人员同上级一起为每一项工作制定目标。此外,确保自己的目标与整体的目标一致,也是所有成员的责任"③。在组织中,目标又被分解为小目标,组织中每个个体实现各自的任务和责任,也就为组织完成了一个小目标。组织内部协调有序,组织的大目标也就更易实现。我国亦有学者指出,明确绩效管理目标并在此基础上强化责任机制,是当代政府绩效管理的一个重要趋势,完善中国政府绩效管理制度,关键在于建立绩效责任机制。绩效指标应根据政府部门履行的特定职能与公务员承担的具体职责来确定,集中于该部门的重点工作和主要职能。④

税务绩效管理将长远战略转化为年度目标,据之设置组织绩效指标和个人绩效指标,将任务逐级逐层分解到单位到部门到干部,以绩效考评压实每个单位、每个部门、每个干部的工作责任,进而促进责任落实。在定目标定指标定责任的过程中,一是搞清楚现状是什么,深入调查研究,搞好基础数据测算,善于解剖麻雀,把实际情况摸准摸透,胸中有数,有的放矢;二是搞清楚方向和

① 齐惠明等:《实施目标管理是推动政府工作的必然》,《经济工作导刊》1994 年第 6 期。
② 方丽娜:《组织目标管理理论的渊源、形成及在我国的应用》,《经营与管理》2017 年第 1 期。
③ [美]彼得·德鲁克:《管理的实践》,齐若兰译,机械工业出版社 2020 年版,第 14 页。
④ 洪毅:《政府绩效管理创新》,国家行政学院出版社 2010 年版,第 24—26 页。

目的是什么,把握好手段,防止就事论事甚至本末倒置;三是搞清楚到底要干什么,确定的任务要具体化、可操作;四是搞清楚谁来干,做到可督促、可检查、能问责;五是搞清楚怎么办,用什么措施来办,措施符合实际、有效有用、有操作性,让各级税务机关和税务干部知道怎么干。

(三)全面质量管理理论

习近平总书记多次指出要注重环环相扣开展工作,比如,针对搞好党的群众路线教育实践活动,提出"必须批批接续、层层压紧、环环相扣"①;针对处理好党建和业务的关系,提出"坚持党建工作和业务工作一起谋划、一起部署、一起落实、一起检查"②;针对提高生态环境领域国家治理体系和治理能力现代化水平,提出"构建一体谋划、一体部署、一体推进、一体考核的制度机制"③,这些都蕴含着绩效管理中绩效计划、绩效执行、绩效监控、绩效考核等关键环节的闭环运行机理,既深刻揭示了党的建设和国家治理的重要方法论,也为实施绩效管理提供了科学指南。

"事物发展似乎是在重复以往的阶段,但它是以另一种方式重复,是在更高的基础上重复"。④ 恩格斯称之为"发展的螺旋形式"⑤。这与全面质量管理理论(Total Quality Management,简称"TQM")的核心观点非常契合。构建完善全流程管理的运行机制是保障推动高质量发展的目标顺利实现的基础。⑥税务总局党委结合实际运用全面质量管理理论成果,力求打造一个连环驱动、螺旋上升、开放融通的税务绩效管理生态系统。其一,由多种环节、要素和操

---

① 习近平:《在党的群众路线教育实践活动总结大会上的讲话》,《人民日报》2014 年 10 月 9 日。

② 习近平:《在中央和国家机关党的建设工作会议上的讲话》,《求是》2019 年第 21 期。

③ 习近平:《努力建设人与自然和谐共生的现代化》,《求是》2022 年第 11 期。

④ 彭漪涟等主编:《逻辑学大辞典》,上海辞书出版社 2004 年版,第 618 页。

⑤ 《马克思恩格斯选集》第 3 卷,人民出版社 2012 年版,第 521 页。

⑥ 林新奇、丁贺:《从绩效管理视角看高质量发展及其落实》,2018 年 1 月 9 日,见 http://opinion.china.com.cn/opinion_46_183046.html。

作技术构成，并且相互联系，形成连环驱动、循环往复的有序链条。其二，不仅首尾相接，而且螺旋上升，"不是一个一次性的过程，而是为改进绩效而进行的持续不断的努力"。其三，开放融通，大的工作循环可以分解为若干个小的改进循环，跨年度的循环可以分解为若干年度的持续改进循环。

具体操作按 PDCA 循环展开。PDCA 循环是美国质量管理专家沃特·阿曼德·休哈特首先提出的，由质量管理大师威廉·爱德华兹·戴明采纳、宣传，获得普及，故又称戴明环。全面质量管理的思想基础和方法依据就是 PDCA 循环。PDCA 循环的含义是将质量管理分为四个阶段，即 Plan（P，计划）、Do（D，执行）、Check（C，检查）和 Act（A，处理）。在质量管理活动中，要求把各项工作分解为作出计划、计划实施、检查实施效果，然后将成功的纳入标准，不成功的留待下一循环去解决。[1] "P"是绩效管理流程中的第一个环节，包括绩效目标的确定，以及绩效管理规划的制定等基础性工作，重点是按照期初的工作计划、上级推送的重要任务等确定绩效目标任务，编制绩效考核指标。"D"是根据工作计划，制定具体的方法、方案进行运作，重在对任务进行监控和节点管理。关键绩效指标确定后，管理者与工作人员应保持积极的双向沟通，为完成绩效目标创造有利条件。"C"是考核计划执行的结果并找出问题，重点是对量化指标的考评，这是绩效管理的关键环节。在一个绩效周期结束的时候，管理者根据既定的工作目标，分析研判被管理者的绩效任务完成情况并进行客观考评，最后计算各部门及个人的考评得分，形成正式评估报告。"A"是对考评结果进行处理，重在针对问题持续改进，这是绩效管理取得成效的核心要义。通过对成功经验加以肯定并予以标准化，对存在的不足制定有效的改进计划，在下一个 PDCA 循环中进行提高，使之不断完善。税务绩效管理正是基于这一循环，通过打造"战略—目标—执行—考评—奖惩—改进"的完整链条，首尾相顾、连环驱动、螺旋上升，形成一个确保税收工作高质

---

① 万融：《商品学概论》，中国人民大学出版社 2013 年版，第 111 页。

量发展的良性循环。

（四）组织行为学理论

习近平总书记指出:"要更广泛更有效地调动干部队伍的积极性。这个问题极为重要,现在看来也十分紧迫。"①"要注重调动各方面推动改革、参与改革的积极性,鼓励广大干部既当改革促进派又当改革实干家,盯住干、马上办。"②"积极性"是由内因而形成的内生动力,对于提升绩效起到决定性和持久性的作用,也是绩效管理中凸显以人为本的原因所在。

组织行为学理论综合运用了心理学、社会学、文化人类学、生理学、生物学,还有经济学、政治学等学科有关人的行为的知识与理论,来研究一定组织中人的行为规律。该理论是基于对管理学大师泰勒的科学管理理论进行反思,为解决效率与人性之间的矛盾而出现的。泰勒管理思想的核心是指导人们按科学理性的思维来进行管理,但人们的思想并不完全是理性的,而是由本性所支配的,只有通过理解人的本性,才可以揭开人们心灵的秘密,才能真正懂得人们为什么有这种行为,而不是另一种行为。③ 比如,组织行为的研究者罗斯利斯伯格和威廉·J.迪克森认为,"因为人们不是被事实和逻辑所支配,所以在与员工们打交道时,必须考虑他们对具体工作环境中的事件和物体产生的情绪""管理者必须努力在组织的技术要求与人的要求之间达成一种平衡""员工们通过为这个共同目标作出贡献来获得个人满足感,这种满足感促使他们愿意合作"④。

税务绩效管理坚持以人为本,注重人文关怀,关注心理健康,将行为洞察、心理学等应用于绩效管理,重视各方多维考评的综合"诊断"功能,通过考核

---

① 《习近平总书记系列重要讲话读本》,学习出版社、人民出版社 2016 年版,第 82 页。
② 《习近平总书记系列重要讲话读本》,学习出版社、人民出版社 2016 年版,第 125 页。
③ 郭咸纲:《西方管理学说史》,中国经济出版社 2003 年版,第 194 页。
④ [美]丹尼尔·A.雷恩、阿瑟·G.贝德安:《管理思想史》,孙健敏、黄小勇、李原译,中国人民大学出版社 2012 年版,第 226 页。

评价、肯定成绩、发现不足，反馈沟通、开展辅导，并深入细致开展思想政治工作、科学合理配置人力资源，促进持续改善干部绩效，实现个人成长和组织发展的共进。

总体而言，税务绩效管理是运用习近平新时代中国特色社会主义思想进行理论武装，结合实际汲取古今中外管理学说精华的管理创新。税务绩效管理在古典管理理论和现代管理理论丛林中择善择要，突出战略管理、目标管理、全面质量管理等理论的运用，以"海纳百川"的开放姿态不断学习借鉴国内外理论成果，不断推进理论和实践的融合发展。

五、突出"五条内在机理"

结合税务部门实际，深入探索和挖掘绩效管理发挥积极作用的原理和"门道"，精心设置相互联系、相互促进、"牵一发而动全身"的规则和机制。

（一）压实责任、传导压力"抓落实"

基于贯彻中央"严格绩效管理，突出责任落实，确保权责一致"的部署要求，通过健全"横向到边、纵向到底、责任到岗、任务到人"的绩效管理格局，促进系统上下层层负责、人人尽责，打造明责、聚力、狠抓落实的管理体系。

习近平总书记指出："深化改革对各级的领导力、组织力、执行力都是考验。""党委主要领导要当好第一责任人，一级抓一级，层层传导压力。对执行不力、落实不到位的，要严肃问责。"[①]层层压实责任、逐级传导压力是绩效管理的首要内在机理，关键是将任务或责任自上而下逐级传导至基层，并通过确定目标、督促执行、实施考评、激励问责、推动改进等一系列环环相扣的落实链条来压紧压实。

---

① 习近平：《论坚持全面深化改革》，中央文献出版社 2018 年版，第 214—215 页。

　　税务绩效管理主要依托指标的编制分解承接,实现责任和压力的传导。首先是把党中央、国务院重大决策部署及时转化为年度绩效目标和重点工作任务。纵向上,税务总局据此对省税务局进行考评,省税务局根据税务总局绩效任务结合实际编制指标并对市税务局考评,进而市税务局对县税务局考评,县税务局对分局(所)考评,实现"纵向到底"。横向上,税务总局对机关司局考评,省税务局对机关处室考评,以此类推,实现"横向到边"。组织绩效整体形成矩阵形状,覆盖税务系统各层级单位和内设部门。在此基础上,各部门将绩效任务根据具体情况分解到不同的工作岗位,实现"责任到岗",进而不同岗位的人员承担相应的绩效任务,最终实现"责任到人",促进各级税务机关和广大税务干部履职尽责、担当作为,确保各项指标任务落地生根、开花结果(见图2-1)。

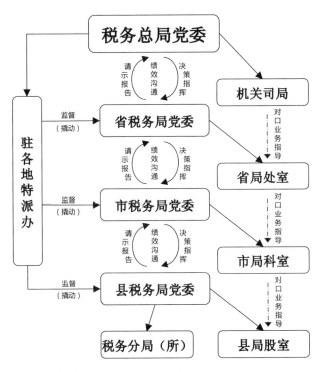

图 2-1　各级税务局党委"四级一起抓"示意图

（二）环环相扣、持续优化"强撬动"

基于着力形成"环环相扣、压茬推进"的管理闭环，强调将"年度有计划、计划有落实、落实有评价、评价有奖惩、奖惩有推进"的组织绩效管理"五有"和"干部管理日常化、日常管理指标化、指标管理数字化、数字管理累积化、累积管理可比化、可比管理挂钩化、挂钩管理导向化"的个人绩效管理"七化"匹配起来，打造衔接、优化、关联撬动的管理体系。

闭环式管理由创始人罗伯特·卡普兰和戴维·诺顿在《闭环式管理：从战略到运营》一文中首先提出，闭环管理把整个生产管理过程视为一个闭环系统，通过对生产过程中产生的问题及时发现、分析、决策、处理、控制、反馈、再控制、再反馈，使整个闭环系统自动循环优化迭代，促进系统不断地自我革新与自我超越。[①] 税务绩效管理从组织和个人两个层面，将不同层面的主体有机联系起来，并明确相应的工作流程，形成组织绩效和个人绩效两个相对独立又相互联系的管理闭环。

在组织绩效方面，主要基于"战略—目标—执行—考评—奖惩—改进"的运行机制，构建每个环节之间的信息连接点，根据战略目标编制绩效计划（即指标），根据指标任务抓好落实，根据任务完成情况进行考核评价，根据考评结果落实结果运用，结果运用促进工作改进，当年未完成的改进内容纳入下一年计划，进而形成环环相扣、持续改进的管理闭环。在个人绩效方面，按照管理加服务、制度加科技、定性加定量、内部加外部的基本思路，创新干部管理理念方法，以税务干部职业发展为主线，以个人成长账户为载体，以信息管理系统为支撑，实现干部考核管理的日常化（常态评价）、多维化（全面评价）、数据化（客观评价）、累积化（历史评价）和可比化（差别评价），为干部实绩评估、提拔任用、考核问责等提供全面、科学、准确的参考，从而将新时代党的组织路

---

① ［美］罗伯特·卡普兰、戴维·诺顿：《闭环式管理：从战略到运营》，《哈佛商业评论》2008 年第 2 期。

线和中央全面从严治党、加强干部队伍管理等要求落到实处,促使干部一生向上、一心向善。

(三)多元考核、多维评价"精画像"

基于管理本身是一种平衡的艺术,不同考核主体有可能"横看成岭侧成峰",不同评价维度可能"远近高低各不同",引入平衡计分卡,注重统筹上下左右内外的考评主体和时间、数量、质量、效果的考评维度,打造立体、持续、综合平衡的管理体系。

习近平总书记指出:"要加强评估督导,搞好综合平衡,有问题及时纠偏。"①在绩效考评中,不同的绩效指标之间存在"相互制约"的关系,本质上是一个围绕共同目标互相联系、互相制约的系统,这就需要综合考虑,增强平衡性,防止"一刀切""一头沉"。

税务总局党委坚持统一领导、分级管理,注重统筹税务系统考评和地方党委政府考评、机关考评与基层考评、组织考评与个人考评、时间维度的前后月季年度考评和空间维度的上下左右内外考评等各个方面,结合实际运用平衡计分卡理论,构建综合平衡的绩效管理体系。在"上级领导"层面,坚持把旗帜鲜明讲政治摆在首位,以贯彻落实党中央、国务院决策部署为绩效考评的出发点和落脚点;在"服务对象"层面,围绕落实以人民为中心的发展理念,不断提高纳税人缴费人的满意度和获得感;在"内部运行"层面,围绕促进行政管理方式的创新和优化,防范和化解各类重大风险,将政务保障、安全稳定、舆论引导、信息化建设等纳入考评;在"干部发展"层面,围绕促进税务组织体系不断优化,打造让党中央放心、人民群众满意、忠诚干净担当的税务干部队伍,将人才培养、干部管理使用、教育培训、纪律作风等纳入考评,从而实现短期目标和长期目标的平衡、上级要求和下级需求的平衡、战略管理和过程管理的平

---

① 《全面加强基础设施建设构建现代化基础设施体系　为全面建设社会主义现代化国家打下坚实基础》,《人民日报》2022 年 4 月 27 日。

衡、组织发展和个人发展的平衡。

（四）激励约束、激发活力"促提升"

基于调动积极性、强化自驱力，以正向激励为主深化绩效考评结果运用，精心培育一种于无形之间带来激励鞭策，促使"人人讲绩效、事事求绩效""后进赶先进、一起向前进"，打造激励、鞭策、向上向善的管理体系。

习近平总书记指出："干部管理是一门科学，要敢抓善管、精准施策，体现组织的力度；也是一门艺术，要撑腰鼓劲、关爱宽容，体现组织的温度。"①彼得·德鲁克明确表示管理是一门学科和一种实践。一个组织，只有管理者致力于做正确的事情以及让人们做正确的事情，才有可能具有高涨的绩效精神。绩效精神在组织中的含义是它输出的精神力量大于输入的所有努力的总和，它意味着创造能量，这一点用机械的手段是做不到的。②

党的十九大提出："坚持严管和厚爱结合、激励和约束并重，完善干部考核评价机制，建立激励机制和容错纠错机制，旗帜鲜明为那些敢于担当、踏实做事、不谋私利的干部撑腰鼓劲"③。税务总局党委深入贯彻落实习近平总书记关于领导班子建设和干部队伍建设工作的重要论述，深入践行新时代党的组织路线，以党的政治建设为统领，探索形成了"绩效管理抓班子、数字人事管干部、人才工程育俊杰、选贤任能树导向、严管善待活基层"的"带好队伍"机制制度体系，抓住新时代干部队伍建设的关键点和着力点，把深化绩效考评结果运用作为绩效管理的关键举措，将考评结果与选拔任用、培养教育、管理监督、激励约束、问责追责等结合起来，与推进领导干部能上能下、职务职级并行相结合。同时，督促指导省、市、县税务局用好绩效考评结果，促进能者上、

---

① 习近平：《努力造就一支忠诚干净担当的高素质干部队伍》，《求是》2019年第2期。
② ［美］彼得·德鲁克：《管理的实践》下册，机械工业出版社2015年版，第18页。
③ 习近平：《决胜全面建成小康社会 夺取新时代中国特色社会主义伟大胜利——在中国共产党第十九次全国代表大会上的报告》，《人民日报》2017年10月18日。

优者奖、庸者让,激发广大税务干部干事创业正能量,在全系统培育一种浸润骨髓、融于血液的"层层争先争优、人人向上向善"的绩效文化与精神。

(五)层级联动、内外互动"重协同"

基于以税务总局为主、与省区市党委和政府双重领导的管理体制,着眼构建税收共治格局,提高税法遵从度和社会满意度,统筹税务系统考评和地方党政考评、机关考评和基层考评、纳税人缴费人评价和税务人评价等各个方面,打造开放、贯通、协同共进的管理体系。

按照"绩效层级理论",绩效从宏观、中观、微观的角度分为组织、部门和个人三个层次。与绩效的层次一致,政府绩效管理也可分为组织绩效管理、部门绩效管理和个人绩效管理三个层次。[①] 其中:组织绩效是组织在某一时期内,在确定的战略目标下各项任务的完成数量、质量、效率以及效果,关注价值使命、战略规划、重要任务、组织架构、运行机制、监控机制、人才配备等宏观问题。部门绩效是单位内设部门的绩效,关注部门职责职能、目标计划、工作落实、协调配合、上传下达等中观问题。个人绩效关注岗位责任、工作任务、工作成绩、工作汇报、工作能力、工作改进等微观问题。组织绩效、部门绩效、个人绩效共同构成既相互联系、相互依存,又相互影响的绩效系统。

为进一步统筹税务系统考评和地方党委政府考评,促进各级税务机关更好服务地方经济社会发展,税务总局下发《关于明确国家税务总局各省税务局和驻各地特派员办事处纳入地方党委政府绩效考核有关问题的通知》,鼓励各省税务局积极纳入地方党委政府绩效考评。各级税务机关在推进过程中,始终坚持条块融合联动,结合实际不断完善税务系统考评和地方党委政府考评在指标、考评、结果运用等方面的衔接互促。一是指标互鉴一体设计。税务绩效指标与地方党委政府考评指标注重彼此借鉴衔接融合。一方面在税务

---

① 方振邦等:《绩效管理》,科学出版社 2010 年版,第 1 页。

绩效指标中纳入地方党委政府考评内容。各省税务局在编制绩效指标时，将地方党委政府考评内容融入机关处室个性指标，或设置机关共性地方党委政府考评加减分指标，对税务总局与地方党委政府考评的同质化指标作"合并同类项"处理，从高标准制定考评口径。另一方面地方考核评价体系吸收税务绩效指标。部分地方党委政府编制对下一级党委政府考评指标时，纳入税收工作指标。二是考评互通一体推进。各省税务局在指标融合的基础上，结合税务绩效管理注重过程控制、问题导向的特点，将指标承接分解、分析讲评、监督改进等管理手段，同步运用到地方党委政府考评任务落实上，形成一体化的工作推进机制。在月度、季度考评时，统一开展指标填报和考评打分工作，避免重复考评。在季度分析讲评会和半年推进会上，坚持税务绩效与党委政府绩效同通报、同分析、同部署，进一步压实各级班子抓绩效的主体责任，促进既抓好税务绩效，也在地方党委政府考评中争取好成绩。三是结果互认一体运用。税务总局党委对省税务局年度绩效考评位于第 1 段及连续两年累计上升位次前 2 名的，书面反馈地方党委政府；部分地方党委政府也将当地省税务局的考评成绩反馈税务总局。自 2017 年起，税务总局考评省税务局设置"地方党政考评"指标，根据各省税务局上一年度在当地党委政府考评中获得的不同等次分档计分。各省税务局也同步对考评下级税务局设置"地方党政考评"指标，实现"两个考评"相向发力，促进形成和巩固税收共治的良好格局。

第三章　税务绩效管理的运行过程

在管理理论和实践的发展演进中,起初主要关注对绩效结果的评价,由此提出"绩效评价"(Performance Appraisal)的概念,但是单纯的绩效评价只具备对绩效水平进行区分的功能,而对组织目标的达成和绩效水平的提升缺乏积极的促进作用,因此进一步提出"绩效管理"(Performance Management)的概念,主张通过绩效计划、绩效监控、绩效评价和绩效反馈等一系列前后相继的过程,促进组织目标的全面实现和绩效水平的持续提升。①

根据中央关于"优化行政决策、行政执行、行政组织、行政监督体制"的精神,税务绩效管理融入税务行政管理过程,与税收工作的决策、执行、组织、监督一体推进,其运行过程概括起来主要是"五个环节",具体包括科学编制绩效指标、扎实推进绩效执行、有序开展绩效考评、深入运用考评结果、着力抓好绩效改进。整个运行过程前后接续、环环相扣,通过全覆盖、全员化的绩效管理,既促进税收改革发展任务落地,又促进事前事中事后全过程防范风险,推动各级税务机关做实做稳做好各项工作。

---

① 刘厚金:《行政学概论》,北京大学出版社 2015 年版,第 357 页。

一、科学编制绩效指标

"凡事预则立,不预则废""言前定则不跲,事前定则不困,行前定则不疚,道前定则不穷。"①正如埃德温·洛克和加里·莱瑟姆的目标设定理论所揭示的,目标导向是人类活动的一个基本属性,人们对其活动有意识地进行自我调节,虽然也受控于本身的意志,却是规范性的。② 税务绩效管理坚持目标导向,通过编制绩效指标,明确重点工作任务及其评判标准,明确各级各部门"做什么""怎么做",并充分考虑内部与外部、定性与定量、短期与长期、过程与结果等因素,确保税收现代化战略目标层层分解、落实到位。

(一)厘定编制流程

税务绩效管理按照"研提指标编制思路—细化初拟考评指标—多轮沟通逐一完善—集思广益征求意见—民主集中审定发布"的流程编制绩效指标。

1. 研提指标编制思路

每年10月中下旬,税务总局绩效办组织开展绩效管理工作"蹲点式"调研。通过组织座谈、随机走访等形式,实地了解省、市、县各级税务机关的指标承接分解、考评实施、日常运转等情况,征求基层对绩效指标和考评规则的意见建议,力求从"神经末梢"反观"神经中枢"。坚持问题导向,请各省税务局对当年绩效指标运行情况进行分析,按照"建议保留且需优化的指标""新增绩效指标""拟取消指标"三类提出具体意见建议,并说明理由(见表3-1、表3-2);同时,对当年绩效考评规则进行逐项评估,并围绕新版本重点改进事项

---

① 王文锦译解:《礼记译解》,中华书局2016年版,第813页。
② [美]肯·史密斯等主编:《管理学中的伟大思想:经典理论的开发历程》,徐飞、路琳、苏依依译,北京大学出版社2016年版,第105页。

等提出建议(见表3-3)。税务总局绩效办结合书面意见建议和实地调研情况,对标中央新要求,研究完善并确定下一年度绩效指标和考评规则的编制思路。

表3-1　税务总局年度绩效指标优化建议表

序号	二级指标名称	考点考评标准	评估结论	评估意见和理由
1				

填表说明:
1. 二级指标名称:只填写拟保留且有优化建议、拟取消的指标;拟保留但没有实质性优化建议的,无须填写。
2. 考点考评标准:1个二级指标下有2个及以上考点需要保留或取消的,在不同单元格中填写。
3. 评估结论:在下拉框中选择"保留"或"取消"。
4. 评估意见和理由:对拟保留且有优化建议的,请填写拟进一步完善目标值设定、考评方法或分值设置等具体内容及相应理由;对拟取消的指标,请填写拟取消的理由。

表3-2　税务总局年度新增绩效指标建议表

序号	二级指标名称	考评标准	考评方法
1			

表3-3　税务总局年度考评规则优化建议表

序号	具体条款	优化建议及理由
1	请列明有优化意见的考评规则条款具体内容。比如: 二、考评程序 　(一)平时考评 　1. 指标考评:(6)绩效办随机选择系统内外专家,随机选定时间,随机选取指标,根据正式文件通报等内容,研究提出考评建议,报领导小组审定后,将考评结果录入绩效管理信息系统。	
2		

2. 细化初拟考评指标

税务总局将指标编制工作与研究年度税收重点工作一体谋划、一体部署、一体推进。研究新版本绩效管理的编制思路的同时,提请各司局总结一年来重点工作开展情况,并围绕新形势新要求,研究下一年工作打算和拟采取的具体措施,据之提出绩效指标,填写有关表格报税务总局绩效办审核(见表3-4、表3-5、表3-6)。

表3-4　初拟考评省税务局绩效指标(××司局)

二级指标	考评标准	分值	考评方法	是否机考	考评时间	考评司局	负责处室

填表说明:
1. 二级指标:根据年度重点工作思路,填写二级指标名称。
2. 考评标准:对指标完成标准进行详细描述,可从时间、数量、质量和效果等维度制定每项工作完成的目标值或标准。
3. 分值:先按每项指标10分的标准分值设置,待绩效办审定后再统一设定。
4. 考评方法:主要有"量化计分法、基准加减法、直接扣分法"3种计分方法。
5. 是否机考:指该项指标属于"机考指标"还是"非机考指标",填"是"或"否"。
6. 考评时间:指该项工作具体考评时间。
7. 考评司局:指承担该项指标考评任务的司局。
8. 负责处室:指考评司局内具体负责落实该项指标考评任务的处室。

注:初拟考评驻各地特派办、副省级城市税务局表样与此相同。

表3-5　初拟考评税务总局机关司局共性指标(××司局)

二级指标	考评标准	分值	考评时间	考评司局	负责处室

填表说明:
1. 二级指标:根据年度重点工作思路,填写二级指标名称。
2. 考评标准:对指标完成标准进行详细描述,可从时间、数量、质量和效果等维度制定每项工作完成的目标值或标准。
3. 分值:先按每项指标10分的标准分值设置,待绩效办审定后再统一设定。
4. 考评时间:指该项工作具体考评时间。
5. 考评司局:指承担该项指标考评任务的司局。
6. 负责处室:指考评司局内具体负责落实该项指标考评任务的处室。

表 3-6 初拟考评税务总局机关司局个性指标(××司局)

二级指标	考评标准	分值
填表说明: 1. 二级指标:根据年度重点工作思路,填写二级指标名称。 2. 考评标准:对指标完成标准进行详细描述,可从时间、数量、质量和效果等维度制定每项工作完成的目标值或标准。 3. 分值:个性指标总分 200 分,请根据每项指标任务的重要程度、工作量等,研究确定指标分值。		

3. 多轮沟通逐一完善

税务总局绩效办组织工作专班,对税务总局各司局初拟的绩效指标从目标一致性、要素规范性、操作可控性、考评差异性等方面进行审核,提出改进建议,并形成对接表(见表 3-7,以省税务局指标为例)。依托对接表,工作专班与各司局开展"一对一"沟通,既详细了解司局新增、调整或取消指标的原因或依据,又对新版本的编制思路和重点改进方向进行宣讲,努力在考评内容、目标设定、指标数量、考评方法等方面达成共识。

表 3-7 税务总局考评省税务局绩效指标对接表(XX 司局)

来源	二级指标	考评标准	分值	考评方法	是否机考	考评时间	考评司局
司局提报(新增)							
绩效办意见							
司局提报(调整)							
当年指标							
绩效办意见							
司局取消							
绩效办意见							
其他需要修改事项:							

4. 集思广益征求意见

税务总局绩效办审核绩效指标后，"三上三下"征求被考评单位意见，逐条认真研究是否采纳建议并反馈考评单位。就被考评单位反映比较集中的问题，与相关单位进一步重点沟通。考评单位根据反馈意见进行修改完善，提交绩效办复核后报分管局领导审核。

5. 民主集中审定发布

税务总局绩效办汇总年度绩效指标，经考评委员会审议，报领导小组审定发布。文件正式下发后，举办"一竿子到底"视频培训，讲解指标编制思路、指标框架、考评内容、考评方法、考评机制和落实要求等内容，考评部门根据实际需要讲解指标考评的具体要求和工作落实中需关注的重点事项等。

（二）设定指标内容

绩效指标的设计取决于绩效目标，科学的绩效指标体系能够有效引导绩效目标的实现。简言之，绩效指标就是目标、方向和标准，告诉我们应该做什么、怎么做、做到什么程度、什么时间完成等具体要求，为各级各部门及每位干部指明努力方向和工作重点。

1. 聚焦考评班子设定组织绩效内容

税务绩效管理坚持把贯彻落实习近平总书记重要指示批示精神和党中央、国务院决策部署，贯彻新发展理念、服务高质量发展的工作要求，推动税收现代化的目标任务等，作为设置指标内容的基本依据，打造彰显中国之治、体现税务特色、凸显战略目标、涵盖重点任务的组织绩效指标体系（见表3-8）。

表 3-8　2022 年版绩效指标体系（以税务总局考评省税务局为例）

战略目标	一级指标	二级指标	具体考点
税收现代化	党的全面领导	学习贯彻习近平新时代中国特色社会主义思想	1. 深入学习贯彻习近平新时代中国特色社会主义思想、习近平总书记关于税收工作的重要论述、党的十九大和十九届历次全会、十九届中央纪委六次全会精神 2. 传达党中央、国务院重要会议和重要文件精神，以及党中央、国务院领导同志重要指示批示精神 3. 贯彻落实中央党史学习教育常态化长效化制度机制，巩固拓展税务系统党史学习教育成果
		政治机关建设	1. 严守政治纪律和政治规矩 2. 意识形态工作 3. 思想政治工作 4. 完善和落实"纵合横通强党建"机制制度体系 5. 税务党建云平台任务完成率 6. 省税务局党委书记 2021 年度抓基层党建述职评议暨落实全面从严治党主体责任述职考核 7. 开展省税务局党委对市税务局党委书记 2021 年度抓基层党建述职评议考核 8. 税务系统重大事项请示报告工作 9. 严格执行领导干部个人有关事项报告制度 10. 以税辅政，服务党中央、国务院重大决策 11. 解决形式主义突出问题为基层减负 12. 领导干部选拔任用 13. 职级晋升和管理 14. 绩效管理 15. 数字人事 16. 人事管理 17. 练兵比武 18. 省税务局领导班子廉政测评 19. 干部选拔任用"一报告两评议"测评 20. 通报表扬、荣誉表彰

续表

战略目标	一级指标	二级指标	具体考点
税收现代化	党的全面领导	一体化综合监督	1. 纪检监察体制改革试点"1+7"制度文件 2. 一体化综合监督"1+6"制度办法 3. 省税务局党委两级巡察 4. 税务总局党委巡视或"回头看"发现问题整改工作 5. 省税务局党委巡察质量 6. 内控监督平台监控重点风险 7. 现金税费征缴贪污截留风险防控长效机制 8. 税收执法责任制和责任追究 9. 中央巡视组、中央督查组、国务院督查组等指出问题 10. 国办核查"互联网+督查"平台的问题线索被指出问题 11. 审计署审计报告指出问题 12. 驻税务总局纪检监察组指出问题 13. 税务总局内部监督检查指出重大问题 14. 建立与驻各地特派办联席会议机制和情报信息研判会商制度
		正风肃纪	1. 落实中央八项规定及其实施细则精神 2. 干部违纪违法 3. 信访线索处置工作 4. 警示教育 5. 依规依纪查处和主动查办外部门移交问题线索人数比例
	税收改革发展	组织税费收入	1. 收入完成 2. 税收收入目标偏差率、预测准确率 3. 税收经济分析 4. 收入质量监控 5. 数据质量问题疑点核实更正完成率
		法治基础建设	1. 税务行政复议 2. 税务行政处罚"首违不罚" 3. 重大税务案件审理 4. 规范性文件备案
		货物劳务税管理	1. 成品油消费税管理 2. 车辆购置税管理

战略目标	一级指标	二级指标	具体考点
税收现代化	税收改革发展	所得税管理	1. 企业所得税提前缴税情况 2. 企业所得税汇算清缴、预缴申报疑点及重大错误数据处理情况 3. 小型微利企业所得税优惠政策落实情况 4. 研发费用加计扣除政策享受优惠金额、户数及高新技术企业(资格有效期内)占比情况 5. 特定企业所得税核定征收户数情况 6. 个人所得税汇算清缴事后抽查任务完成率、疑点核实修改率 7. 个人所得税经营所得汇算清缴查账征收申报率 8. 个人所得税综合所得汇算清缴申报补税人群办结率、退税人群办结率 9. 个人所得税综合所得扣缴申报疑点数据核实率、处理率
		财产行为税管理	1. 土地增值税台账管理质量 2. 土地税源登记率 3. 二手房自然人不动产交易掌上办税综合质效 4. 财行税优惠政策落实情况
		国际税收管理	反避税监管情况
		社保费和非税收入管理	1. 社保费工作 2. 非税收入征收工作 3. 社保非税重点核实等事项综合完成率
		大企业税收服务和管理	1. 千户集团附报财务报表、直报、电子账套报送综合完成率 2. 协调办理大企业涉税诉求事项
		征管努力程度	1. 未办税户管理、定期定额户管理、数据质量监控、税费种认定管理、增值税与附加税一致率 2. 不应加入而已加入增值税纳税申报白名单占比 3. 配合开展税收征管质量 5C 监控评价工作
		税收风险管理	1. 综合风险管理成效 2. 增值税发票风险快反任务按时完成情况 3. 大企业税收风险管理工作质效 4. 风险应对抽查任务
		税务稽查管理	1. 常态化打击虚开骗税及护航发票电子化工作成效 2. 稽查工作质效(含"双随机、一公开"监管、稽查案件结案、稽查案件分析、督办案件立案等)

战略目标	一级指标	二级指标	具体考点
税收现代化	税收改革发展	信息化建设	1. 大数据管理与应用工作 2. 自然人电子税务局系统运营工作质效 3. 规划管控功能应用情况 4. 电子税务局验收 5. 信息化设施配置信息录入更新情况
		优化税收营商环境	1. 逐笔办理制度性留抵退税正常审核准期率 2. 办理正常出口退税的平均时间 3. 12366工作质效及12366平台运维情况 4. 纳税服务投诉事项按期办结率 5. 涉税专业服务机构违法违规问题处理情况 6. 12366举报投诉违法行政行为和第三方涉税服务收费 7. 税务注销环节管理工作综合质效 8. 优化税收营商环境改革措施落实 9. 跨省异地电子缴税
	工作运转保障	安全稳定	1. 疫情防控 2. 保密管理 3. 信访管理 4. 舆情管理 5. 征期运行重大事项 6. 自然人电子税务局运维 7. 网络安全态势感知平台 8. 电子税务局接入双向安全交换系统 9. 税务核心业务系统运维
		财务与采购	1. 中央财政拨款基本支出预算执行率、项目支出预算执行率 2. 日常财务管理 3. 政府采购项目合规率
		政务公开	1. 政府信息公开职能 2. 互联网网站和新媒体账号评估 3. 税收新闻宣传工作 4. 税收文化宣传 5. 税收科研调研综合质效
	各方多维评价	领导考评	1. 税务总局领导测评 2. 领导批示肯定或批评
		司局考评	税务总局机关司局测评
		地方党政考评	当地党委政府考评
		纳税人满意度暨税务部门政务服务"好差评"	1. 税务部门政务服务"好差评" 2. 纳税人满意度

续表

战略目标	一级指标	二级指标	具体考点
税收现代化	专项考评（根据重点工作更新）	退税减税政策落实	从政策落实、征管信息化、统计核算、纳税服务、稽查内控、宣传舆情等方面
		创先争优	"抓好党务""干好税务""带好队伍"三大关键领域的创新重点、创新措施及创新质效
		落实《征管改革意见》	抓好《征管改革意见》各项改革任务落实
		发票电子化改革（金税四期）	发票电子化改革（金税四期）专项绩效考评
		专票电子化	开票方和受票方纳税人辅导服务按期完成率、首次申领增值税发票的新办纳税人票种合规率、异常凭证按期认定率、异常凭证按期处置率、紧急风险任务推送及时率、专票电子化风险应对任务完成率、出口退税复函按时回函率、专用发票管理质效
		动态事项	督办考评清单

总体来看,税务组织绩效指标体系彰显了四个显著特点:一是"政治性"。坚持和加强党的全面领导,把政治建设摆在首位,对贯彻落实党中央、国务院决策部署情况全部纳入考评,确保在全国税务系统落实到位。二是"人民性"。坚持以人民为中心,按照把人民群众的获得感、幸福感、安全感作为评判推动高质量发展政绩的重要标准的要求,以纳税人缴费人和税务人满意不满意为标准,设置相应绩效指标并加大分值权重,既促进对外服务好纳税人缴费人,又促进对内服务好税务人。三是"改革性"。坚持全面深化改革,加大对税收改革发展的考评力度,将深化税制改革、税收征管改革作为重要考评内容。四是"发展性"。贯彻新发展理念,将创新作为考评的重要内容,推动税收工作高质量发展。

2. 聚焦考评干部设定个人绩效内容

坚持政治统领，围绕德、能、勤、绩、廉，以岗位职责和所承担的工作任务为依据，突出组织绩效与个人绩效有机衔接，为每名税务干部打造适应组织愿景、适配岗位职责、适合自身实际、适于团队协作的个人绩效指标体系。重点考核深入学习贯彻习近平新时代中国特色社会主义思想，遵守政治纪律和政治规矩，完成日常工作任务和阶段工作目标的情况，以及承担急难险重任务，处理复杂问题，应对重大考验中的政治忠诚、政治定力、政治担当、政治能力、工作态度、担当精神、作用发挥、实际成效等情况。总体来看，体现了三个特点。

一是政治引领，确保个人绩效与组织绩效战略同向。在组织编制个人绩效指标中，坚持旗帜鲜明讲政治，将推进党中央决策部署在工作中落实落细作为重中之重。一方面，紧盯战略目标明确指标框架。聚焦推进实现新发展阶段税收现代化战略目标，将个人绩效指标归为组织绩效任务、年度重点任务、专项工作任务、领导交办任务四类。另一方面，紧盯岗位职责细化指标内容。全面梳理岗位职责，围绕组织绩效中涉及本部门职责的指标，以岗位职责为基础，分岗全面承接，细化指标内容，推进责任落实。

二是体现差异，做到综合指标与分类指标相得益彰。针对个人在岗位职责、职务层级、业务性质等方面的诸多差异，坚持综合与分类相结合，做到指标因岗不同、因人而异，合理分配任务、科学编制指标。一方面，突出全员责任综合定指标。对于涉及本部门全员责任的综合性任务，设置为考评全体人员的共性指标，并设定合理的分值权重，以进一步凝聚全员工作合力。另一方面，突出领导责任分类定指标。对部门领导设置领导责任相关指标，对其履行管理职责情况进行考评，以压实领导责任、逐层传导压力、促进履职尽责。同时，突出个体责任，综合与分类相结合定指标。根据岗位职责，在承担综合性指标的基础上，结合个体差异、任务难易等，分岗分人确定不同指标内容，合理设置考评标准和分值权重,既突出重点、体现导向,又注重特点、体现差异,形成完整的个人绩效指标体系。

三是协同共进,实现个人绩效与组织绩效融合提升。个人与组织共成长是公务员绩效管理的重要目标。坚持"人人扛指标、尽责任,才能事事求绩效、提质效",以编制个人绩效指标促进个人与组织责任共担、共同成长。一方面,强化目标导向,以"组织推进"促共进。每月初召开部门任务布置会,讲任务、提要求,全员周知当前部门重点工作,并通过逐级下任务,压实全员责任,引导每个人在编制个人绩效指标时自觉服从服务于组织绩效目标,协同联动形成合力,确保各项工作任务落实落地。另一方面,强化问题导向,以"自我改进"谋共进。对于上级领导提出改进意见事项、本部门组织绩效扣分事项、个人绩效扣分事项等,每月进行通报总结,明确作为下一次个人绩效指标编制的关键事项,并加大指标分值权重,促进持续提升工作质效。同时,强化过程导向,以"领导督进"抓共进。按照"干部自拟—领导审核"的指标编制流程,通过逐级严格审核,强化绩效沟通,对编制个人指标"只报能完成的工作"等避重就轻行为及时纠偏,确保指标考评内容覆盖重点工作任务,发挥绩效管理促落实、提质效的"指挥棒"作用。

(三)确定考评标准

考评标准是绩效指标的关键内容和衡量尺度,具体明确考评工作事项,对工作落实时间、数量、质量、效果等内容设置目标值或完成标准。税务绩效管理立足税收工作实际,按照"于用完达"的逻辑顺序,综合考虑"于"什么时间(期限),"用"多少资源(手段、方式、工具),"完"成某项工作(任务),"达"成某个目标(质量标准、数量要求),明确时间标准,严格量化标准,突出效果标准,虑今顾远设置"跳一跳、够得着"的指标目标值,防止过高或过低、过繁或过简,最大限度做到可实现、可控制、可衡量,使每个单位、每个人对做什么、怎么做、做到什么程度、什么时限完成清晰明了。

1. 明确时间标准

绩效管理注重节点控制、过程管理，按关键步骤和阶段明确任务落实的时间节点。对正式印发的文件中已明确指标任务完成时限的，以文件规定为准；对编制指标时尚不能确认具体完成时限要求的，则先行纳入考评，采取动态确定时间节点法，后续根据工作进展补充明确。

绩效指标时间维度的标准决定考评周期。一般根据考评工作需要，确定指标审核评分和结果反馈的时间，按时点、月度、季度、半年和年度进行考评，其中重点或专项工作一般按工作时点来考评；常规工作则综合考虑提取数据的难易程度，如果能从信息系统自动提取数据则一般按月、季度确定；如果是结果评价型工作则一般按季度、半年或年度确定。坚持尽可能减少年度一次性的考评指标，特别是涉及重大改革事项的指标，通过多个时间节点的考评促进及时发现问题，从而持续改进提升。同时，建立实时监控机制，对在日常监控中发现落实指标任务有问题的，考评单位及时将有关情况反馈绩效办，并在次月按照考评标准实施考评。

2. 严格质量标准

注重考评质量标准，即从数量和质量方面梳理工作任务，确定可考评、可衡量的目标值。数量方面主要有完成量、完成率，总量和增量、增幅等；质量方面主要有达标率、差错率等，同时，适当对不同"资源禀赋"者设置有区别的量化标准。

具体操作中，一是以存量定增量。对近几年的历史数据、标杆单位数据和周边单位数据进行收集分析，选择合适的具有一定挑战性的目标值。存量大的，设置的增量目标则低一些；存量小的则加大对增量的考评。比如，考评数据质量的指标，有的数据准确率已达90%，再往上提升相对较难；有的数据准确率不到60%，还有很大的上升空间。二是增加自己跟自己比的纵向考评维度。对有历史数据且前后年度数据可比性较强指标,在横向"与他者比较"的同时,增加纵向"自己跟自己比"的考评维度,对连续两年排名前列、排名同比升幅较大的加分,相应对排名同比降幅较大的扣分,既在横向上体现同质化特征,又在纵向上体现主观努力程度,对"最佳保持者"和"最佳进步者"予以加分鼓励,更充分地激励发挥主观能动性。

3. 突出效果标准

以效果为导向对工作进行考评,比如,工作完成情况的档次、排名、满意度等。实际操作中,多适用于难以确定目标值的定性指标。对该维度的考评,多与分档计分法、排序得分法结合使用,或通过测评转换法,由不同测评主体进行民主测评,评价工作效应,据此确定绩效考评成绩,有助于促进各部门深入细致梳理自身工作,明确工作目标,提升工作质效。

（四）赋定分值权重

税务组织绩效考评按千分制赋值,个人绩效考评按百分制赋值,并根据每一项指标所属类别、任务量的大小、完成的难易程度以及特定的管理要求等因素确定在整个指标体系中所占的分值权重。

1. 甄别轻重缓急程度为指标赋值

根据指标及考点所指向的具体工作任务,分析不同指标及考点的重要程度、对最终考评结果的作用等,分别赋予不同的指标分值。比如,组织绩效中"党的全面领导"类指标占总分值的1/4,"纳税人满意度""征管努力程度"等指标的分值居于单项指标前列。同时,兼顾考虑指标考评数据来源的可靠性。指标考评需要相应的数据支撑,不同考评者所掌握信息数据的可靠性、准确性等并不均衡,相应不同指标的考评结果可采信价值存在差异。因此,数据信息来源可靠性高,则赋予较高的分值权重,反之则赋予较低权重。

2. 统筹匹配扣分和加减分颗粒度

扣分和加减分颗粒度是指发生扣分或加减分情形时，进行具体扣分或加减分的单位分值。以扣分颗粒度的设置为例，首先是合理确定最小扣分颗粒度。既防止颗粒度太小而拉不开分差，又防止颗粒度偏大而使考评者"下不去手"。其次是注重统筹匹配。既匹配同一指标内不同情形的扣分颗粒度，根据发生问题的严重程度，区分不同情形和任务进行考评，比如，"信访管理"考点区分"未按要求向税务总局报告""未按要求及时处置""造成严重后果、恶劣影响"等几种情形进行考评，对不同情形分别设置了不同颗粒度；又匹配不同指标间相近情形的扣分颗粒度，比如，对逾期完成工作扣 0.2 分、出现一般问题的扣 0.3 分、出现重大问题的扣 0.5 分、产生负面影响的扣 1 分；同时，匹配不同分值指标之间的扣分颗粒度，对一般的量化计分法和直接扣分法指标，最小扣分颗粒度为 0.2 分；但对基准分值小于 10 分的量化计分法指标，规定最小扣分颗粒度设置为基准分值的 2%。

总体来看，税务总局编制考评机关司局、省税务局、驻各地特派办、副省级城市税务局绩效指标，下一级税务机关分别根据上级指标，结合实际编制考评下级单位和机关内设部门指标，纵向上税务总局考评省税务局、省税务局考评市税务局、市税务局考评县税务局、县税务局考评基层分局，横向上税务总局机关考评司局、省税务局机关考评处室、市县税务局机关考评科（股）室，并向每个岗位、每位干部延伸编制个人绩效指标，就像打通人的脉络神经，实现"如身使臂，如臂使指"的管理效果。

二、扎实推进绩效执行

习近平总书记强调"一分部署，九分落实"[1]。增强执行力是绩效管理的

---

① 习近平：《毫不动摇坚持我国基本经济制度 推动各种所有制经济健康发展》，《人民日报》2016 年 3 月 9 日。

价值所在,脱离具体的绩效执行,绩效指标、绩效运转都是"镜中花""水中月"。政策执行理论的代表人物麦克拉夫林在《互相调适的政策执行》一文中提出了互动模型,认为政策执行过程本质上就是政策执行者与受政策影响者之间就目标或手段进行相互调适的互动过程,政策执行的有效与否从根本上取决于政策执行者与受政策影响者之间行为调适的程度。①

税务绩效管理通过加强绩效计划执行的动态跟踪,及时准确地收集、分析和传递日常绩效执行情况与数据信息,综合评价执行进度与质量,并通过辅导沟通、分析讲评、过程监控,对表现好的及时总结肯定,对表现一般的及时提醒改进,对表现差的及时帮助纠正,确保绩效执行取得实效。

(一)"责任到岗、任务到人"抓承接分解

下一级税务机关从上级税务机关下达绩效指标后即启动绩效承接,通过编制本级组织绩效指标和个人绩效指标,聚焦工作重点不折不扣推进绩效执行,凸显"指标分下去、责任扛起来",做到"千斤重担众人挑、人人肩上有指标"。

在组织绩效方面,对考评内容相对单一的指标,根据职能确定具体的落实部门,对综合性指标,根据实际情况明确牵头部门和配合部门,突出责任落实、传导压力。实践中,有的单位直接在上级指标表中进行细化,有的单位通过印发具体的考评方案进行明确。比如,对"党委书记抓基层党建工作述职评议"考点,主要由党建工作部门承接日常工作;对"正风肃纪—案件查处"直接扣分考点,主要由纪检组牵头,对被查处人员所在部门进行考评;对"纳税人满意度"指标,主要由纳税服务部门牵头落实,纳入纳税人满意度测评方案的其他单位作为配合部门参与考评。

在个人绩效方面,依托完备的岗责体系将组织绩效指标通过制度化的方

---

① 陈丽君、傅衍:《我国公共政策执行逻辑研究述评》,《北京行政学院学报》2016 年第 5 期。

式分解到岗到人，实现"组织绩效指标—部门绩效指标—个人绩效指标—具体责任人员"的递次关联，形成自上而下"金字塔"式的指标分解结构，让每名干部的个人绩效"小目标"都来源并服务于组织绩效"大目标"。在这一过程中，组织要让个人清楚了解绩效考核的内容、衡量标准和奖惩措施等，个人则认真执行绩效计划，向组织持续反馈工作进度，从而实现组织绩效与个人绩效的互融互促，推动组织和个人的共同进步。

（二）"上下左右、考前考后"抓沟通辅导

绩效辅导贯穿于税务绩效管理全过程，考评者与被考评者就绩效管理运行和执行过程中的问题进行双向沟通，促进达成共识和推动持续改进。从实践来看，有效的沟通辅导赋予被考评者一定的知情权和发言权，既有利于提升绩效考评的公平公正性，也有利于被考评者加深对绩效目标的有效认可，从而保障绩效管理的有效开展。美国绩效管理专家罗伯特·巴克沃认为，"绩效管理是一个持续的交流过程，该过程由员工和其直接管理者之间达成的协议来保证完成，并在协议中对未来工作达成明确的目标和理解，并将可能受益的组织、管理者与员工都融入绩效管理系统中来"[①]。

税务绩效管理执行体系下的辅导沟通，要求绩效管理部门、绩效考评单位和被考评单位必须以绩效指标执行、考评标准、绩效分析与改进对策为工作重点，在绩效运行过程中、建立健全涵盖上下级之间、部门之间以及考前考后的沟通反馈和及时纠偏机制，促进提升工作质效。在个人绩效方面，着眼干部成长"全周期"，结合个人成长账户积累数据，定期开展体检式绩效沟通，既肯定成绩，又指出问题不足，并提出改进的意见建议，鼓励和引导干部提高履职本领，更好成长进步。

整体上，税务绩效管理围绕促进各级税务机关及广大税务干部抓住工作

---

① 范柏乃：《政府绩效评估与管理》，复旦大学出版社 2007 年版，第 329 页。

要点有的放矢推进绩效执行,凸显"沟通要畅通、辅导加引导",促使绩效执行"心中有数、眼里有活、脚下有路"。正如有的税务干部从实践中体悟到的:"绩效管理让我们理解了沟通的作用。无论是定指标,还是严考评;无论是搞分析,还是明奖惩,都离不开沟通。只有将沟通融入绩效管理各个环节,才能真正让各方在考评时心脉相连、心气相通。因此绩效管理工作让我们更加重视沟通。"

(三)"对标对表、查短扬长"抓分析讲评

分析讲评是改进绩效管理活动的重要步骤和关键举措。税务绩效管理围绕切中工作弱点扬长补短推进绩效执行,凸显"对标对表分析、知短知弱讲评",做到"知差距而弥补,知不足而奋进"。组织绩效与个人绩效压茬推进,逐级逐层逐个开展绩效讲评,突出"讲实",既讲原理又讲原因;突出"评好",既评标杆又评标兵;突出"查短",既要揭短又不护短,增强持续改进压力和比学赶超动力。

首先,各单位开展组织绩效讲评,比如,各级税务机关按季度召开绩效分析讲评会议。一方面,考评单位根据指标设置的时间节点,对涉及的工作任务特别是重要专项工作、急难险重任务等,准确掌握被考评单位的指标执行进度及效果;被考评单位根据指标设置的任务内容,加强自我监督和自我提升,保证工作任务完成质效。另一方面,各级税务局领导班子尤其是主要负责人把抓绩效管理与抓重点工作落实融为一体,以分析和点评绩效考评中发现的问题为着力点,既查找工作层面的问题,又查找体制机制上的问题;不仅查找下级税务机关的问题,更查找本级税务机关的问题;不仅分析表面现象,更分析深层次原因,把问题找准、找实、找到位。对查找出的问题,明确责任单位、责任人和整改时限,切实做到抓一件改一件、改一件成一件。

之后,各级税务机关内设机构再分别召开部门和个人绩效分析讲评会议,针对绩效管理运转、重点工作任务落实、履职效能等情况开展日常分析,

群策群力制定改进方案、提出改进措施,确保各项指标任务落实到位。原则上各级各部门主要负责人主持开展绩效分析讲评,带动班子成员和部门领导以上率下,将抓绩效管理与抓重点工作落实融为一体,扎实推进绩效执行。

(四)"全链条督、多维度促"抓过程监控

过程监控持续贯穿于整个绩效考评周期,通过提前预防和及时解决绩效考评周期内可能存在的、与绩效目标不相符合的各种问题,为顺利推进绩效计划提供有效保障。

税务绩效管理坚持结果导向与过程导向相统一,注重围绕打通工作堵点保质保量推进绩效执行,凸显"全过程监控、动态化跟进",做到"及时纠偏,即知即改"。在年度中间,加强全过程质量监控,及时发现问题,及时采取措施,确保"不偏向、不失速"。对组织绩效指标涉及的工作任务,定期采集相关信息数据,准确监测指标执行进度及效果,严格对照绩效目标任务强化督导、跟踪问效,从而实现绩效考评与工作落实一体推进。对个人绩效的过程监控,注重引导干部"把功夫下在平时",促进干部用一贯表现为个人成长账户"充值",同时全面记录干部各方面表现,精准反映干部日常工作情况和德才表现,为评价、管理和使用干部提供更加全面、客观的依据。

此外,税务绩效管理在扎实推进绩效执行中,一方面注重防止"螃蟹效应"①,通过将组织绩效合理分解至干部个人,保持组织和个人的战略一致性,引导每位干部取长补短、发挥优势、通力合作,达到"1+1>2"的效果,不断提高其在落实组织绩效任务中的获得感、成就感;另一方面注重扩大"共

---

① 用敞口藤篮来装螃蟹,一只螃蟹很容易爬出来,多装几只后,就没有一只能爬出来了,这是因为它们之间相互扯后腿而造成的结果。人们把这种现象称为"螃蟹效应",是难以摆脱的心理学现象之一。

生效应"①,以组织绩效带动个人绩效,并通过健全结果运用和容错纠错机制、培育"人人讲绩效、事事求绩效"的绩效文化等,营造勇于创新、乐于分享、良性竞争、互励互助的氛围,充分调动广大干部的积极性、主动性和创造性,引导广大干部在落实组织绩效任务中互相影响、互相启发、互相砥砺,实现组织和个人的同步成长、共同进步。

三、有序开展绩效考评

"权,然后知轻重;度,然后知长短。"②彼得·德鲁克认为,"不能考评就不能管理"。绩效考评是根据绩效目标,运用绩效指标对被考评者的履职行为、结果和效果进行考核评价。具体实施中,通过多元主体参与、信息化支撑以及督考衔接等方式,推动绩效管理深入发展并取得实效。

(一)明确考评主体

即"谁来考"。各级税务机关绩效考评主体是各级税务局党委,具体实施中由相应领导和职能部门来实施。对组织绩效的考评,由相应的职能部门具体实施。对个人绩效的考评,根据公务员相互之间的关联度、知情度,按照层次关系确定考评的具体实施者。

考评的具体实施者具有多元化的特点,由绩效管理领导小组、考评委员会、考核考评部门以及业务主管部门及相关领导担任考评者的角色,在此基础上,还建立专家人员库,引入纳税人、第三方评价机构等多元主体协同参与到绩效考评工作中,促使绩效考评更加科学和专业。比如,对于部门负责人个人

---

①　当一株植物单独生长时,往往没有生机,单调矮小,容易枯萎衰败,而众多同类植物一起生长,却能生机盎然,郁郁葱葱,挺拔茂盛。人们把自然界中这种相互影响、相互促进的现象,称为"共生效应"。

②　《孟子注疏》,中华书局 2009 年版,第 5819 页。

绩效的评价,"上一层级"为单位正职和分管该部门的单位副职,权重较高;"中间层级"为其他部门负责人,权重低于单位领导的权重;"下一层级"为本部门的副职和其他人员,权重较低。多人同时评价,能够准确了解干部的工作能力、敬业精神、工作态度等,防止主观性误差。又如,委托第三方调查机构开展"纳税人满意度"评价,对纳税服务工作的改进以及税务部门形象的提升有明显的推动作用。

(二)优化考评方法

根据绩效指标内容的不同特点,选择匹配相应计分方法,而计分方法则与定性考评、定量考评、人工考评、计算机考评等考评方式密切联系,也与考评结果是否准确、公平公正直接相关。税务绩效管理主要采取直接扣分法、基准加减法、排序得分法、分档计分法、量化计分法、前沿距离法等进行考评。

1. 直接扣分法

直接扣分法是以权重分为满分,设定差错行为、现象的扣分标准,每发现一例扣减一定分值的计分方式。常见的表达形式为"发生(某种负面情形)的,按次扣(某定量)分"。直接扣分法的初值为满分,越重要的工作,初值越大,同时,越严重的差错行为或现象,每次的扣分量越大。直接扣分法适用于有明确工作要求或标志性事项,对差错行为或现象有清晰界定的指标,可以与其他计分方式灵活转换。比如,"一体化综合监督"指标,考评标准为:"逾期提供被巡视单位相关情况或问题线索的,按次扣0.8分;未完成的,按次扣1分。未在3个月内办理巡视推送问题的,按次扣0.8分;未办理的,按次扣1分。"

2. 基准加减法

基准加减法是以完成目标值得基准分,超过目标值按照一定比例或数量进行加分,低于目标值按照一定比例或数量进行减分的计分方式。常见的表达形式为"达到(某目标值)的,得基准分,超过目标值的,加(某定量)分,低于目标值的,减(某定量)分"。基准加减法的初值是基准值,在此基础上,既有加分,也有减分;相较于直接扣分法只有减分的手段,增加了加分的手段。基准加减法适用于有明确工作要求或标志性事项,对鼓励行为或现象以及差错行为或现象均有清晰界定的指标。

值得注意的是,基准加减法的加分和减分颗粒度可视不同情形制定差异化标准。比如,考评税务总局机关司局"政策建议"指标,考评标准为:"认真研究办理特派办工作领导小组办公室推送的特派办政策建议(5分)。符合税务总局基本工作要求的,得基准分4.7分。对有关政策建议以修订相关制度规范或优化工作方式等吸收采纳的,加0.3分;未按规定时间反馈或未及时采取有效措施的,按项次扣0.5分。"

3. 排序得分法

排序得分法是按任务完成情况从高到低进行排序,按排名得相应分值的计分方式。常见的表达形式为"按(某标准)排序,第 N 名得(某定量)分,每低 1 个名次减(某定量)分,每高 1 个名次加(某定量)分"。排序得分法按完成情况排序,按固定分差进行计算,一定程度使分差更为平滑,主要适用于横向(自己与他人)比较和纵向(自己与自己)比较相结合,需要根据排名进行考评的指标。比如,"纳税人满意度"指标,横向采用量化计分法,在此基础上,以前后年度的排名情况为依据,实施排序得分法考评,对均位于前5名的加0.5分,均位于前 10 名的加 0.3 分,同比提升位次位于第 1 名的加0.5分,同比提升位次位于第 2—5 名的加 0.3 分,同比提升位次位于第 6—10 名的加0.2分;当年排名未在前 18 名的,按上述加分标准的80%计算。

4. 分档计分法

分档计分法又称为"强制分布法",源于美国通用电气公司前 CEO 杰克·韦尔奇的"活力曲线",在绩效管理领域被广泛应用。分档计分法是指将被考评者按照不同的绩效、行为、态度、能力等标准划分不同的等次,计算相应分值的计分方式。

在税务绩效管理实践中有多种分档方式。一是分档强制。即限定每一个绩效结果档次所占的百分比。比如,第 1 档(优秀)、第 2 档(良好)、第 3 档(一般)、第 4 档(差)4 个等级,规定各档次被考评者的比例分别为 20%、30%、40%、10%。二是一端强制。即只限定绩效结果的最高或最低档次所占的百分比。比如,第 1 档(优秀)不能超过被考评者总数的 20%,其他档次不作限制;或者规定最后档(差)不能低于被考评者总数的 10%,其他档次不作限制。三是两端强制。即只限定绩效结果的最高和最低档次所占的百分比。比如,第 1 档(优秀)不能超过被考评者总数的 20%,最后档(差)不能低于被考评者总数的 10%,其他档次不作限制。四是档次强制。即不再强制各档次所占比例,而是强制必须区分出档次的数量。比如,必须区分 3 个档次,每个档次比例不限。在这 4 种做法的基础上,有时还通过设立附加条件,对强制分别进行调节。比如,事先约定在满足特定条件下,允许突破分档比例或档次数量,或者事先确定团队挂钩比例,当本级被考评者达到某档次后,对下一级被考评者的分档比例可适当调整。

分档计分法比排序得分法更为灵活,主要适用于综合性评价的指标,对完成情况处于前后两端的被考评者具有明显的激励鞭策作用,以促进实现"抓两头、带中间"的综合效应。比如,2015 年对省税务局"推行税收执法权力清单制度"指标,考评标准为:税务总局发布第一批税收执法权力清单后,清理规范税务行政处罚权力事项,填制税务行政处罚权力事项目录、编制权力运行流程图并向社会公开。对税务总局执法权力事项目录中属于各省税务局实施的处罚权力事项,在税务总局处罚权力事项目录公开之日起 1 个月内公开。6 月 30 日前、11 月 30 日前将执行情况报税务总局。税务总局根据各地工作开展情况,实行分档考评(评出不超过 10 个"好"的单位和不少于 3 个"一般"的单位,其他单位为"较好"。"好""较好""一般"分别按照标准分值的100%、90%和80%计分)。

5. 量化计分法

量化计分法又称"比例计分法",是将量化后的实际完成情况与任务目标进行对比,根据完成比例计算分值。一般表述为"完成比例乘以权重分值为指标得分"。量化计分法的关键点是任务目标值的选择。从效果上看,如果目标值选取最高值,且未设加分,则量化计分法的效果与直接扣分法相近,即出现完不成目标值的情况则只有扣分;如果目标值选择中间值,既有加分又有减分,则效果与基准加减法相近;如果分段选择不同的中间值,相当于划分不同档次,则效果与分档计分法相近。但与直接扣分法、基准加减法和分档计分法相比,量化计分法由于完成比例是一个比值,与任务的完成情况存在一一对应的逻辑关系,分值更为平滑,使用灵活且易于接受。

量化计分法的前提条件是可量化可比较,适用范围较为广泛。比如,"内控监督"指标考评标准为:"根据各地内控监督平台监控重点风险的覆盖率、核查率、核查准确率进行量化考评(30分,每个考点各10分)。覆盖率和核查率均以90%为基准值,核查准确率以排名第18名单位的完成值为基准值。达到基准值的单位得基准分(标准分值×90%),高于基准值的单位在得基准分基础上予以加分,低于基准值的单位对基准分予以减分。具体公式为:指标得分=基准分×本单位完成值÷基准值。"

6. 前沿距离法

世界银行使用前沿距离①分数和营商便利度排名对全球190多个经济体

---

① 前沿距离法是世界银行评价营商环境指标的算分方法。正向指标可用于便利度的计算,其公式为 DTF=(f-d)/(f-w);负向指标可用于环节和时间计算,其公式为 DTF=(d-w)/(f-w)。DTF 为前沿距离值,w 为该指标的最差值数据,d 为被评对象实际值,f 为最优值(取决于自己选取的最优值数据,实际项目中选择排序第一的实际数据)。

进行营商环境评价。"前沿"指一个时间段内被考评者曾达到的最佳表现,并以分值形式计算指标的最高可能数值,达到"前沿"表现的被考评者记为100分,"最差"表现的被考评者记为0分,其他被考评者根据其完成情况与"前沿""最差"的距离进行计分。正向指标前沿距离分数的计算公式为:(完成值-最差水平)÷(前沿水平-最差水平)×100。负向指标前沿距离分数的计算公式为:(前沿水平-完成值)÷(前沿水平-最差水平)×100。前沿距离分数有助于考出工作成效的绝对水平,以及随着时间推移的改进程度。同时,由于前沿距离分数是一个相对数,因此可以进行简单平均、加权平均、排名等操作。

在税务绩效管理实践中,由于前沿距离分数表现"最差"的被考评者只能得0分,分差相对较大,因此在与其他计分方式并列使用时,需要进一步修正,增加适当的基准分常数。比如,考评税务总局机关各司局指导省税务局对口业务质效的"工作指导"指标,根据各司局(不含对下无指导职责的机关党委和机关服务中心,年终进行还原计算)对口处室在省税务局机关前11个月考评成绩排名中位于前50%的比例进行考评。以排名居中单位的完成值为基准值,按下列公式计算:指标得分=标准分值(20分)×90%-(居中单位完成值-本单位完成值)÷(第1名单位完成值-最低单位完成值)×标准分值×90%×10%。

个人绩效考评的计分方法区别于组织绩效考评,一般设置为直接扣分法,对确有需要的设置基准加减法、量化计分法等方法。其中,直接扣分法的扣分标准从是否按时完成、是否发生不符合要求的情形、是否出现重大问题或者造成不良影响等层面设置。逾期完成的一般扣该项指标分值的10%,不符合要求的一般扣该项指标分值的5%,出现重大问题或者造成不良影响的一般扣不少于该项指标分值的10%。

(三)严格考评程序

组织绩效考评按照考前提醒、被考评单位填报、考评单位审核、绩效办复核、成绩审定、成绩发布、成绩反馈、核查评议、争议处理等环节开展;个人绩效考核以平时考核为重点,采取按周记实、按季考评、按年累计的方式,及时记录和考核日常工作、德才表现等各方面情况。

1. 考前提醒

税务总局绩效办一般于每月 20 日左右对机关各司局本月 16 日至下月 15 日间需要完成的指标任务和下月初需要进行考评的任务进行梳理,分单位逐一制发考评提示,提醒各单位需要完成的指标任务内容、填报要求,考评税务总局机关司局、省税务局、驻各地特派办和副省级城市税务局的具体指标及计分方法(见专栏 3-1)。

专栏 3-1

绩效考评温馨提示

×××司:

现将×年×月涉及你单位需完成及考评的绩效指标提醒如下:

一、机关个性指标

××指标第××考点

工作完成时间:×月×日前

填报要求:请于次月 2 日前在绩效管理信息系统填报工作完成情况。

……

二、机关共性指标

(一)考评指标

考评期限:×月×日前

考评要求:请根据××指标第×考点对机关司局工作完成情况进行考评,填写指标考评情况送审表、指标成绩表、指标考评分析报告,报司主要负责人审定后送绩效办。

(二)被考评指标。无须通过绩效管理信息系统填报指标完成情况,由考评单位直接对工作完成情况进行考评打分,可向相关司局确认相关工作是否按要求完成。

专栏 3-1

    1.××指标第×考点

    (1)工作完成时间:×月×日前

    (2)考评司局:××司

    ……

    三、考评省税务局指标

    考评期限:×月×日前

    考评要求:请根据××指标第×考点对各省税务局工作完成情况进行考评,填写指标考评情况送审表、指标成绩表、指标考评分析报告,报司主要负责人审定后送绩效办。

    ……

    四、其他事项

    对于绩效指标中未列明的其他工作事项,在日常工作监控中发现被考评单位存在问题的,请一并将有关情况汇总报司主要负责人审定后交绩效办。

    ……

---

2. 被考评单位填报

大部分指标的完成情况主要由各信息系统自动生成数据。此外,考评税务总局机关司局的个性指标,各单位获得的荣誉表彰、通报表扬以及受到地方党政领导批示肯定加分两类事项需要通过绩效管理信息系统进行填报。

(1)考评税务总局机关司局的个性指标完成情况。税务总局机关司局需在工作完成后 2 日内或者在工作完成的次月 2 日内,通过绩效管理信息系统"指标填报"模块,填写个性指标完成情况,并上传相关佐证材料,包括开展相关工作的请示、报告,工作部署的通知,信息系统截图等。

(2)各单位获得的荣誉表彰、通报表扬,以及省税务局、驻各地特派办和副省级城市税务局受到地方党政领导批示肯定加分事项。相关单位需要通过绩效管理信息系统"加分申报"模块,按照标准格式,选择相应的加分类别填报加分,并提供荣誉表彰文件、批示肯定加分复印件等佐证材料。

3. 考评单位提出考评意见

每月 10 日前,负有考评职责的考评单位需根据平时工作掌握情况及内外部相关考评信息情况,对照指标考评标准,提出初步考评意见,填写《指标考评情况送审表》(见表 3-9)、《绩效指标考评成绩表》(见表 3-10)、《绩效指标考评情况分析报告》(见专栏 3-2),连同《考评成绩计算明细表》(仅基准加减法及量化计分法指标提供),经本单位主要负责人审核后送税务总局绩效办。

表 3-9　指标考评情况送审表(适用于量化计分法指标)

考评司局/业务主管司局:　　　　　　　　　　　　　　　填表日期:　　　年　月　日

	序号	指标名称	考评周期	加分单位数量	加分合计	减分单位数量	减分合计
考评 (情况/建议)	1						
	2						
	……						
审核意见	主管业务处室						
	主要司领导						
附件清单	1. 绩效指标考评成绩表; 2. 绩效指标考评情况分析报告; 3. 考评原始数据或信息系统相关截图及考评成绩计算表。						

表 3-10　绩效指标考评成绩表(适用于量化计分法指标)

指标名称:

序号	被考评单位	加分	减分	得分

专栏 3-2

绩效指标考评情况分析报告

指标名称：
考评周期：

内容

一、总体考评情况
······

二、取得成效
······

三、扣分情况及原因
······

四、改进意见及建议
······

4. 绩效办审核(复核)

税务总局绩效办收集各考评单位提出的考评意见后,根据考评规则、指标考评标准、第三方采集数据等考评信息对各单位提交的指标考评(完成)情况、加分初审(申报)情况等进行审核。

一是对税务总局机关司局个性指标完成情况进行审核。重点审核各单位是否按照个性指标标准完成工作任务,填报时间是否逾期,填写内容及附件是否合规,据此汇总形成《税务总局机关个性指标考评情况表》(见表3-11)。

表 3–11 ××年×月税务总局机关个性指标考评情况表

序号	被考评单位	指标名称	考评标准	分值	完成情况	考评意见	佐证材料	局领导批示情况
1	××司	××管理	×月×日前，完成××工作。逾期完成的，扣0.2分；未按要求完成的，扣0.3分。	10	按要求上报《关于税务系统××工作情况的报告》及《税务系统××年××工作情况报告》	不扣分	《关于税务系统××工作情况的报告》	《××于×月×日批示："……"》
2	××司	加强××管理	×月×日前，配合××，完善××制度。逾期完成的，扣0.2分；未按要求完成的，扣0.3分。	10	做好××制度的规范和强化工作，参与相关文件的起草、修改、意见完善等。《××关于进一步规范和加强××工作的指导意见》于××年×月×日正式印发。	不扣分	《××关于进一步规范和加强××工作的指导意见》	

二是对考评单位提出的考评税务总局机关司局共性指标，各省税务局、驻各地特派办和副省级城市税务局指标的考评意见进行复核。重点查看考评单位是否按照指标考评标准和考评规则进行考评、计分方法是否正确、最小扣分颗粒度是否准确等，并汇总复核情况形成《指标考评情况复核表》（见表3–12）。

表 3–12 指标考评情况复核表

指标名称	考评标准	考评司局	指标分值	扣分情况		佐证材料	考评周期	计划完成时间	扣分原因
				扣分单位	扣分分值				

三是对加分事项审核(复核)。对通报表扬、地方党政领导批示肯定加分事项,由税务总局绩效办进行审核;对荣誉表彰加分事项,由税务总局机关党委和党建工作局进行初审,税务总局绩效办复核;对税务总局领导批示事项,由税务总局绩效办进行清分汇总。重点审核(复核)是否符合指标考评标准,是否存在重复加分事项,加分是否已封顶,据此形成加分审核情况汇总表和明细表(见表 3-13、表 3-14、表 3-15)。

表 3-13 省税务局"领导考评"指标"领导批示"考点
(地方党政领导批示)加分审核情况送审表

考评周期: 　年　月份　　　　　　　　　　　　　　填表日期: 　年　月　日

类别	序号	批示类型	项数	单位	分值合计
加分情况	1	省委、省政府主要领导批示			
	2	市委、市政府主要领导批示			
	3	副省级局获得省委、省政府主要领导批示对所在省税务局加分			
	4	省委、省政府副职领导批示			
	5	市委、市政府副职领导			
	6	副省级局获得省委、省政府副职领导批示对所在省税务局加分			
审核意见	绩效管理处				
	厅领导				
附件清单					

表 3-14　省税务局"政治机关建设"指标"表彰表扬"考点加分
（荣誉表彰）复核情况送审表

考评周期：　　年　月份　　　　　　　　　　　　填表日期：　　年　月　日

	序号	加分类型	项数	单位	分值合计
加分情况	1	党中央、国务院正式文件荣誉表彰			
	2	经党中央、国务院同意由中办、国办文件荣誉表彰			
	3	中央和国家机关(不含税务总局或专为税务系统设置的)正式文件荣誉表彰			
	4	当地省委、省政府正式文件荣誉表彰			
审核意见	绩效管理处				
	厅领导				
附件清单					

表 3-15　省税务局"政治机关建设"指标"表彰表扬"考点加分
（通报表扬）初核情况送审表

考评周期：　　年　月份　　　　　　　　　　　　填表日期：　　年　月　日

	序号	加分类型	项数	单位	分值合计
加分情况	1	党中央、国务院正式文件通报表扬			
	2	经党中央、国务院同意由中办、国办正式文件通报表扬			
	3	中央和国家机关(不含税务总局或专为税务系统设置的)正式文件通报表扬			
	4	当地省委、省政府正式文件通报表扬			
审核意见	绩效管理处				
	厅领导				
附件清单					

5. 成绩审定

税务总局绩效办汇总绩效考评成绩，形成分序列的绩效考评成绩表（见表3-16），并按月形成绩效考评报告报办公厅领导审核，按季形成绩效考评分析报告报税务总局领导审定（见专栏3-3）。年度考评结束后，税务总局绩效办汇总各单位全年绩效考评成绩，履行公示程序后提请税务总局党委会议审定。

表3-16 ××年×月绩效考评成绩表
（税务总局机关、各省税务局、驻各地特派办、副省级城市税务局分序列）

单位	指标考评情况								指标考评成绩	成绩排名
	量化指标		创先争优成绩	"政治机关建设""领导考评"加减分考点		其他指标				
	加分	减分		领导批示加减分	表彰表扬加减分	扣分	加分	减分		

专栏3-3

××年×季度绩效考评报告
税务总局绩效管理工作领导小组办公室
（××年×月）

按照税务绩效管理指标及考评规则，现将×季度绩效考评有关情况报告如下：

一、考评情况

×季度，共考评绩效指标×项，其中考评税务总局机关司局×项（共性指标×项，个性指标×项），考评省税务局×项，考评驻各地特派办×项，考评副省级城市税务局×项。同时，对《×××专项绩效考评方案》进行试考评。

（一）税务总局机关

……

续表

（二）省税务局 …… （三）驻各地特派办 …… （四）副省级城市税务局 …… 二、运行特点 全国各级税务机关以习近平新时代中国特色社会主义思想为指导，深入贯彻落实党中央、国务院决策部署和税务总局党委工作要求…… 三、下一步工作 ……

6. 成绩发布及反馈

绩效考评成绩经审定后，税务总局绩效办通过绩效管理信息系统进行发布。年度绩效考评成绩发布后，对省税务局年度绩效考评位于第 1 段及连续两年上升且累计上升位次前两位的，由税务总局党委向省税务局所在省委、省政府反馈。同时，税务总局绩效办向各单位逐一发送《绩效考评反馈》（见专栏 3-4），列明指标扣（减）分情况，在肯定成绩的同时，重在指出不足、提出改进方向。

专栏 3-4
×× 年绩效考评反馈 国家税务总局 ××× 税务局： 　　×× 年你单位绩效考评总成绩在 36 个省税务局中排第 × 名（具体考评情况见绩效管理信息系统）。 　　绩效考评显示……。同时在……方面还需进一步改进。 　　希望你局再接再厉…… 　　　　　　　　　　　　　　　　　　　　　　国家税务总局绩效办 　　　　　　　　　　　　　　　　　　　　　　　　年　月　日

在个人绩效考评方面,以平时考核为重点,采取按周记实、按季考评、按年累计的方式,及时记录和考核日常工作、德才表现等各方面情况。平时考核包括组织绩效挂钩、个人绩效、领导评鉴、现实表现测评和加减分项目。

一是组织绩效挂钩。在本单位或者本部门的组织绩效成绩生成后 7 日内,按照规定权重计算组织绩效挂钩得分,分季度计入平时考核成绩。

二是个人绩效考评。季度终了 10 日内,根据个人绩效任务完成情况,按照"干部自评、主管领导确认、考核考评部门复核"等程序,确定个人绩效评价得分。

三是领导评鉴。季度内,按照领导班子正职、领导班子副职、部门正职、部门副职每周记实 2 次,其他干部每周记实 1 次的频次记录工作成效、存在问题、改进措施及本人政治思想、遵规守纪情况、心得体会、感悟打算等。季度终了 7 日内,干部对照单位要求、职责任务和工作记实,对当期表现情况进行简要小结并进行自评。季度终了 10 日内,由主管领导按照领导评鉴参考标准、政治表现负面清单,综合干部政治素质、日常表现、职责任务、履职情况、工作记实、个人小结、群众评价、服务对象意见以及相关客观数据情况,根据需要听取纪检机构意见,实事求是确定评鉴等次。评鉴等次分为"好""较好""一般""较差"4 个等次。

四是现实表现测评。每半年进行 1 次,半年终了 10 日内,采取投票测评的方式进行。

五是加减分项目。按季度统计、按年度计入平时考核,干部年度加减分最高为 5 分,不设下限。

六是考核结果确定。各项指标数据生成后,在季度终了 1 个月内,确定平时考核结果,其中领导班子成员的平时考核结果以得分形式确定;其他干部的平时考核结果以等次形式确定,分为"好""较好""一般""较差"4 个等次。

7. 核查评议

针对长期没有扣分或长期扣分均相同的指标,不定期组织核查考评者履行职责情况,考评"考评者"。

一方面,开展核查。税务总局绩效考评委员会不定期对司局履行考评职责情况随机核查,重点对长期没有扣分或长期扣分均相同的指标考评情况进行核查。比如,发现司局没有按照考评规则进行考评,应扣分未扣分的,在报请分管局领导审定后,对相关考评司局予以减分处理,同时对相关的被考评单位也要按照考评标准予以补扣分处理。核查程序主要包括以下环节:一是确定核查指标。梳理当期已考评指标,重点核查工作任务落实类且考评无扣分的指标,并对有关情况予以说明(见专栏3-5)。二是确定核查内容。结合已选取的核查指标,一般从考评结果是否与工作实际完成情况相符和考评资料是否真实两个方面进行核查。三是成立核查专家组。税务总局绩效办从绩效管理专家人员库中抽取人员组成核查专家组。四是核查对象陈述。当期被核查指标的考评司局进行陈述或说明。五是资料核查。根据考评司局提供的佐证材料等,对每项指标的考评情况进行核查,如有考评情况与工作完成情况不符的,需详细在核查工作底稿记录原因(见表3-17),并对该指标的考评情况提出意见建议(见表3-18)。六是形成核查意见。核查组集体审议形成对相关司局的核查意见。七是审定执行。按照税务总局绩效考评委员会审定的核查意见,税务总局绩效办对相关考评司局和被考评单位进行处理。八是反馈核查结果。税务总局绩效考评委员会审定后,逐一向相关司局反馈核查情况及工作改进建议(见表3-19)。

表3-17　绩效指标考评情况核查底稿

指标名称		考评司局		
核查内容	存在问题	扣分标准	扣分意见	拟扣分值

续表

	指标名称		考评司局		
1	考评结果是否与工作实际完成情况相符		考评司局未认真履行考评职责,指标考评结果与实际完成情况不符,出现应扣分而未扣分等情形的,按项次扣0.5分。		
2	考评资料是否真实		提供虚假考评资料并经查实的,按项次扣0.5分。		
	合计扣分				
改进建议					

专栏 3-5

绩效指标考评情况核查工作说明

按照税务总局绩效管理工作安排,依据《国家税务总局绩效考评委员会工作规则》《国家税务总局机关组织绩效考评规则》有关规定,决定就 2017 年前 7 个月各司局对省税务局直接扣分法指标的考评情况组织开展核查。现将有关事项说明如下:

一、核查指标

……

二、核查内容

(一)考评结果是否与工作实际完成情况相符。

(二)考评资料是否真实。

三、核查方式

由每位核查人员根据考评司局提供的被考评单位工作完成情况佐证材料等资料,对照指标考评标准细则,对每项指标的考评情况进行核查,如有考评情况与工作完成情况不符的,需详细在核查工作底稿记录原因,并对该指标的考评情况提出意见建议。

四、核查结果运用

发现考评结果与工作实际完成情况不符,或者提供虚假考评资料导致应扣分而未按照考评标准扣分的情形,由考评司局按照考评标准进行调整,纳入对各司局"绩效管理"指标考评。

国家税务总局绩效办

年　月　日

表3-18　绩效指标考评情况核查汇总表

指标名称		考评司局	
核查内容		具体核查情况	
1	考评结果是否与工作实际完成情况相符		
2	考评资料是否真实		
意见建议			

填表说明：
核查人员依据指标考评细则和考评司局提供资料进行核查并填写本底稿。
1. 核查"考评结果是否与工作实际完成情况相符"时，需在底稿填写具体问题事项，包括存在问题的指标考点、考评周期、被考评单位等事项，如"×季度、××（考点）考评中，××（被考评单位）存在未按时报送工作方案，考评司局未予扣分的问题"。
2. 核查"考评资料是否真实"时，需在底稿填写具体问题事项，包括存在问题的指标考点、考评周期、被考评单位等事项，如"×季度、××（考点）考评中，××（被考评单位）存在报送资料疑似造假问题"。
3. 如在核查中发现考评工作存在问题，请提出针对性改进建议。

表3-19　绩效指标考评情况核查结果反馈单

被核查司局		核查时间	
核查指标名称			
核查内容			
核查组计分情况			
改进意见建议			

另一方面，开展评议。税务总局绩效考评委员会按季对机关司局重点工作任务完成报告类指标（已获表扬性、批评性批示的除外）进行评议。评议采取无记名评价计分的方式，由评议组从"报告起草水平""工作执行效率""工作完成质量"等维度，对相关司局的工作完成报告进行评议。评议成绩计入当期考评司局的个性指标考评成绩。主要程序包括确定评议指标、成立评议组、组织无记名投票、统计计分、审定执行、反馈评议结果及改进建议。

8. 争议处理

考评结果公布后,如果被考评单位对某项指标考评结果有异议,可以在结果公布后的两日内,向税务总局绩效办提出申诉或异议。税务总局绩效办负责收集核实信息,并与该项指标的考评部门商议,提出拟处理意见,报税务总局领导审定。若属于重大事项或争议较大事项则需提交税务总局绩效考评委员会审议。具体流程为:税务总局绩效办受理申诉,考评单位就申诉事项研提意见,税务总局绩效办综合考评单位研提意见及申诉单位申诉理由,撰写报告报税务总局领导审签后反馈申诉单位。

（四）严肃考评纪律

《全国税务系统绩效管理办法》明确规定,考评单位必须严格遵守考评纪律,不得搞形式、走过场,不得泄露测评结果等考评工作秘密,不得借考评之机谋取私利。被考评单位不得弄虚作假,不得干扰、妨碍考评工作。

为严格考评纪律,税务绩效管理始终强调"公平、公开、公正、公认"的原则。一是坚持"公平"原则。对考评者履行考评职责提出明确要求,对被考评者一视同仁,客观评价每位被考评者。二是坚持"公开"原则。既公开考评标准,使被考评单位明确工作方向,又公开考评程序,确保绩效考评在阳光下运行;同时公开考评结果,增强绩效管理的公信力。三是坚持"公正"原则。考评者按照绩效管理制度办法和考评规则的要求提供考评数据及考评建议,明确被考评单位指标完成情况及评分原因。四是坚持"公认"原则。通过打造"透明绩效",促进考准考实,加强绩效沟通,力求考评过程严谨细密、考评结果符合实际,最大程度得到被考评者及相关方的认可。

四、深入运用考评结果

绩效管理的生命力在于考评结果的运用。"信赏必罚,综核名实,政事文学法理之士咸精其能"。[①] 组织行为学的期望理论[②]认为,要激励员工就必须让其明确:工作能满足他们真正需要的东西(期望);期望是和绩效联系在一起的;只要努力工作就能提高他们的绩效表现。为切实加强绩效考评结果运用,激励先进、鞭策后进,2015 年,税务总局结合工作实际研究制定《绩效考评结果运用办法(试行)》《税务系统数字人事数据应用办法(试行)》,分别对干部任用、评先评优、年度考核工作应用绩效考评结果等作出规定,之后根据执行过程中反映出的问题,分别于 2016 年、2020 年、2021 年、2022 年进行修订,并正式施行。各级税务机关坚决贯彻新时代党的组织路线,坚持党管干部、注重实绩、树立导向的原则,切实加强绩效考评结果运用,有效激励各级领导班子和广大干部担当作为。具体来看,主要是"四挂钩一拓宽"。

(一)与选拔任用挂钩

税务总局党委深入贯彻落实《党政领导干部选拔任用工作条例》《推进领导干部能上能下若干规定(试行)》《关于进一步激励广大干部新时代新担当新作为的意见》等制度规定,将绩效考评结果与干部选拔任用相挂钩,在总职数内,通过对选拔任用干部增减晋升名额,对干部晋升职务职级设立绩效条件,旗帜鲜明树立重实干重实绩的用人导向,激励广大税务干部积极担当作为,提升工作能力,以更加奋发有为的状态履职尽责、开拓进取,争创

---

① 《汉书》,中华书局 1962 年版,第 275 页。

② 期望理论又称"效价一手段一期望理论",是管理心理学与行为科学的一种理论,由北美著名心理学家和行为科学家维克托·弗鲁姆于 1964 年在其所著《工作与激励》一书中提出。期望理论可以用公式表示为:激励力量＝期望值×效价,说明人的积极性被调动的大小取决于期望值与效价的乘积。

一流业绩。

1. 组织绩效

税务总局对年度绩效考评排名前 2 名以及年度绩效考评排名连续两年上升且累计上升位次最大的,机关司局各增加 1 个司局级或处级职务(或相应职级)晋升名额,省税务局各增加 1 个厅局级职务(或相应职级)晋升名额,驻各地特派办年度绩效考评排名第 1 名的,增加 1 个司局级或处级职务(或相应职级)晋升名额。排名末两位以及连续两年下降且累计下降位次最大的,税务总局机关司局相应各减少 1 个司局级或处级职务(或相应职级)晋升名额,省税务局相应各减少 1 个厅局级职务(或相应职级)晋升名额;驻各地特派办年度绩效考评排名末位的,相应减少 1 个司局级或处级职务(或相应职级)晋升名额。税务总局机关司局、省税务局、驻各地特派办年度绩效考评连续两年排名末位,副省级城市税务局年度绩效考评连续两年排名末位且在该省税务系统排名均较为靠后的,若主要负责人在该单位任职两年以上,经综合研判认定其不适宜担任现职,按照《推进领导干部能上能下若干规定(试行)》予以调整。

2015 年至 2022 年,因年度组织绩效考评排名前 2 名或进步最快,税务总局在总职数内累计对总局机关司局增加了 19 个司局级和处级职务(或相应职级)晋升名额,对省税务局增加了 14 个司局级(或相应职级)晋升名额,对派出机构增加了两个处级职务(或相应职级)晋升名额;同时,相应减少排名末两位或退步最多单位的晋升名额。2019 年至 2022 年,各省税务系统累计对年度组织绩效考评排名前 2 名或进步最快的 663 个单位(部门)增加了 943 名领导职务(或相应职级)晋升名额;同时,相应减少排名末两位或退步最多单位的晋升名额。2020 年,税务总局机关 1 名司局长因该司局连续两年绩效考评排名末位,按照绩效结果运用办法规定,被调整到其他单位担任"二把手"。

2. 个人绩效

各级税务局党委在选拔任用领导干部时,年度个人绩效考核得分近两年必须均位于第 2 段以上且其中一年位于第 1 段,同时,当年截至干部任用时平时考核结果无"一般"或者"较差"等次;近两年均位于第 1 段和当年平时考核结果总体较好的优先考虑;上年度考核末位的不予考虑。在讨论决定环节,拟任人选的历史综合评价位于第 1 段的优先考虑。领导干部试用期转正,试用期中的个人绩效年度考核得分在本单位同类人员中排名后 20%的,或者转正当年截至试用期满时平时考核结果有"一般""较差"等次的,延期进行转正考核。2019 年税务系统副厅局级领导干部选任工作中,有两个省级局党委推荐的本地任职建议人选,因个人绩效成绩连续两年均为第 2 段,不符合税务总局相关要求,未予同意。

干部转任、调任重要岗位、推荐选拔优秀年轻干部,要求个人绩效年度考核得分近两年均位于第 2 段以上及当年截至干部任用时平时考核结果无"一般""较差"等次。近两年位于第 1 段和当年平时考核结果总体较好的优先考虑。2017 年至 2022 年,共有 1 名司局级干部,12 名处级干部因当年绩效考评成绩在本司局排名末位,延期办理影响试用期满转正。2020 年税务系统优秀年轻干部调研工作中,税务总局机关 1 名副司长、1 名处长,税务系统 3 名副厅局级领导干部,因个人绩效不符合要求未列入优秀年轻干部名单。

在干部职级晋升中,同等条件下,个人绩效年度考核得分前三年中有两年排名位于第 1 段且当年截至晋升时平时考核结果总体较好的或者业务能力级档较高的优先考虑。上年度数字人事年度考核末位的不予考虑。2019 年至2022 年,税务系统共有 4689 名干部因考核排名末位不予晋升职级,且在选拔任用时暂不予考虑;344 名试用期干部因个人数字人事年度考核得分排名末位(2021 年起,改为排名后 20%)延期转正考核。2022 年,税务系统晋升各级领导职务的干部共 15344 名,全部符合数字人事年度考核得分近两年均位于第 2 段以上且其中一年位于第 1 段的要求；其中，因上两年数字人事年度考核均位于第 1 段，符合优先考虑的干部占比 58.83%。

（二）与年度考核挂钩

税务总局党委深入贯彻公务员法及配套法规，将绩效考评结果作为公务员年度考核的重要参考，并在公务员考核政策范围内将"优秀"等次名额与组织绩效考评结果挂钩。

1. 组织绩效

在对绩效考评结果排前 2 名和末两位的单位进行职数增减运用的基础上，税务总局机关司局年度绩效考评排名第 3 名以及年度绩效考评排名连续两年上升且累计上升位次第 2 名的，各增加 1 个公务员年度考核"优秀"等次名额，相应减少排名倒数第 3 名以及连续两年下降且累计下降位次第 2 名的名额。省税务局年度绩效考评排名第 3、4 名以及年度绩效考评排名连续两年上升且累计上升位次第 2 名的，各增加 1 个领导班子成员"优秀"等次名额，相应减少排名倒数第 3、4 名以及连续两年下降且累计下降位次第 2 名的名额。驻各地特派办年度绩效考评排名第 2 名的，增加 1 个"优秀"等次名额，相应减少排名倒数第 2 名的名额。机关司局、省税务局、驻各地特派办年度绩效考评未被确定为绩效优秀单位的，副省级城市税务局年度绩效考评未被确定为绩效优秀单位且在该省税务系统亦未被确定为绩效优秀单位的，当年其主要负责人不能被评为"优秀"等次。

2015 年至 2022 年，因年度组织绩效考评排名前列或进步较快，累计对机关司局增加了 16 个公务员年度考核"优秀"等次名额，对省税务局增加了 16 个班子成员年度考核"优秀"等次名额，对派出机构增加了 2 个公务员年度考核"优秀"等次名额；同时，相应减少排名靠后或退步较多单位的"优秀"等次名额。

　　2019 年至 2022 年,税务系统累计对 8424 个单位(部门)增加了 13907 名公务员年度考核"优秀"等次名额;同时,相应减少排名靠后或退步较多单位的"优秀"等次名额。

　　2020 年至 2022 年,报经中央公务员主管部门审批同意,根据组织绩效年度考评结果,累计对 26 个机关司局、37 个省税务局、3 个派出机构提高了公务员年度考核"优秀"等次比例。税务系统累计对 8094 个单位(部门)提高了公务员年度考核"优秀"等次比例。

2. 个人绩效

　　公务员年度考核确定为"优秀"等次的,应当从个人绩效年度考核得分位于第 1 段,且当年平时考核结果"好"等次较多、无"一般"或者"较差"等次的干部中产生。当年平时考核结果均为"好"等次的,公务员年度考核可以在规定比例内优先确定为"优秀"等次。当年平时考核结果"一般"或者"较差"等次累计次数超过一半的,公务员年度考核原则上应当确定为"基本称职"或者"不称职"等次。当年平时考核结果均为"较差"等次的,公务员年度考核可以直接确定为"不称职"等次。2019 年至 2022 年,税务总局机关累计确定公务员年度考核"优秀"等次 695 人次,全部位于个人绩效年度考核第 1 段。根据数字人事年度考核和平时考核结果,税务系统累计对 333 名干部确定为"基本称职"或"不称职"。

(三)与人才培养挂钩

　　人是生产力诸要素中最具活跃、最具有创造力的因素,可以说人才是绩效之"源"。税务总局党委深入贯彻习近平总书记关于人才工作的重要论述,按照党中央、国务院决策部署,大力实施人才兴税战略,持续完善"人才工程育俊杰"机制制度,把税务人才的选拔、培育、使用、管理等人才培养情况纳入绩效考评体系,并制定《税务领军人才培养专项绩效考评办法》,形成上下联动、齐抓共管的良好局面。同时参考数字人事结果数据加强干部教育培养，按照"缺什么补什么"的原则，对干部进行培训培养、调学调训、安排实践锻炼，补齐能力素质短板。

1. 组织绩效

一是在人才选拔方面。设置"干部选拔任用"指标，重点考评"注重发现在重大税收改革任务中迎难而上、勇于担当的干部，在重要、关键和吃劲岗位中考察、识别、评价和使用干部""加强对省税务局及驻各地特派办选人用人制度执行情况的监督"等内容。设置"师资队伍建设"指标，重点考评"制定税务总局级师资选拔工作方案，在规定期限完成税务总局师资选拔工作，重点突出选拔年轻优秀教师"等内容。二是在人才培养方面。设置"知识体系建设"指标，重点考评"完成教育培训条线业务知识体系及大纲、题库建设工作"；设置"领军人才学员培养"指标，重点考评"根据领军人才选拔工作安排，发布选拔通告和考试大纲，组织预录取人员集中培训""组织好学员结业培训，以及各批领军人才学员集中培训和网络培训"等内容。设置"人才培养"指标，重点考评"落实《关于进一步加强领军人才培养工作的通知》，做好领军人才学员选拔、实践锻炼、考核、使用等工作""根据税务总局工作安排，举办全国税务系统青年才俊培训班"等内容。设置"常态化练兵比武"考点，引导各级税务机关持续深入推进"岗位大练兵、业务大比武"活动，为促进税收重点工作任务落实、推动税收事业科学发展提供坚实保证。三是在人才使用方面。设置"按要求落实领军人才（学员）、外派税务人才、青年才俊等各类人才的选拔培养管理使用"考点，引导各级税务机关全方位做好人才工作。四是在人才管理方面。设置相关指标，比如，"外派人员管理"指标，重点考评"根据税务总局工作安排，做好外派税务人员跟踪管理、定期考核和总结评价工作"等内容。

2. 个人绩效

一是在培养专业骨干人才方面。推荐入选各级专业人才库人员时,优先考虑上一年度个人绩效年度考核得分位于第 1 段的干部。二是在打造领军人才方面。要求报名参加税务领军人才培养对象选拔的税务干部,报名时间点前三年个人绩效年度考核得分必须均位于第 2 段以上,且近两年中有一年位于第 1 段。三是在培训资源倾斜方面。安排参加各类脱产学习培训时,优先考虑上一年度个人绩效年度考核得分位于第 1 段的干部。此外,为进一步强化绩效考评结果运用、激励干部担当作为,税务总局从组织绩效排名靠前的司局科学精准选派近两年个人绩效至少有一年 1 段的优秀干部,到澳门工委、香港工委工作。其中,2020 年 10 月、2021 年 4 月、2022 年 7 月,先后推荐 3 名同志,到澳门工委工作。澳门工委组织部门同志表示:税务总局推荐的 3 名同志在工作中表现出了较高的政治素养和业务水平,十分感谢总局给予澳门工委工作的大力支持。截至目前,1 名同志已提任处长,2 名同志已分别晋升职级。2021 年 7 月,推荐 1 名同志到香港工委工作,该同志表现获得组织肯定,现已晋升职级。2022 年,各省税务局从基层税务机关累计遴选干部 440 名,全部符合数字人事年度考核得分近两年均位于第 2 段以上的要求;其中,因上两年数字人事年度考核均位于第 1 段,符合优先考虑的干部占比 52%。

实施绩效管理有力推动了税务系统人才队伍建设,特别是近年来,领军人才学员中先后有 2300 人次参加税务总局重大改革攻坚项目,其中,370 余人直接参与国税地税征管体制改革,近 70 人为改革方案制定、"三定"落实作出重要贡献,100 余人在督导联络工作中发挥关键作用。在 2019 年成立的税务总局减税降费工作领导小组办公室中,领军人才占比 53%。200 余人次参与个人所得税改革、增值税专用发票电子化等 47 项重点工作。充分发挥了骨干带头作用。同时,从已结业的领军人才中选择绩效成绩优异、综合素质突出、外语水平较高、发展潜力较大的优秀处级以上干部,送到我驻外使领馆、国际组织锻炼或到国外大学深造 1—2 年,拓展其国际视野,回国后放在改革开放前沿地区税务局重用。这些人才在各自岗位上得到充分认可,比如,经济合作与发展组织(OECD)秘书处认为,中国税务部门派遣的税务官员专业能力和敬业精神都过硬。此外,创新建立"学测用评"制度体系,将干部学习情况与绩效考评有机结合起来,引导全系统干部在日常学、日常练中加强政治理论和税收业务学习。截至 2022 年底,全系统共培养战略人才、领军人才、业务标兵、青年才俊等各类人才 6 万余人,人才总量与 2013 年相比增加近 2 倍,占全系统在职干部 8.7%,人才引领示范效应愈发显现。

(四)与评先评优挂钩

将绩效考评结果应用于税务系统内部的评先评优,更好发挥激励作用。一方面,对被考评单位而言,部门考评结果的优劣直接影响部门成员的"优秀"等次和名额分配,比如,当被考评单位绩效突出时,可适当增加评先评优的相关名额,增强被考评单位的积极性和主动性。另一方面,将考评结果与评先评优相挂钩,有助于进一步发挥税务绩效考评对干部个人的正向激励效应。

1. 组织绩效

税务总局评选或推荐税务系统各类先进集体,区分综合项目和专项项目审核绩效考评成绩。评选或推荐综合项目时,要求绩效考评上两年不得位于末位且其中一年应为绩效优秀单位,同时,当年截至评先评优时不得处于末位。评选或推荐专项项目时,要求绩效考评上两年不得位于末位。在组织全国性综合类评选表彰项目时,省税务局年度绩效考评排名前 2 名的,为其增加 1 个评先评优名额,相应减少排名末两位的名额。2019 年至 2022 年,税务系统累计有 20 个单位获评国家级先进集体,1608 个单位获评省部级先进集体,均为绩效优秀单位。

2. 个人绩效

税务系统评选或推荐各类先进个人,同样区分综合项目和专项项目,综合考虑个人绩效年度考核得分以及不同要素得分排名情况。综合项目评先评优,推荐人选的个人绩效年度考核得分近两年必须均位于第 2 段以上且其中一年位于第 1 段,同时,当年截至评先评优时平时考核结果总体较好;专项项目评先评优,推荐人选的个人绩效年度考核近两年不得位于第 3 段及当年截至评先评优时平时考核结果无"一般"或"较差"等次。优秀共产党员、优秀党务工作者推荐人选个人绩效年度考核得分近两年必须均位于第 2 段以上且其中一年位于第 1 段,当年截至评选时平时考核结果总体较好。

2019 年至 2022 年,税务系统累计有 56 人次获得国家级先进个人表彰,1538 人次获得省部级先进个人表彰,均为个人绩效考评成绩排名前列;税务总局机关共评选出 220 名优秀共产党员和 40 名优秀党务工作者,均为个人绩效考评成绩排名前列。

(五)拓宽运用渠道

1. 结合追责问责"拧紧弦"

以绩效结果数据为重要参考推进领导干部能上能下或者对干部进行问责,坚持从严治队、从严管理干部,坚持依法依规、积极稳妥,坚持严管和厚爱结合、激励和约束并重,对不敢担当、不负责任、慵懒散漫,干部群众意见较大,年终测评"不称职"得票率超过 1/3 的,或者由于其他原因考核为"不称职"等次的,经本级税务局党委研究,可进行问责或者认定为不适宜担任现职,及时予以调整。对不能有效履行职责、按要求完成工作任务,单位工作或者分管工作处于落后状态,连续两年个人年度考核位于第 3 段,或者出现较大失误的,经本级税务局党委研究,可进行问责或者认定为不适宜担任现职,及时予以调整。在研究作出问责决定或者对拟调整不适宜担任现职干部进行考察核实时，将其领导胜任力评价、年度考核、当年综合评价、历史综合评价等数据信息作为重要参考，并与组织掌握的个人有关事项报告抽查核实、信访举报核实等其他相关信息进行综合分析，作出客观公正评价和准确认定。

2019年至2022年，因年度绩效考评连续两年排名末两位，对单位（部门）的主要负责人予以调整；并根据数字人事年度考核和平时考核结果，对不担当、不作为的干部进行调整处理。

2. 注重人文关怀"强信心"

充分发挥绩效管理的"连心桥"作用，扎实做好队伍思想政治和人文关怀工作，不断增强税务干部的获得感和归属感。根据干部工作记实、领导评鉴、公认评价及"一员式"归集数据，定期进行分析研判，及时掌握干部工作生活中的困难与困惑，进行阶段性评估，深入了解干部思想、工作状况和其他合理需求，及时做好思想工作，积极帮助解决实际困难，传递组织关怀温暖。同时，针对干部队伍存在的思想波动和实际困难，鼓励各级税务局借助个人绩效管理（数字人事）数据，积极创新探索，优化完善相应人文关怀机制。比如，通过个人绩效管理（数字人事）信息系统及时向每名党员推送党的生日和"政治生日"祝福，向每名干部推送生日祝福，在妇女节、青年节、建军节等重要时间节点，分别向不同对象推送节日寄语和祝福；每当有重要的会议和事件时，信息系统会及时将信息推送至每人的账户中，使税务干部时刻都能了解重点工作情况，增强每个税务人的归属感；依托干部个人基础数据，加强离退休干部分类分级管理，划分老干部关注级别，推动形成"分级管理、差异服务"模式；关心关爱年龄较大的干部，对工作30年以上、在平凡岗位上任劳任怨、默默奉献的干部，通过个人绩效管理（数字人事）信息系统发放工作30年电子证书，并制作颁发荣誉证书。2019年至2022年，累计对干部推送"政治生日"及其他节日祝福736万人次，累计对38.35万名干部颁发了终身奉献税收事业荣誉证书。税务总局2022年6月的调查结果显示,96.8%的税务干部对所在单位考核结果运用效果表示满意。①

3. 强化持续激励"防躺平"

在税务绩效考评结果运用中,统筹考虑连续年度因素,不仅运用当年考评结果,还要运用前两年考评结果,激励持续进步者和优秀保持者。每年既对被确定为绩效优秀单位的税务总局机关司局、省税务局、驻各地特派办、副省级城市税务局发文予以通报表扬,对税务总局机关司局、省税务局年度绩效考评位于第1段及连续两年上升且累计上升位次前2名,驻各地特派办年度绩效考评位于第1段,副省级城市税务局年度绩效考评位于第1段且在该省税务系统排名亦位于第1段的,也予以通报表扬。

同时,对税务总局司局、省税务局、驻各地特派办被确定为绩效优秀单位的,将当年该司局全体干部、省税务局和驻各地特派办领导班子成员个人绩效暨数字人事年度考核第1段比例从40%提高到45%;连续两年均被确定为绩效优秀单位的,将第2年的1段比例提高到50%。2019年至2022年,根据组织绩效年度考评结果,税务总局累计对确定为绩效优秀单位的40个(次)机关司局、55个(次)省税务局、6个(次)派出机构提高了个人绩效年度考核第1段的比例(当年确定为绩效优秀单位的,提高5%;连续2年确定为绩效优秀单位的,提高10%;下同)。2021年,根据组织绩效年度考评结果,税务系统累计对确定为绩效优秀单位的12296个单位(部门)提高了数字人事年度考核第1段的比例。

---

① 本次调查以全国税务系统在职干部为对象,通过数字人事信息系统发放问卷62830份,收回有效问卷62813份,有效回收率99.97%。同时,使用SPSS20工具对数字人事制度感受感知状况和考核结果运用等问卷题项进行探索性因子分析,结果显示各分量表具有较好的信度和建构效度。

五、着力抓好绩效改进

"惟以改过为能，不以无过为贵。"①所谓"苟日新，日日新，又日新"，绩效改进是税务绩效管理的核心要义和重要一环，旨在发现和识别工作中存在的不足、问题和差距，并分析原因，有针对性地采取措施，补齐工作短板，持续提升绩效水平。

税务绩效管理强调系统、全面、低成本、高质量、内生化的绩效改进，积极做到考而后知不足，知不足而后能改，固根基、扬优势、补短板、强弱项。一方面注重税收工作的绩效改进，通过绩效考评发现税收工作的问题短板促进改进提升；另一方面注重税务干部在能力素质等方面的自我完善；同时，注重绩效管理的持续改进，通过实践验证绩效管理的机制方法是否科学有效，切实采取措施加以优化完善。具体来看，主要是"三及时一共同"。

（一）考评者及时向被考评者反馈考评结果

如果把管理比作一个生命体，反馈沟通就是贯穿这个生命体的血脉。乔哈里视窗理论将人际沟通反馈的信息比作一扇窗户，它被分为四个区域：开放区、隐秘区、盲目区、未知区，人的有效沟通和反馈就是这四个区域的有机融合。掌握的信息越多，越容易作出有效的决策。② 绩效反馈的乔哈里视窗是指上级与下级之间、组织与个人之间、个人与个人之间，就绩效管理过程中已知的、未知的难点堵点问题以及绩效改进而进行的互动交流。

绩效反馈是贯穿税务绩效管理全程的常态化工作，具有经常性、针对性、积极性、发展性的特点。一是突出经常性，常态化的绩效反馈机制，而不只是

---

① 《资治通鉴》，中华书局 1956 年版，第 7328 页。
② 张亚宏：《"乔哈里视窗"与图书馆员沟通能力提升策略研究》，《图书馆研究》2019 年第 1 期。

一年反馈一次考评结果;二是突出针对性,在绩效反馈中点问题、说现象、谈举措,既反馈共性问题,又反馈个性问题;三是突出积极性,在绩效反馈中尊重对方,善于发现对方好的经验做法,鼓励对方进一步提高工作积极性;四是突出发展性,在绩效反馈中帮助对方提升站位,引导和促进对方以更高的要求、更严的标准持续提升工作绩效。

税务组织绩效按月向被考评单位"点对点"反馈考评成绩、考评明细和存在不足,对考评成绩靠后的通过面谈等方式,帮助其改进提升;按季度向所有被考评单位公布考评结果,促进互比互鉴。个人绩效通过信息系统及时向干部本人推送"税务干部综合考核评价分析报告",并可查看同级同类干部的最高分、平均分、中位值。主管领导通过工作点评、个别谈话等方式,帮助干部找准在团队中的坐标位置,明确前进方向和改进措施。开展会议讲评推介典型,将考核评价结果扬善于公堂,凸显激励效应;谈心交流鼓舞后进,将考核评价结果规过于私室,"用数据说话,行人文关怀",推动工作改进和个人提升。

(二)考评者与被考评者及时会诊问题短板

在进行绩效反馈、沟通、辅导的基础上,被考评者无论单位还是干部个人,也无论绩效成绩居前还是处后,都需要反观自省,开展绩效改进工作,建立完善"评价—分析—改进—再评价"的改进机制,比如,对成绩排名靠后的被考评者,考评者提示指出哪项工作出了问题、有什么改进建议,并听取被考评者的意见,共同商定绩效改进的方向、重点和措施。

以税务总局机关某司局 2021 年绩效考评为例(绩效考评成绩排第 24 名):经过深入分析,该司局认为存在四方面的问题:一是直接扣分指标失分比重大。在 2021 年采取直接扣分的指标中,"政治机关建设"和"正风肃纪"指标对照干部发生违法违纪行为等管理规定共计扣 5 分。此两项指标扣分绝对值大,是导致其与其他司局拉开差距,排名靠后的重要原因。二是创先争优考评得分差距大。创先争优指标满分 100 分,专家评审组评审占 90 分,局领导评审占 10 分。该司局最终得分 94.5 分,排名倒数第一,机关司局最高得分为 99.88 分,相差 5.38 分,差距较明显。三是量化计分法指标排名靠后减分多。2021 年考评量化指标主要有领导考评、基层满意度、协作配合度、党建知识测试、支部书记抓党建述职评议、工作指导,这六项共性量化指标该司局共计加分 1.6 分,减分 3.97 分,合计得分为"-2.37 分"。四是荣誉表彰通报表扬加分少。领导考评获得加分 7.5 分,未达封顶值 8 分;政治机关建设中因获得其他部委表彰加分 1 分,两项指标共计获得加分 8.5 分,在全局 25 个单位中排名第 21 名。

该司局深入解剖原因,认为有三方面的问题短板:一是在从严从实抓正风肃纪方面还有缺失,需要不断增强全面从严治党永远在路上的政治自觉,进一步强化作风纪律建设。二是在创先争优质效上有差距,需要聚焦"发展大局、办税服务、税收风险、政治保障"四个主要方面,全面推动创新、提升质效。三是在协作配合、上下联动方面存在不足,需要进一步在横向上强化与其他司局的沟通力度、纵向上提升指导各省税务局工作的力度和效度,促进上下联动协力开拓工作新局面。

(三)被考评者及时制定可操作的改进方案

针对存在的差距和问题短板,有针对性地制定绩效改进方案。一方面,因事制宜,在组织绩效方面由各单位对改进整体或单项工作制定相应措施,并纳入下一年度绩效考评指标,形成改进闭环。另一方面,因人制宜,在个人绩效管理方面由税务干部根据各自岗位职责对提升自身素质和工作质效制定相应措施。同时,注重针对不同问题、不同层级、不同部门、不同岗位,打通组织绩效与个人绩效,从大处着眼,从细节入手,一点一滴地优化完善,以求组织与个人"双改进、双提升"。

以某省税务局 2021 年度绩效考评为例:针对在税务总局考评中成绩排名较为靠后的情况,该省税务局深刻分析查找绩效考评成绩直线下滑原因和工作中存在问题,认真研究制定改进方案和工作举措。

一是在强化组织领导、完善运行机制上抓深抓细。通过省税务局党委会议专题研究,主要负责同志批示要求,召开省、市、县税务局视频会议专项部署等方式,进一步统一思想、凝聚共识。明确以抓好绩效促工作提升,做好"两服务"、实现"三满意"、达到"双领先"的目标,即全心全意服务好纳税人缴费人、服务好地方经济社会发展,让纳税人缴费人满意、让税务人满意、让党委政府满意,各项工作在全国税务系统领先、在地方政府各部门领先。

二是在逐级承接分解、层层压实责任上抓深抓细。将税务总局考评省税务局指标及发票电子化(金税四期)专项考评指标作为全年绩效管理工作的重点,逐一对表,精准对接,科学分解,明确所有指标及考点的牵头承接及协办部门,印发承接分解表,确保落地落实,不留死角。加强组织绩效与个人绩效有机融合,围绕组织绩效任务、年度重点任务和专项工作任务,编制每个季度的个人绩效指标,将组织绩效失分责任与干部平时考核相挂钩,努力构建上下贯通、全员发力的工作局面。各级考评部门普遍建立指标考评工作台账,强化过程监督,及时跟踪指标完成情况,加强督促提醒和预警分析,掌握工作主动性。

三是在改进薄弱环节、推进指标落实上抓深抓细。组织各单位对照《省市县税务局绩效管理工作问题短板案例》,开展对照检视,紧盯不足改进提升。完善"牵头+配合""机关+基层"责任落实机制,落实好绩效分析讲评制度,以大力抓好打造智慧税务、提升税费服务质效、锻造税务铁军"三件大事"为破题起势之策,引导全省各级税务机关解决当前工作中存在的突出问题,将短板拉长、长板做优。

四是在规范编制指标、严格实施考评上抓深抓细。坚持目标导向,将全面承接税务总局指标与促进税收重点工作紧密结合,编制形成三个序列2022年度绩效考评规则及考评指标、发票电子化改革(金税四期)专项考评方案等。进一步取消可考性、可控性不强的指标,着力解决层层加码和"上下一般粗"

等问题。明确加减分制度办法,着力解决"打平均分""当老好人""轮流坐庄"等问题,为进一步考真考实、考出差异、激励先进、鞭策后进奠定基础。

(四)考评者与被考评者有效组织改进提升

实施绩效改进的关键是上下级共同发力。一方面,通过开展培训、调研督导等方式促进基层单位加强绩效改进。比如,税务总局加大帮扶指导力度,对连续排名靠后单位,组织实地调研指导。另一方面,细化工作举措,各单位有的在纵向上自己跟自己比,以指标考评标准为导向,既分析"如何落实",又分析"落实怎样",把诊断出的"问题"及时纳入下一环节的考评中;有的通过内部讲评、风险排查、督办反馈等方式,促进工作持续改进;有的见微知著,针对考评被扣分的情况,从改进工作角度强化"分小事大"意识,深入反思工作,积极完善机制措施。比如,某市税务局鉴于在市政府职权履行率和案件优秀率两项指标失分,将以上两项指标与税务总局"税收法治建设"指标相结合,纳入本单位指标体系,明显提高了基层单位对该项工作的重视程度和工作质效,次年底成为市政府考评中该两项指标唯一没有失分的单位。

同时,将组织绩效改进与个人绩效改进衔接起来,领导通过实时反馈的数据及时了解分管工作的进展程度、效率高低、干部状态等情况,准确发现薄弱环节,有效掌控,统筹协调,既有针对性地推进工作整体进程,又帮助干部找差距、找不足,准确把握问题、深入分析原因、理清意见建议,促进干部提升思想认识,引导其自我约束、自我加压,向先进看齐,不断改进工作作风,提高能力素质,积极争取工作上的主动和进步。

第四章 税务绩效管理的支撑保障

推进公共部门变革创新,制度变革是根本,组织变革是动力,技术变革是整体变革创新的杠杆,这三者构成一个完整的管理创新体系。只有进行制度、组织、技术的变革创新,才能实现可持续的发展。[①] 税务总局党委高度重视和大力推进组织变革、制度变革和技术变革,加强对绩效管理的组织领导,进而推动制度变革和技术变革,不断完善绩效管理制度机制体系,同时以海纳百川的眼界胸怀争取各方助力、赢得各方支持,为全面实施税务绩效管理提供强有力的支撑保障,概括起来就是"四个强化"。

一、强化组织领导

组织变革是指运用行为科学理论和相关管理方法,对组织的权力结构、组织规模、沟通渠道、角色设定、组织与其他组织之间的关系,以及对组织成员的观念、态度和行为,成员之间的合作精神等进行有目的的、系统的调整和革新,以适应组织所处的内外环境、技术特征和组织任务等方面的变化,提高组织效能。[②] 组织的权变理论认为组织结构必须进行变革以保证组织获得高的绩效

---

① 吕福新等主编:《变革与创新:制度·组织·技术》,中国发展出版社 2005 年版,第 1 页。
② 韩亦:《组织变革的重混逻辑》,《中欧商业评论》2016 年第 2 期。

水平,亦即只有不断地组织变革和改善组织适应力,组织才会保持高的绩效水平,并获得持续成长。推进组织变革,构建高效完善的组织领导体系,是推动绩效管理改革发展不可或缺的必备条件。政府绩效管理改革的实践证明,坚持领导挂帅,顶层谋划,把强化顶层设计、搭建体系架构作为绩效管理改革的切入点,有利于系统推进绩效管理。[①]

从税务部门来看,各级税务机关在党委统一领导下,成立绩效管理工作领导小组及其办公室、绩效考评委员会,对本级机关和下一级机关组织实施绩效管理,为全面推进绩效管理提供了组织保障(见图4-1)。

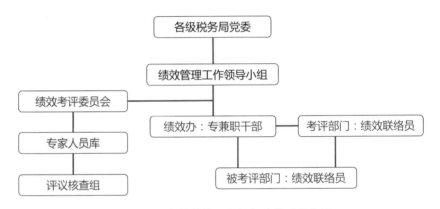

图4-1　税务绩效管理组织保障体系示意图

（一）党委统一领导

税务绩效管理在税务总局党委统一领导下开展。各级税务局党委加强对绩效管理工作的组织领导,定期听取绩效管理工作汇报,研究绩效管理重大事项。"一把手"是绩效管理工作的第一责任人,班子成员对分管范围内的绩效管理工作负主要领导责任。税务总局党委负责绩效管理顶层设计和总体规划,并对税务总局机关各司局和各省税务局、驻各地特派办、副省级城市税务

---

①　刘朋朋:《有效推进政府绩效管理改革的路径》,《中国社会科学报》2022年4月20日。

局实施绩效管理。各司局和各省税务局按照税务总局党委统一部署,向下延伸,形成下管一级、分级实施的绩效管理工作格局。

(二)绩效管理工作领导小组统筹

绩效管理工作领导小组是绩效管理工作的领导机构。各级税务机关在党委统一领导下,成立绩效管理工作领导小组,主要负责人任组长,相关负责人任副组长,有关部门负责人为成员。领导小组定期召开会议,研究绩效管理重大问题,其主要职责是:统筹部署和指导绩效管理工作;审定绩效管理发展规划和制度办法;审定绩效计划、绩效指标和考评规则;审定绩效考评结果;研究决定绩效管理工作中的其他重大事项。

税务总局领导小组,由税务总局局长任组长,分管绩效、人事的局领导以及纪检组长任副组长,税务总局办公厅、政策法规司、纳税服务司、征管和科技发展司、人事司、机关党委、电子税务中心主要负责人为领导小组成员。

同时,各级税务机关成立数字人事工作领导小组,组织领导和统筹协调本单位数字人事及个人绩效工作;各级税务机关成立数字人事评议委员会,负责数据异议处理。

(三)绩效管理工作领导小组办公室协调

税务总局绩效办按组织绩效与个人绩效两大块分设,其中组织绩效设在办公厅,个人绩效设在人事司。省、市税务局绩效办设在考核考评部门,县税务局设在办公室,负责组织实施绩效管理日常工作。主要职责是:拟制绩效管理发展规划和制度办法;组织编制考评本级机关和下一级税务局的年度绩效计划、绩效指标及考评规则;组织实施绩效运转,开展绩效考评及评议核查;形成绩效考评结果,提出结果运用有关建议;组织开展培训宣传,培育绩效文化;加强信息化建设,提高绩效管理工作质效;完成绩效管理其他工作。

（四）考核考评部门专司其职

税务总局办公厅设立具体承担组织绩效管理工作的绩效管理处,个人绩效管理由人事司公务员管理处具体承担,两个部门与省税务局考核考评处建立对口工作关系。考核考评部门负责贯彻落实绩效管理各项日常工作。考核考评部门主要负责人参加或列席所在单位党委会、局务会、局长办公会等重要会议,熟悉掌握全局工作情况。省、市税务局考核考评部门与办公室在编制绩效指标、开展绩效考评、抓好绩效改进等方面加强协同配合。

（五）绩效管理专职队伍主动担当

2018年机构改革之前,税务总局以下的各级税务机关未设立专职的考核考评部门,但要求各级税务机关成立绩效办,配备专兼职人员,并保持人员相对稳定。同时要求,省税务局绩效办配备3名以上专职人员,市税务局绩效办配备3名专职人员。县税务局绩效办原则上配备3名专兼职人员。专兼职人员不能随便挂名,"一个锅盖来回盖"。2018年机构改革后,根据"三定"方案要求,各级税务机关配齐配强绩效管理专职队伍。其他部门明确1名绩效联络员,在全系统各层级建立以绩效专干为主、绩效联络员为辅的绩效管理干部队伍。各级考核考评部门主动做好上下沟通、左右协调、组织实施和督查督办工作,其他各部门的绩效联络员及时掌握本部门绩效工作动态,具体落实绩效管理相关工作。

（六）各级各部门和广大干部积极参与

一方面,作为考评者积极参与。在绩效管理链条中,根据所处地位和承担角色不同,各级税务机关及其内设部门都有可能承担考评职责,成为考评者。作为考评者,应履行以下职责:参与起草绩效管理制度办法;参与编制绩效指标;开展绩效考评和分析反馈;指导督促绩效改进等。税务总局相关司局依照职责分工和绩效管理办法、年度考评规则等,参与对机关司局、省税务局、驻各地特派办和副省级城市税务局绩效管理的组织实施和考评工作。省税务局及以下税务机关内设部门作为考评者时,按照相应规定履行对本级机关以及下级税务机关的考评职责。

另一方面,作为被考评者积极参与。各级税务机关及其内设部门均承担指标工作任务,从而成为被考评者。作为被考评者,应履行以下职责:执行绩效管理制度办法;承接分解绩效指标,完成绩效任务;开展绩效分析和绩效改进等。

考评者与被考评者是一组相对概念,并非一成不变。在上下级纵向考评中,对于上级而言,本级是被考评者,而对于下级而言,本级又变为考评者;在机关横向考评中,考评者和被考评者的身份,根据指标设定而发生改变。在组织绩效管理方面,以"安全稳定"指标为例,税务总局办公厅是对下级单位的考评者,省税务局是被考评者,而省税务局在对下级的考评中,又变为该项指标的考评者;而对于"基层满意度"指标而言,税务总局办公厅则变为被考评者,而省税务局则变为考评者。在个人绩效管理方面,某司局的某位处长对于处内人员而言是考评者,但其又作为被考评者接受司局领导的考评。

(七)绩效考评委员会民主评议

绩效考评委员会在领导小组领导下开展工作,负责对绩效管理重大事项的审议和裁定。主要职责是:审议绩效计划、绩效指标及考评规则;开展评议核查,分析评估绩效管理运行情况,提出改进意见;审议绩效考评中的争议事项,对被考评单位申诉提出处理意见等。税务总局绩效考评委员会,由税务总局有关局领导、相关司局和省税务局负责人及专家学者代表组成。绩效考评委员会主要采取全体会议或专题会议形式开展工作。省税务局绩效考评委员会,负责对本级绩效管理重大事项的审议和裁定。市税务局可根据工作需要参照执行。

税务总局绩效考评委员会组建专家人员库，由税务总局机关相关司局、驻各地特派办、省税务局1名分管绩效管理工作的司（局）领导和1名负责绩效管理工作的处级干部及系统外专家组成。考评委员会专家人员库人员负责对绩效管理日常运转情况的评议和核查工作，其主要职责是：对税务总局机关司局纳入考评的有关重点工作任务完成情况进行评议；对税务总局考评单位履行考评职责情况进行核查等。

二、强化制度保障

制度变革是制度的替代、转换或完善的过程。制度有供给，也有需求，当制度供给与制度需求相吻合的时候，称为制度均衡，反之，称为制度非均衡。一项制度不可能适应所有的环境情况，即不存在任何环境条件下都适用的制度，需要进行自我扬弃，以适应新环境，要么就得补充新的内容，进行自我创新。[①] 我国行政管理体制改革的一条重要经验，就是适应发展趋势完善相关制度。只有工作理念内化于心、外化于行、固化于制，政府效能建设才能常态化。故应以绩效管理为核心，统筹推进政府效能建设的制度保障体系。[②]

习近平总书记指出："制度的生命力在于执行。"[③]执行的关键在于执行力。税务绩效管理的执行力既体现为不断完善制度、促进制度成熟定型，又体现为强化制度意识、熟练掌握制度之中，不折不扣将制度规定付诸实际行动。

（一）持续完善制度体系

税务总局党委坚持"坚定不移地改"，持续不断完善绩效管理制度体系，

---

① 李景平：《地方政府管理》，西安交通大学出版社2008年版，第94页。
② 中国行政管理学会课题组：《政府效能建设研究报告》，《中国行政管理》2012年第2期。
③ 习近平：《坚持和完善中国特色社会主义制度　推进国家治理体系和治理能力现代化》，《求是》2020年第1期。

使之逐步成熟定型。

1. 组织绩效管理"1+2+4"制度体系

"1"是"一份意见"。即《国家税务总局关于实施绩效管理的意见》。该文件阐述了税务部门实施绩效管理的时代背景和重要意义,提出了实施税务绩效管理的指导思想、基本原则和目标规划等,明确了遵循绩效管理规律,制定绩效计划、实施绩效监控、开展绩效考评、运用考评结果和加强绩效改进的基本流程。同时,在加强组织领导、严格责任落实、广泛宣传培训、强化科技支撑等方面提出保障措施。

"2"是"两个办法"。即《全国税务系统绩效管理办法》《绩效考评结果运用办法》。

《全国税务系统绩效管理办法》是对《国家税务总局关于实施绩效管理的意见》的具体化、操作性规定,共八章40条。其中:第一章"总则"主要明确税务绩效管理定义、总体要求、遵循原则和适用范围等内容。第二章"组织领导"主要明确绩效管理工作领导小组及其办公室、绩效考评委员会、专家人员库人员,以及各级税务机关及其内设机构等分别作为考评单位和被考评单位时应履行的职责,同时强调各级税务机关党委、主要负责人及考核考评部门的绩效管理工作责任。第三章"绩效计划和指标编制"主要明确绩效计划、绩效指标要素、编制程序、承接分解、调整程序等内容和要求。第四章"绩效运转"主要明确开展绩效监控、分析讲评、沟通反馈和档案管理等工作要求。第五章"绩效考评"主要明确平时考评、年度考评、争议处理及评议核查、考评等次确定的有关规定要求,同时强调实施考评应当严格遵守的纪律、年度绩效考评"一票否决"情形。第六章"结果运用"主要明确绩效考评结果运用的总体要求和主要内容。第七章"绩效改进"主要明确了考评单位和被考评单位针对绩效考评结果的改进方法和具体要求。第八章"附则"主要明确年度绩效考评成绩计算周期等。

这一办法从印发试行到正式印发和修订，主要经历"三大步"的持续完善。第一步，通盘考虑"细而全"。2014 年，在推行绩效管理初期，遵循税务总局机关和系统绩效管理一体化框架，按照统一领导、分级管理、逐级考评的原则，分别制定试行《税务总局机关绩效管理办法》和《税务系统绩效管理办法》。第二步，上下贯通"简而实"。2015 年，鉴于试行阶段反映出机关和系统两个办法内容一致性多、关联性强、一分为二规定易致相互割裂，为此将两个办法合二为一，更加凸显一体化运行的理念。同时，为稳妥起见，又细化出台《税务总局机关绩效管理实施细则》《税务系统绩效管理实施细则》，提供更为详细的操作指引。第三步，合并集成"精而优"。2018 年税务机构改革之后，国税、地税机构合并。为适应新情况，结合绩效管理制度机制日益丰富、逐步完善的实际，在保持操作规定和流程稳定的前提下，对推行绩效管理以来陆续出台完善的制度办法集成式修订，通过"废改立"将两个办法和 2 个实施细则合并成一个新办法。

《国家税务总局绩效考评结果运用办法》共六章 23 条。其中：第一章"总则"主要明确税务绩效管理考评结果运用的适用范围、具体要求、运用对象以及划段要求等内容。第二章"干部任用"主要明确税务总局司局、省税务局、驻各地特派办、副省级城市税务局，在干部任用方面的具体运用路径。第三章"年度考核"主要明确税务总局司局、省税务局、驻各地特派办、副省级城市税务局，在公务员年度考核方面的具体运用路径。第四章"评先评优"主要明确税务总局在评先评优方面的具体运用路径。第五章"其他运用"主要明确税务总局司局、省税务局、驻各地特派办、副省级城市税务局，在通报表扬、向省委省政府通报反馈以及个人绩效成绩划段等方面的具体运用路径。第六章"附则"主要明确绩效考评成绩结果运用的相关要求等。

这一办法从印发试行到正式印发执行和修订，同样也经历了"三大步"的持续完善。第一步，2015 年，根据《全国税务系统绩效管理办法》及其实施细则、《全国税务系统个人绩效管理办法》及其实施细则等规定，制定了《国家税务总局绩效考评结果运用办法（试行）》，分税务总局司局、省国税局、省地税局提出干部任用、评先评优、公务员年度考核等具体运用途径。第二步，2016年，结合试行一年的绩效考评结果运用情况，对结果运用办法进行了修订并重新制发试行文件。在保持原绩效考评结果运用制度总体稳定，干部任用、评先评优、年度考核、其他运用 4 种结果运用方式和主要运用措施不变的基础上，对划分考评等次、个人绩效运用、扩大奖惩覆盖范围、统筹考虑连续年度等四个方面进行优化完善。第三步，2020 年，税务总局根据最新修订的《全国税务系统绩效管理办法》，对结果运用办法重新进行了修订并正式印发执行，将年度绩效考评结果作为评价业绩、改进工作和激励约束的重要依据，并在 2022年进行了修订，将省税务局"1 段"范围由前 50% 单位扩围至前三分之二单位。

"4"是"四套规则"。即《对省税务局年度绩效考评规则》《对机关司局年度绩效考评规则》《对驻各地特派办年度绩效考评规则》《对副省级城市税务局年度绩效考评规则》（见图 4-2）。

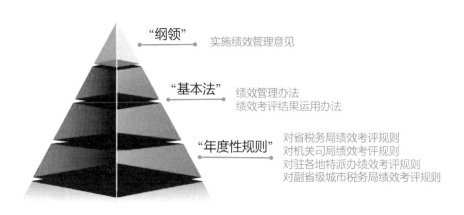

图 4-2　组织绩效管理制度体系示意图

考评规则重在细化规定考评的具体操作。包括考评计分方式及不同计分方式的计算公式、扣分颗粒度、体现差异性的特别加减分项目、扣分兜底条款、年度考评成绩计算，考评程序及指标考评、特别加减分考评、考评分析报告、考评成绩调整、考评时间顺延、考评成绩公布，指标调整、考评核查、年度考评等具体事项。总体上，虽然相对具有稳定性，但逐年根据绩效考评实际运行情况均不同程度有所增删。比如，对最低扣分颗粒度的规定，经历从先高后低到又略高再到又略低的优化调整过程，使之更加平滑，既有利于考出差异，又防止畸轻畸重、影响考评质量。

2. 个人绩效管理"1+9"制度体系

"1"是"一个总办法"。即作为全国税务系统个人绩效管理工作基本遵从的《税务系统数字人事实施办法》。

《税务系统数字人事实施办法》对数字人事的概念定义、核心要义、基本内涵、总体框架和组织管理等内容进行了规定，明确了"为什么搞数字人事""什么是数字人事""怎么搞数字人事"等一系列基本问题，在数字人事制度体系中发挥着统领性作用，是制度体系中的根本性制度。

"9"是"九个子办法"。即《干部平时考核实施办法》《数字人事量化计分规则》《个人绩效管理指标编制指引》《税务系统新录用公务员初任培训管理办法》《外部评价管理办法》《业务能力升级管理办法》《领导胜任力测试管理办法》《数字人事结果运用办法》《深化数字人事数据应用工作指导意见》。

《数字人事量化计分规则》明确了职业基础、平时考核、业务能力评价、领导胜任力评价、公认评价各指标的量化规则和方法，通过建立统一的量化指标体系、合理的权重配比和规范的计分规则，对海量考核数据进行量化归集，使数字人事能够连续记录干部职业生涯各个阶段、各类事项的指标数据。

《税务系统新录用公务员初任培训管理办法》《干部平时考核实施办法》《个人绩效管理指标编制指引》《外部评价管理办法》《业务能力升级管理办法》《领导胜任力测试管理办法》等6项制度，是在总办法统领下，搭建完善"一个基础""四个支柱"总体架构的具体制度设计，既独立成章，又相互支撑，共同构成了"个人成长账户"的有机组成部分。

《数字人事结果运用办法》和《深化数字人事数据应用工作指导意见》是整个制度体系的落脚点,明确了连续记录干部职业生涯各个阶段、各类事项的指标数据,累积形成反映干部成长轨迹的"全息影像",根据大数定律,能够有效避免单次考试或测评受偶然因素影响而出现的"高分低能""高票低能"现象,从而更加全面、客观地反映干部的情况。

个人绩效管理(数字人事)"1+9"制度体系在持续不断完善中日臻成熟定型。自2014年5月开始,税务总局党委坚持把加强干部考核工作作为战略性改革任务,把大数据作为推动队伍治理方式变革的重要驱动,运用大数据理念和货币计量方法,探索推行制度改革、机制改革,经过制度设计、模拟论证、先行试点,到2015年初步形成了包含"1个意见、8个办法"的数字人事制度体系,实现了从破土萌芽到抽枝散叶的转变。随着试点工作不断深入,税务总局将试点成果融入、固化到制度当中,对8个办法进行了修订完善,并于2016年8月印发了新版"8个办法"。从2019年开始,本着"不改变制度框架、不打破规则平衡、不搞颠覆性修改"的原则,对数字人事制度进行了全面修订,构建起紧扣中央精神、契合税务实际、具有税务特色的数字人事制度框架和"1+9"制度体系。此后,围绕做深做实干部政治素质考核、服务保障税收改革发展、全面实施个人绩效管理等重点任务,修订形成了2022年版数字人事"1+9"制度办法,成为税务系统"带好队伍"机制制度体系的重要内容。

(二)持续增进制度认同

按照税务总局党委统一部署,各级税务机关结合本地实际,通过讲明绩效原理、讲清绩效规定、讲透绩效疑难、讲好绩效故事,"一把手"亲自宣讲、指挥把关,分管领导具体负责、一线作战,引导广大税务干部主动认知、自觉躬行,理解实施绩效管理的重要意义,掌握怎么实施的具体路径以及破解绩效管理疑难问题的有效办法,既"知其然"又"知其所以然",同时有针对性地宣传税务绩效见人见事见章法的故事,从中更深感悟绩效力量、更好凝聚绩效共识、更优创造绩效成果,营造"人人为绩效、绩效为人人"的氛围。

1. 讲明绩效原理

坚持正面引导、突出重点,提高绩效管理宣讲活动的针对性、精准性和实效性。一是讲形势大局。讲清楚绩效管理服务保障新发展阶段税收现代化建设所面临的新形势、肩负的新任务。二是讲精神实质。讲清楚实施绩效管理的必要性、重要性和核心要义,讲明白每项绩效指标背后的"道道"、每次改进完善、每年优化升级的良苦用心,讲透彻推行绩效管理"为了谁""谁来抓""抓什么""怎么抓"等问题。三是讲内涵原理。着眼于廓清认识,宣传绩效管理基本理念、总体原则、框架体系、主要特点等内容。四是讲实操要领。坚持因"人"制宜,讲清楚税务系统各级党委、分管领导、班子副职、部门负责人、一般干部等当前做什么、具体怎么做、下步做什么。五是讲身边故事。宣传各单位在绩效管理工作过程中涌现出的感人事迹、立足岗位作奉献的先进典型,讲述干部与组织共成长的真实故事,以及各级领导干部、考核者与被考核者的苦乐经历、酸甜体会,进一步提振干事创业的精气神。六是讲改进方向。在广泛征求基层意见建议基础上,宣传各级各部门进一步做好绩效管理和工作的努力方向、具体要求、改进措施等,引导系统上下在持续改进中推动绩效管理工作不断完善、取得更大成效。

在具体宣讲中,一方面运用 H5、美篇、短视频等方式,加强对绩效管理制度的日常宣传,促进入眼入脑入心;另一方面编写出版《税务绩效管理操作指南》、编印《中国税务绩效管理》宣传图册、拍摄《抓好班子促落实》《担当政治责任 打造税务铁军》等宣传片,在税务总局门户网站绩效管理专栏和绩效管理信息系统设置"学习园地""绩效动态""经验交流""文化之窗"等栏目,在《中国税务报》开设"绩效文化"栏目,积极推介各单位好的经验做法,制作推出《税务绩效管理的组织、计划及运转》《税务绩效管理》《税务绩效管理的指标要素和编制程序》等多部电子书,引导干部自主学、常态学,持续深化绩效认同。

同时,既在内容上有重点,又在时间上抓关键。比如,2017 年,税务绩效管理已实施三年,虽然初见成效,但也到了"人到半山路更陡"的重要阶段,如何乘势而上让绩效管理制度更牢固地扎下根来显得尤为迫切。为此,税务总局绩效办适时组织编写一套丛书,突出对绩效管理制度的宣传解读,以强化各级税务机关及有关部门作为管理者的责任为重点,以培育广大税务干部绩效管理理念和行为方式为基础,以营造激发活力、增强动力、"人人向上共树税务形象"浓厚氛围为依托,形成税务绩效管理"小百科全书"。比如,《每个人的绩效:税务绩效管理全员应知应会手册》,从"是什么"的角度,侧重于普及全员应知应会内容,为绩效管理抓班子、带队伍奠定基础;《管理者做什么:税务绩效管理领导组织推进手册》,从"做什么"的角度,侧重于介绍组织推进具体内容,为抓班子、带队伍提供指引。

2. 讲清绩效规定

按照绩效管理制度每完善一版,印发后随即在一定范围开展视频培训,再由各地结合实际逐级培训的安排,一级给一级讲,促进下级吃透上级绩效规定的意图和具体要求。

线下培训紧贴税收改革发展和绩效管理推进不断更新内容。比如,2018 年重点培训国税地税征管体制改革专项绩效考评办法等内容;2019 年重点培训税务总局机关"实施减税降费"类指标考评方案,税务绩效管理实践发展和理论研究等内容;2020 年以来重点培训税务绩效管理成熟定型之路、理论与实践创新、国家社科基金重大委托项目研究的视角和方法等内容。

线上依托学习兴税平台开展日常化培训辅导,发布系列微课件,既讲中央有关绩效管理的新精神,也讲发展新形势和税务总局新要求,以进一步廓清认识、明确方向;既有历年版本的全面解读,也有围绕重点指标,比如,"正风肃纪""增值税专用发票电子化"指标的重点解读,以进一步使各级各部门和领导干部明确工作要求;既有对税务绩效管理的理论介绍,也有对指标编制、绩效运转的实务解读,并科学设置每门课程测试题目,促进提升培训实效,以进一步凝聚绩效共识,持续推进高质量的税务绩效管理。2020年至2022年,完善以"兴税讲堂"为牵引,以"微课堂""电子书""微动漫"等为补充的多层次、立体化培训形式,满足学习需求,累计参学38.2万人次。

3. 讲透绩效疑难

针对有关制度具体执行口径和基层税务部门以及税务干部关注事项和热点难点问题,通过制发解读稿、定期发布《绩效管理问答》或者"点对点"辅导,及时释疑解惑。

一是解读制度规则及指标体系。比如,2019年税务总局修订下发《全国税务系统绩效管理办法》后,从主要考虑、新的制度办法基本框架、修订完善的主要内容等方面对新办法进行解读。2021年税务总局下发数字人事"1+9"制度文件后,对组织绩效挂钩、个人绩效指标编制、领导评鉴等进行说明,帮助各单位更加深入准确了解有关内容。

二是讲解指标落实和操作要点。针对年度中间才能确定考评口径的指标,比如,12366工作效率、综合风险管理成效等,在有关工作部署确定后对考评口径作进一步明确。根据新的工作部署,将有关任务纳入指标考评,比如,2022年将增值税存量留抵退税工作纳入"落实减税降费及组织税费收入"指标考评,对此具体解读,确保考评顺利实施。

三是回应基层关注热点问题。对日常绩效运转中,各单位反映或提出疑问较为集中的问题进行统一解答。比如,在税务总局开展数字人事业务能力、领导胜任力"两测"之际,就有关测试大纲、题型、内容等问题作了集中解答。又如,税务总局在绩效管理工作调研后,发现基层在思想认识、具体操作等方面存在不足,影响了指标编制质量,因此将有关问题予以推送,请各地对照检查、整改提升。

4. 讲好绩效故事

绩效故事是对税务绩效管理实践历程的生动诠释,也是持续改进、深入推进税务绩效管理的鲜活教材。税务总局始终坚定对税务绩效管理的发展信心,围绕"人、事、情",讲好绩效故事、传递税务强音、凝聚人心力量,为高质量做好税务绩效管理工作,促进带好队伍展现新气象、干好税务开拓新局面营造了良好氛围。

一是讲鲜活的绩效人。从局领导到一般干部,从绩效"菜鸟"到业务"大咖",许多感人至深的绩效故事,为税务人树起了榜样、立起了标杆。比如,从蓝盔部队走来的陈国军,1992 年 12 月入伍,在部队先后两次赴刚果(金)执行国际维和任务、参加陕西汉中地区抗震救灾等重大任务,两次荣立个人二等功。2014 年转业到西安市税务局,第一个岗位就是绩效管理,他对照税务总局要求,对相关文件逐字逐句学习。凭着不服输的劲头,完成了从转业军人向税务新兵的转变,经过持续努力,迅速成长为绩效管理方面的行家里手,撰写的《打破考核"大锅饭"　深耕绩效"责任田"》材料获得上级好评;后因工作成绩突出,在 2019 年、2021 年被评为优秀公务员。又如,2020 年底,时任青海省税务局局长范扎根深刻认识到,"既要守业,更要创业,主动迎接新挑战、创造新业绩"。于是,他以绩效管理为抓手打出了一些"组合拳",聚焦短板和不足,狠抓基础性工作,尤其是针对纳税人满意度排名靠后这一软肋,和系统干部一起在科学配置资源、落实优惠政策、服务市场主体、改善营商环境上进行了积极探索,取得明显成效。

二是讲精彩的绩效事。以精彩的案例、活跃的理论启迪智慧,生动诠释税务绩效管理的丰富内涵。比如,宁夏回族自治区税务局针对宁夏区域小、机构少的特点,在绩效管理中推行"省直考县"模式,打破行政级别限制,按照业务可比性确定考评对象,将机构设置、管理层级、工作体量、业务特点等方面更具可比性的 2 个正处级税务局、5 个正科级税务局、13 个县(市)税务局和 8 个市辖区税务局放在一起考核,由同级别竞争变为同业务竞争,使考评结果更具可比性。同时,打破层级限制,对于落实重心在基层的组织税费收入、规范税务执法、提高征管质效等工作,专门设置考评指标,由逐级考评变为提级考评,使被考评单位的工作竞争由市域扩大至省域,引发"鲶鱼效应"。又如,黄山市徽州区税务局积极探索税务系统绩效管理与地方政府目标管理考核融合互促,创新推出"双考并轨"绩效管理模式,将地方政府目标管理考核奖金与绩效考评结果匹配运用,既打破了"干多干少都一样"思维定式,又解决了"考评指标重系统、轻地方""地方考核工作抓手有限、系统考评物质激励不足"等问题,在深层次上触动、激励干部队伍,实现了"一子落而满盘活"的效果。

三是讲热烈的绩效情。绩效真情赋能,税务实干出彩。通过讲述绩效情怀,使热烈的激情、深刻的思想、厚重的精神直抵人心,催人奋进。比如,无锡市税务局积极推进绩效管理特色项目,从 2018 年的"悦融·越效"绩效知识拓展竞赛,到 2019 年的"绩效与发展·未来说"论坛;从全员参与的绩效价值理念大讨论,到原创 MV《绩效快乐出发》。经过 3 年探索,"崇德尚绩、追求卓越"的绩效理念和"悦融·越效"的绩效文化品牌在无锡税务系统渐入人心。获得奋"绩"攻坚奖的征收管理科科长蒋震宇说:"机构改革以来,我们接续打赢了一场又一场硬仗,靠的就是把绩效贯穿工作全过程,从上至下同推进、同部署、同落实。"又如,从基层税务局遴选到税务总局所得税司的李宜航说:"从一名刚走出象牙塔的懵懂少年,到一名为纳税人服务的基层税务'小兵',再到税务总局机关的工作人员,年龄在变,角色在变,视野在变,唯一没变的是陪伴在身边、融入内心中的绩效管理。"山西霍州市税务局干部郭旦旦在诗里写道:"我们以税务绩效的担当,无悔一路走来,奔向继往开来。来吧,融合税务铁军的力量,冲锋在兴税征程中。"

(三)持续深化制度执行

税务总局研究制定绩效管理制度,坚持广泛征求意见、反复打磨完善,一旦确定下来,则严格执行,坚决不打折扣、不搞变通。通过各级领导带动执行、嵌入流程撬动执行、督导跟进推动执行,以"吆喝百遍不如较真一次"的鲜明态度,维护绩效管理制度的权威性,促进制度遵从。

1. 各级领导带动执行

习近平总书记指出,"各级党委和政府以及领导干部要切实增强制度意识,带头维护制度权威,做制度执行的表率,确保党和国家重大决策部署、重大工作安排都按制度要求落到实处"①。税务绩效管理首先是"抓班子",让各级领导干部切实负起责任,带动全体税务干部担当作为,关键是推动各级领导干部以身作则、动真碰硬。

在全国税务工作会议、全国税务系统绩效管理推进会上,税务总局主要领导动员讲话、分管领导部署安排,各司局、各省税务局主要负责人代表交流心得体会和经验做法,强调上下贯通的执行意识。同时,将绩效管理内容纳入全国税务系统厅局级"一把手"培训班课程以及各级领导干部培训班必修课,促进深入掌握制度要求。此外,通过创办《绩效动态》专刊,开设"绩效管理:知与行"栏目,刊登各司局、各省税务局主要负责人署名文章,从"认知"谈体会和"躬行"讲经验两个角度,交流各级各部门推进绩效管理的所思所做,撬动各级领导干部清清楚楚知悉制度、仔仔细细研究制度、明明白白执行制度。

在税务绩效管理运行过程中,年初编制绩效指标时,领导干部亲自研究工作重点,找准难点、痛点和堵点,对抓什么、考什么、怎么抓、怎么考做到心中有数,并广泛征求意见建议,实现民主决策。年中推动指标执行时,领导干部带头对工作进展和绩效考评情况开展讲评,既讲出工作落实中存在的问题、又讲出问题形成的原因,既评出持续改进的压力、又评出比学赶超的动力。年底进行考评收官时,领导干部牵头总结全年绩效考评情况,将当年绩效考评报告与

---

① 《习近平谈治国理政》第三卷,外文出版社2020年版,第128页。

下一年绩效考评指标一并提交年度工作会议审议,一方面通过广泛讨论进行"对账式"完善,另一方面通过凝聚共识形成"契约式"任务,首尾相顾、前后接续,为新一年工作顺利推进奠定更加坚实的基础。

同时,在组织绩效指标体系中设置"领导考评"指标并赋予较高分值权重,进一步强化领导带头抓绩效管理制度落地的责任。比如,在税务总局层面,由税务总局领导从全面从严治党、重点任务落实、工作质效和队伍形象等方面对各司局、省税务局、驻各地特派办和副省级城市税务局进行测评打分;同时将税务总局领导的肯定性和批评性批示纳入考评,分别予以加减分,通过以上率下、层层示范,推动各级领导班子把责任担当好、把措施落实好、把制度完善好、把氛围营造好,持续推进税收事业健康发展。

2. 嵌入流程撬动执行

坚持流程再造、环环相扣的运行理念,依托信息化技术,将绩效考评嵌入税收主责主业,以"必经环节"确保制度"不执行不行"。比如,以纳税人缴费人税费数据"一户式"集成为基础,将绩效考评作为业务流和工作流的最后一个环节,进一步统筹风险发现、风险推送、风险应对、工作改进,打造横向上每个环节都"事有人干、干有人督、督有人考、考有人用"的管理闭环,促进实现风险该发现没发现有人管、发现后没及时推送有人管、推送后没及时处置有人管、处置后没及时改进有人管"四个有人管"。

一是着眼推动实现"风险该发现没发现有人管"固化绩效执行。对纳税人发票领用、发票开具、发票抵扣、风险处置等发票全业务流程的关键环节、关键事项,研究设置3项机考指标,力求实现对上述工作全链条跟踪,推动各级税务机关加强对纳税人开票、受票的全过程管理,自动监控风险,及时发现漏洞,解决管票和管企业脱节的问题。比如,对纳税人票种核定环节,设置了"新办纳税人首次核定增值税电子专用发票票种合规率"指标(即:首次申领增值税电子专用发票的新办纳税人,核定增值税电子专用发票最高开票限额应不超过 10 万元,每月领用纸质增值税专用发票和增值税电子专用发票的合计份数应不超过 25 份),通过指标自动化运行和绩效考评,有利于动态发现相关问题并督促整改落实。

二是着眼推动实现"风险发现后没及时推送有人管"固化绩效执行。基于"一户式"统一任务管理功能,根据工作类型、专业分工、区域划分等不同维度,研究设置 6 项机考指标,力求动态考评重点工作任务精细化推送和办理进程,推动督察内审、绩效考评、纪检监督等部门加强沟通协作,解决主管税务机关内部管理部门脱节问题。比如,针对"快反任务应对"环节设置"快反任务推送及时率""快反任务推送准确率"指标,对指标运行发现逾期未推送或推送不科学的问题进行绩效扣分,并反馈至有关业务部门和督审部门进行逾期提醒和责任追查。

三是着眼推动实现"风险推送后没及时处置有人管"绩效固化执行。依托"一户式"应用流程操作日志全程留痕,结合发票数据、风险应对数据,研究设置 4 项机考指标,力求通过考评逐级推送风险应对快反任务,推动落实发票管理与内部督察实时互动机制,加强对风险应对任务的质效监控,解决主管税务机关和上级税务机关脱节的问题。比如,在"发票抵扣"环节设置"异常凭证按期处置率"指标,自动化考评接收方主管税务机关及时有效处置异常凭证的情况,既推动业务主责部门落实异常凭证按期处置工作,又促使督察内审部门建立风险应对督查内控机制,强化内部监督,防范廉政风险。

四是着眼推动实现"风险处置后没及时改进有人管"固化绩效执行。基于"一户式"信息归集,研究设置 4 项机考指标,考评任务处置的质效和整改落实情况,推动税务机关依托纳税人开票、受票信息,分析处置相关任务并改进工作,解决开、受票企业和主管税务机关脱节的问题。比如,"风险处置"环节,设置"电子专用发票管理质效"指标,由取得疑点发票和异常凭证的受票方税务机关按规定及时处置并上报疑点发票和异常凭证处置情况及建议,同时,通过异地协查系统反馈给开票方主管税务机关,推动开票方税务机关相关部门,主动开展案头分析、排查风险,并适时开展税务约谈、实地核查。

3. 督导跟进推动执行

税务总局按照"抓省局、带市局、促县局"的思路,针对绩效管理可能存在"上热、中温、下凉"和"沙滩流水不到头"的问题,将日常抽查督导贯穿全过程各环节,结合实地调研督导抓重点事项,促使各级税务机关进一步强化制度刚性,压实工作责任,促进制度落地生效。

一是抽查督导指标编制。税务总局每年至少组织 1 次对省、市、县三级税务局绩效指标编制质量抽查工作,总结提炼经验、查找问题不足,进一步提升各级税务机关绩效指标质量。抽查工作主要依托绩效管理信息系统开展,采取随机抽选的方式确定检查对象。为提升抽查工作质量,组成专项工作组,对抽查内容的重点、查找问题的口径等进行集中讨论,明确考评框架、考评规则、考评指标、上级指标承接分解等检查维度(见表 4-1),确保摸清实情、找准问题。

表 4-1　税务总局绩效指标及考评规则抽查底稿

单位		层级	省(市、县)
项目	类型	说明	
考评框架	1. 系统+机关(共性+个性) 2. 系统+机关(共性+规则) 3. 系统+机关(规则+任务承接表) 4. 不考评内设机构		

项目	类型	说明
考评规则	总体导向	1. 加分为主 2. 减分为主 3. 加减均衡
	承接上级指标方式	1. 按排名 2. 按分值 3. 按排名+分值 选定类型后,请简要说明。
	不同单位差异化考评 (多选)	1. 分序列考评 2. 设置权重系数 3. 特别加分事项 4. 减半计分(测评) 5. 其他 选定类型后,请简要说明。如:对省税务局处室分业务处室和行政处室两个序列进行考评。
	促进考评结果差异方式	1. 考出分差加分(正向激励) 2. 未考出分差减分(反向约束) 3. 无相关规则
考评指标	系统指标考评分制	1. 千分制 2. 百分制 3. 其他 若为"其他",请简单说明。
	系统指标数量	
	系统指标计分方式(多选)	1. 量化计分法 2. 直接扣分法 3. 基准加减法 4. 分档计分法 5. 其他
	系统指标量化分值占比	
	领导批示等加分事项是否在指标分制内考评	1. 是 2. 否
上级指标承接分解	指标名称	机关承接,延伸考评。
	...	

续表

单位		层级	省(市、县)
	项目		问题描述
指标存在问题	考评标准规范性方面		1. 指标要素是否完整规范; 2. 是否存在层层加码(重点查看目标值为100%指标); 3. 是否存在机械照搬照抄上级指标; 4. 其他。 以上为重点检查内容,请具体表述指标及问题。如考评市税务局"××"指标存在××问题。请对有关指标进行标记,以便后期查看。下同。
	指标分值规范性方面		1. 是否存在考点分值合计与指标分值不一致; 2. 指标单项分值是否畸高畸低,与工作内容不匹配; 3. 指标分值与扣分颗粒度匹配是否合理; 4. 其他。
	综合性指标分解方面		1. 是否存在综合性指标由单一部门承接; 2. 是否存在因上级量化指标没有获得加分而对相应部门考评扣分; 3. 其他。
	其他方面		
抽查规则:1. 省税务局、省会城市、行政序列最后的设区市、每个市抽一县。2. 直辖市、计划单列市抽行政序列第1和最后的单位。			

从抽查情况看,省、市、县税务局与税务总局在指标框架、指标内容、分制设定、考评方式等考评要素方面保持较高的一致性,同时因地制宜采取了一些创新方式,对综合性指标的承接分解更加细化。但也存在指标要素不完整不规范、考评标准层层加码或者照搬照抄上级指标等问题。税务总局对抽查发现问题均进行了通报,对属于税务总局反复强调且严重影响考评工作顺利开展的问题按照考评标准予以扣分,对属于指标要素虽然完备、符合逻辑,但具体考评标准不尽合理、需进一步研究完善的问题,向有关单位"一对一"推送。

二是抽查督导考评实施。为促进各省税务局考严考实,税务总局通过绩效管理信息系统,对"省考市""市考县"情况,从考评及时性、考评差异性和扣分原因录入质量三个方面开展抽查(见表4-2)。其中,"考评及时性"主要指是否按照规定的时间开展考评;"考评差异性"主要查看被考评单位指标得分是否拉开差距;"扣分原因录入质量"主要查看是否录入扣分原因,阐明被考评单位存在的问题。

表4-2　省、市税务局绩效考评情况抽查记录表

被抽查单位	对下考评指标总数量	已考评指标数量	已考评指标占比	扣分指标数量	扣分指标占比	指标考评最大分差	加减分考评最大分差	评分原因录入情况

从抽查情况看,在考评及时性方面,被抽查单位均按时对下开展考评,确保重点工作如期推进。在考评差异性方面,绝大部分单位本着"无差异无管理"的原则,以发现问题、改进工作为出发点实施考评,考评分差逐年加大。但也发现个别单位没有拉开考评差异。在扣分原因录入质量方面,绝大部分单位在指标扣分后均能按要求录入指标各考点的评分原因、分值及被扣分单位存在的具体问题。被考评单位可详细了解工作中存在问题及与优秀单位的差距。

三是抽查督导结果运用。税务总局党委从2015年起正式运用绩效考评结果,为促进这一制度真正落实,连续对2015年、2016年、2017年绩效考评结果运用情况进行专项抽查督导。重点查看省税务局党委是否重视绩效考评结果运用工作,建立健全绩效考评与结果运用同部署、同推进、同落实的工作机制;是否在开展干部任用、年度考核、评先评优等工作时落实各项结果运用措施等。同时,根据抽查督导情况对税务总局结果运用办法进行修订完善,各省税务局及时研究完善本单位办法或作出补充规定,比如,有的省税务局细化制定《绩效考评结果跟踪问效办法》,建立批评问责、个人问责、分析整改三项机

制,压实制度落实责任。

（四）持续加强制度评估

税务总局坚持问题导向,结合各级税务机关绩效管理运行情况,开展跟踪评估问效,既实行"以下评上",又采取"以外评内",深入查找制度执行中的堵点、难点问题,有的放矢予以改进,确保绩效管理制度不断优化、执行顺畅。

1. 全面检视评估

根据绩效管理推进情况,尤其在"爬坡过坎"的关键阶段,针对基层反映的问题,进行全面检视。比如,2017 年,税务总局绩效办在各类会议和培训班征求意见的基础上,又 5 次发函向全国税务系统广泛征集问题建议,经过认真细致梳理,归集为"制度规则""指标编制""考评实施""结果运用""运转保障"5 个方面,并按照解决一批、回应一批、改进一批"三个一批",将问题建议归集为"即办""答疑""储备"三类,研究提出改进的细化措施或作出解释说明(见表 4-3、表 4-4、表 4-5)。其中:对即办类问题,就每一具体事项立即制定改进措施。对答疑类问题, 编写《绩效管理问答》予以回应。对个性化问

表 4-3　绩效管理问题建议"即办"类汇总表

类别	序号	问题建议	提出单位	税务总局绩效办意见
制度规则方面	1	机关部门间绩效考评成绩存在一定程度的不可比性,承接上级指标越多的部门,被扣分的可能性越大。	原河北、河南、湖北、安徽、四川等 12 个省国税局,原河南、山西、湖北、四川等 10 个省地税局。	1. 督促各省税务局按照绩效管理 5.0 版考评规则要求,在分解涉及全局性、综合性工作的考评指标时,应合理确定牵头和配合部门的责任,不能简单压给对口处室;在上级考评指标产生扣分时,要根据承接部门的责任实事求是计扣相关处室分数。 2. 组织对各省税务局上半年绩效考评情况进行督导检查,对未合理区分和落实指标考评责任的单位,纳入"绩效管理"指标进行考评。
			……	

续表

类别	序号	问题建议	提出单位	税务总局绩效办意见
指标编制方面	1	建议建立绩效指标定期调整机制,确保绩效指标能够有出有进。同时,要保持绩效指标相对稳定,防止个别部门和领导通过发文、讲话随意增加绩效考评指标,维护绩效考评的严肃性和稳定性。	原山西、广西、深圳3个省国税局,青岛地税局。	1. 对绩效指标和考评情况进行全面评估,对于不按考评标准考评的司局,将纳入"绩效管理"指标进行考评。 2. 进一步严格指标调整程序,年度中间原则上不对绩效指标完成时间和考评标准进行调整,因不可控原因确需调整的,由相关司局提出申请,绩效办审核提出意见后,报税务总局分管领导和主要领导审定。
		......		
考评实施方面	1	严格按照考评标准实施考评,防止直接扣分法指标出现"微扣分""零扣分"现象;同时,详细反馈具体的扣分原因,指导帮助被扣分单位改进,避免"只考不管"现象。	原辽宁、江苏、湖南等15个省国税局,原辽宁、吉林、湖北等11个省地税局。	1. 强化"考评考评者"工作机制,对按照直接扣分法考评的指标,税务总局将加大对考评结果的核查力度。对未按标准扣分的,按照考评标准调整。同时,对未履行考评职责的司局纳入"绩效管理"指标的考评。 2. 结合绩效指标考评情况进行评估,对扣分原因不明确,改进措施不具体的,督促考评司局强化改进。
		......		
结果运用方面	1	绩效结果运用范围目前较窄,且比较偏向惩罚,激励作用有限,难以调动干部积极性。建议税务总局拓宽奖励渠道,如对年度考评结果增加"进步奖"。	原北京、浙江、广东等26个省国税局,原天津、重庆、内蒙古等22个省地税局。	1. 通报2017年绩效考评结果时,优化改进表扬方式。 2. 结合绩效管理5.0版结果运用情况,进一步研究修订完善《国家税务总局绩效考评结果运用办法》。 3. 基层单位按照"统一领导、分级管理"的原则,可结合实际,创造性开展工作,形成既符合总体要求、又契合基层实际的绩效结果运用方法。
		......		

续表

类别	序号	问题建议	提出单位	税务总局绩效办意见
运转保障方面	1	建议税务总局在组织绩效培训时,扩大基层单位参与范围。同时,抽调绩效管理骨干讲解绩效管理工作中出现的难点、热点问题,并录制视频分发至全系统。	原海南、天津、甘肃3个省国税局,原广东、四川、河北等8个省地税局。	1. 重点针对基层单位,组织开展一次绩效管理业务培训。 2. 组织绩效管理业务骨干录制讲课视频,讲解绩效管理工作中出现的难点、热点问题。 3. 在制定年度绩效管理业务培训计划时,将进一步向市、县税务局倾斜。
		......		

题,逐一进行反馈,加强沟通辅导。对储备类事项,在编制下一年度新的版本时,进一步开展调研论证,提出改进措施,予以升级优化。

表4-4 绩效管理问题建议"答疑"类汇总表

类别	序号	问题建议	提出单位	税务总局绩效办意见
指标编制方面	1	共同完成的工作获得加分,税务总局仅对单一主体进行加分,不利于调动合作的积极性。建议对于合作完成的事项,由牵头单位确认后对参与单位分别按照不高于该事项最高分数的分值,分别予以加分。	规划核算司	为保证加减分项目考评的规范性,绩效管理5.0版考评规则规定,对于表扬性批示和批评性批示同时涉及税务总局机关司局和省税务局多个单位的,根据工作事项责任主体一次性确定加减分单位。
		......		

续表

类别	序号	问题建议	提出单位	税务总局绩效办意见
考评实施方面	1	目前的绩效管理有点太硬了,只要出现问题就扣分,建议视不同情况予以扣分,如果出现错误造成严重后果则扣分(如保密管理工作),如果出现问题立即整改或者未造成严重后果,最好给一次机会,让绩效管理更有一些"温度"。	原新疆国税局	1. 绩效管理是"抓班子、促落实"的重要抓手。为确保各级税务机关全年重点工作顺利推进,税务总局年初根据党中央、国务院决策部署等编制了 5.0 版绩效考评指标,并对每一项指标的考评标准进行明确,同时详细编写了指标标准细则,从时间进度、完成质量等维度提出明确的考评标准,对严格按照以上标准开展工作的不予扣分,对出现问题的按标准扣分。 2. 绩效管理 5.0 版进一步建立健全了容错机制,比如:在对省税务局绩效考评加减分项目中,被税务总局督察内审司出具的税收执法意见书、内部审计报告中指出问题以及税务总局巡视、督查发现问题,属省税务局责任的,暂不予以扣分;如果未按要求整改到位的,才按项次减 0.1 分。
		......		
结果运用方面	1	由于税务部门在地方政府考评结果与税务总局考评结果不一致,将给税务部门特别是地税部门在地方工作开展造成被动。建议税务总局在向地方党政通报绩效考评结果时,设定成绩通报的下限,如总成绩低于千分制的90%或者80%再向地方政府通报。	原贵州地税局	1. 为了有效发挥绩效管理"抓班子、促落实"的推动作用,促进各单位持续创先争优,在考评结果运用方面,对于年度绩效考评位于"第1段"的省税务局,在税务系统予以通报表扬;对于连续两年均排名末两位的省税务局,由税务总局党组出具书面意见,向省委省政府通报其在税务系统绩效考评情况。 2.2016 年、2017 年,税务总局均严格按照结果运用办法有关规定对 2015 年、2016 年的绩效考评结果进行了运用。
		......		

表 4-5　绩效管理问题建议"储备"类汇总表

类别	序号	问题建议	提出单位	税务总局绩效办意见
指标编制方面	1	建议税务总局将分档考评设置为 3 段,只规定不超过 40%的单位为"第 1 段"。	原山西、贵州国税局	结合绩效管理 5.0 版运行情况,在研究制定 2018 年绩效指标及考评规则时进一步统筹考虑。
		……		
考评实施方面	1	建议取消半年考评的分档指标,进行年底一次性考评,更利于更全面、系统地评价工作开展情况。	督察内审司	结合绩效管理 5.0 版运行情况,在研究制定 2018 年绩效指标及考评规则时进一步统筹考虑。
		……		

2. 指标质量评估

指标编制是否科学是做好绩效考评的前提。税务总局绩效办通过绩效管理信息系统采取无记名的方式,从科学性、关键性、严密性、创新性和有效性 5 个方面设置 20 项内容,对绩效指标编制情况进行测评。每一项的评价标准分为非常满意、满意、基本满意、不满意、非常不满意 5 个档次。

以 2020 年版为例,测评对象为各省税务局局领导班子全体成员、全体处长,以及部分处级以下干部,实际参与测评人数 5001 人。从测评结果来看,各省税务局对税务总局绩效指标编制情况总体持肯定态度。其中,对于"指标编制情况",20 道测评题目的满意度[满意度 =(非常满意票数+满意票数)÷总票数]为 96.31%(总票数为 5001×20 = 100020 票,选择"非常满意"的 82172 票,占 82.16%;选择"满意"的 14151 票,占 14.15%;选择"基本满意"的 3305 票,占 3.3%;选择"不满意"的 351 票,占 0.35%;选择"非常不满意"的 41 票,占 0.04%)。

具体来看,在绩效指标编制情况测评的五个维度中,科学性的满意度为

96.31%；关键性的满意度为 96.33%；严密性的满意度为 96.11%；创新性的满意度为 96.44%；有效性的满意度为 96.61%。

一是"科学性"方面。选择"非常满意"的，占 82.27%；选择"满意"的，占 14.05%；选择"基本满意"的，占 3.35%；选择"不满意"的，占 0.29%；选择"非常不满意"的，占 0.04%（见图 4-3）。

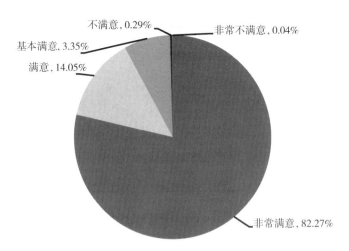

图 4-3　"科学性"评价结果

具体到每一项内容，96.96%①的测评人员认为"绩效指标和考评规则逐年在改进，已基本成熟定型"，96.9%的测评人员认为"绩效指标框架实行的'4+4+4+N'模式能够相对稳定，符合当前绩效管理工作需要"，96.6%的测评人员认为"绩效指标可衡量、可考评，数据来源可获取、客观有效"，95.94%的测评人员认为"绩效指标设定的目标值比较符合工作实际，能够体现'跳一跳够得着'"，95.14%的测评人员认为"绩效指标考评方式比较科学合理，能够促进考评客观公正并考出差异"。

二是"关键性"方面。选择"非常满意"的人员占 82.57%，选择"满意"的

---

① 数据计算公式为：该题目选择"非常满意"和"满意"两档人员占总参评人员的数量比例。

人员占 13.76%,选择"基本满意"的人员占 3.23%,选择"不满意"的人员占 0.36%,选择"非常不满意"的人员占 0.08%(见图 4-4)。

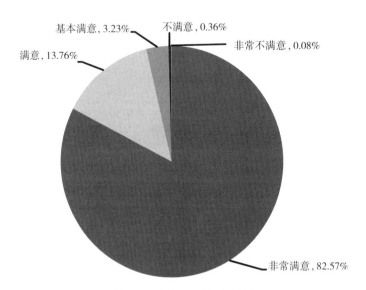

图 4-4 "关键性"评价结果

具体到每一项内容,97.46%的测评人员认为"绩效指标能够抓住关键,与税收重点工作衔接融合度较高",96.78%的测评人员认为"绩效指标考评内容导向性较强,能够引导系统上下抓好重点工作落实",94.76%的测评人员认为"绩效指标考评内容符合为基层减负的要求"。

三是"严密性"方面。选择"非常满意"的人员占 81.83%,选择"满意"的人员占 14.29%,选择"基本满意"的人员占 3.47%,选择"不满意"的人员占 0.38%,选择"非常不满意"的人员占 0.03%(见图 4-5)。

具体到每一项内容,96.34%的测评人员认为"绩效指标与绩效管理办法及考评规则逻辑严密、内容匹配",96.14%的测评人员认为"绩效考评规则针对性、可操作性较强",96.12%的测评人员认为"绩效指标分值权重与所考评工作的重要性、难易程度等比较匹配",95.84%的测评人员认为"绩效指标考点、分值、扣分颗粒度和考评方式等各要素比较合理匹配、环环相扣"。

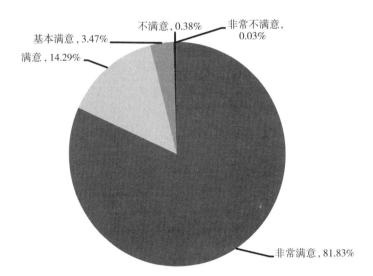

图4-5　"严密性"评价结果

四是"创新性"方面。选择"非常满意"的人员占 81.95%,选择"满意"的人员占 14.36%,选择"基本满意"的人员占 3.23%,选择"不满意"的人员占 0.44%,选择"非常不满意"的人员占 0.02%(见图4-6)。

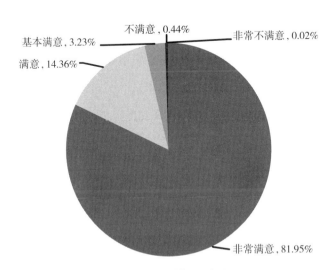

图4-6　"创新性"评价结果

　　具体到每一项内容,96.98%的测评人员认为"优化量化指标考评方式,比如,设置基准值基准分、'横向+纵向'双维度考评等",96.74%的测评人员认为"'既定目标+动态调整'指标编制调整机制符合实际工作需要,确保重点工作全覆盖",96.34%的测评人员认为"将容错理念引入绩效指标,调动被考评单位工作主动性和积极性",96.16%的测评人员认为"进一步强化绩效办随机抽样考评机制,促进考严考实",95.96%的测评人员认为"绩效指标运行存在的突出问题得到基本解决"。

　　五是"有效性"方面。选择"非常满意"的人员占 82.36%,选择"满意"的人员占 14.15%,选择"基本满意"的人员占 3.21%,选择"不满意"的人员占0.25%,选择"非常不满意"的人员占 0.03%(见图 4-7)。

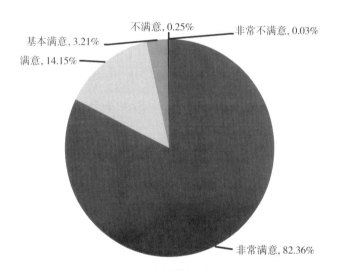

图 4-7　"有效性"评价结果

　　具体到每一项内容,97.36%的测评人员认为"确保税收重点工作任务落实落地",96.86%的测评人员认为"发挥绩效管理抓班子、促落实,推动高质量发展的积极作用",95.30%的测评人员认为"促进广大税务干部向上向善"。

3. 考评质量评估

考评质量是绩效管理的肯綮所在。税务总局通过绩效管理信息系统采取无记名的方式,从规范度、公正度、透明度、差异度和认可度 5 个方面设置 10 项内容,对绩效考评情况进行测评。每一项的评价标准分为非常满意、满意、基本满意、不满意、非常不满意 5 个档次。

从对 2020 年版绩效考评满意度测评情况来看,总体上各省税务局对税务总局绩效考评情况持肯定态度。对于"绩效考评情况",10 道测评题目的满意度为 91.97%(总票数为 5001×10＝50010 票,选择"非常满意"的 39176 票,占 78.34%;选择"满意"的 6816 票,占 13.63%;选择"基本满意"的 3791 票,占 7.58%;选择"不满意"的 192 票,占 0.38%;选择"非常不满意"的 35 票,占 0.07%)。其中,在绩效考评情况测评的五个维度中,规范度的满意度为 92.51%;公正度的满意度为 91.84%;透明度的满意度为 92.6%;差异度的满意度为 90.79%;认可度的满意度为 92%。

一是"规范度"方面。选择"非常满意"的人员占 79.13%,选择"满意"的人员占 13.38%,选择"基本满意"的人员占 7.22%,选择"不满意"的人员占 0.27%,选择"非常不满意"的为 0 票(见图 4-8)。

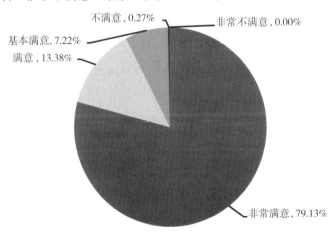

图 4-8　"规范度"评价结果

具体到每一项内容,92.60%的测评人员认为"绩效考评工作避免多头考评,不存在不应报送资料报表而要求报送的情形",92.42%的测评人员认为"考评程序严谨规范,流程便捷实用"。

二是"公正度"方面。选择"非常满意"的人员占78.57%,选择"满意"的人员占13.47%,选择"基本满意"的人员占7.53%,选择"不满意"的人员占0.37%,选择"非常不满意"的人员占0.06%(见图4-9)。

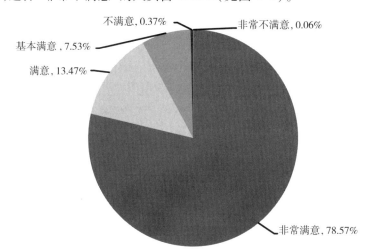

图4-9 "公正度"评价结果

具体到每一项内容,92.62%的测评人员认为"绩效办考评职责履行到位,考评起到严格把关的作用",91.06%的测评人员认为"绩效考评工作严肃认真、公正公平,对所有单位'一碗水端平'"。

三是"透明度"。选择"非常满意"的人员占78.93%,选择"满意"的人员占13.67%,选择"基本满意"的人员占7.13%,选择"不满意"的人员占0.22%,选择"非常不满意"的人员占0.05%(见图4-10)。

具体到每一项内容,92.72%的测评人员认为"按期发布考评成绩信息",92.48%的测评人员认为"考评与被考评单位保持信息畅通"。

四是"差异度"方面。选择"非常满意"的人员占77.11%,选择"满意"的人员占13.66%,选择"基本满意"的人员占8.40%,选择"不满意"的人员占

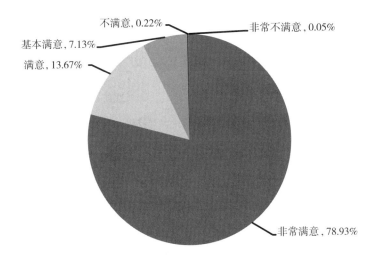

图 4-10　"透明度"评价结果

0.69%,选择"非常不满意"的人员占 0.14%(见图 4-11)。

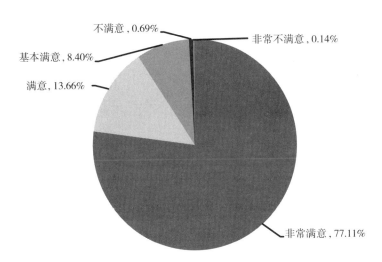

图 4-11　"差异度"评价结果

　　具体到每一项内容,91.46%的测评人员认为"考评结果不存在畸高畸低的现象",90.12%的测评人员认为"考评结果差异可比较,反映被考评单位的工作实绩"。

　　五是"认可度"方面。选择"非常满意"的人员占 77.92%,选择"满意的"

人员占 13.98%,选择"基本满意"的人员占 7.63%,选择"不满意"的人员占 0.37%,选择"非常不满意"的人员占 0.10%(见图 4-12)。

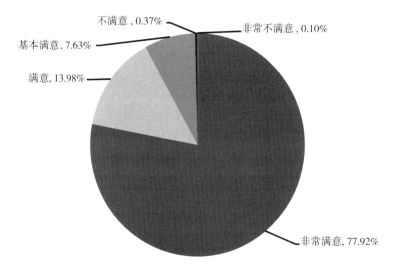

图 4-12 "认可度"评价结果

具体到每一项内容,92.66%的测评人员认为"考评沟通反馈及时有效",91.34%的测评人员认为"考评结果考到实处"。

三、强化技术支撑

技术变革是指在管理过程中,使用新技术创新优化管理流程的行为。当前的政府绩效技术变革实际上是一种数字化转型,需要构建能力建设、应用、回溯分析、迭代升级的闭环。在新的流程、新的系统要部署的时候,要做好岗位设置和技能培训,使得这个过程更加顺利。① 管理技术手段的科学化,主要体现在政府绩效评估技术方法的设计和完善。只有通过科学的制度设计和管

① 武艳军:《谈谈数字化转型中的变革管理》,2021 年 7 月 18 日,见 https://zhuanlan.zhihu.com/p/390724407。

理技术手段的完善,才能为中国政府绩效管理的科学化发展提供不竭的动力。①

税务绩效管理推行以来,高度重视信息技术支撑,依托金税工程建设,专门开发运行绩效管理信息系统,推动绩效管理信息系统与税收管理服务、决策分析、内控监督、统计核算等业务系统的互联互通,加大"机生机汇机考"力度,为提升绩效管理水平赋能。

(一)绩效管理与金税工程建设互促共进

2013 年,习近平总书记在北京中关村以实施创新驱动发展战略为题,主持十八届中共中央政治局第九次集体学习,指出要用好国家科技重大专项和重大工程等抓手,集中力量抢占制高点。税务总局党委认真学习贯彻习近平总书记重要指示精神,结合税务系统实际,进一步明确金税工程建设在整个税收事业发展中的重要定位,将其作为打基础、利长远的重大工程抓紧抓好。

1. 金税工程建设支撑绩效管理实践

在税务信息化加速推进的过程中,税收管理服务、决策分析、内控监督、统计核算等业务系统不断优化完善,数字化、智能化水平日益提升,有赖于此,开发运行绩效管理信息系统,并依托金税工程建设提升绩效管理信息化水平,与相关业务系统互联互通,使绩效管理有数据可取、有痕迹可查,加大"机生机汇机考"力度,为提升绩效管理水平提供可靠的技术支撑。

2. 绩效管理助力推进金税工程建设

2015 年税务总局推出《互联网+税务行动计划》,2016 年全面上线并平稳运行金税三期核心应用系统,使国税局、地税局由应用不同版本软件向统一信

---

① 负杰:《中国政府绩效管理 40 年:路径、模式与趋势》,《重庆社会科学》2018 年第 6 期。

息操作平台转变,使信息来源渠道缺乏、分散应用向信息共享和以税务总局为主、省税务局为辅的全国数据大集中转变,使办税软件分散向一体化纳税服务平台转变。2017 年以来,大力推进信息系统整合优化工作,圆满完成金税三期系统优化升级。

2018 年机构改革后,根据"分步前进、步步升级"的思路,稳步推进原国税、地税金税三期核心征管系统后台数据库"并库",彻底解决了两套信息系统分立的问题,初步构建起优化高效统一的税收征管信息化体系。同时,面对个人所得税改革这一全面、系统的税制模式再造,在金税三期个税征管系统基础上,建成自然人税收管理信息系统,搭建全国最大的政务专有云平台,组织开发个税手机 App,创新性推出申报表预填单服务,最大限度帮助纳税人以方便快捷的方式完成汇算清缴;面对社会保险费和非税收入划转工作重任,组织攻关、开发建设基于金税三期的社会保险费征管信息系统,采取"分步划、齐步接、稳步征"的策略,周密部署,稳慎操作,成功实现系统平台衔接稳妥、划转平稳顺利,此后又统一开发社会保险费标准版系统在 27 个省份上线应用,使社会保险费征收更加规范、统一。

2020 年,经过反复研究论证,提出将发票电子化改革作为金税四期建设的突破口,制定建设方案并获批立项。2021 年以来,按照中办、国办印发的《关于进一步深化税收征管改革的意见》部署,建成全国统一的电子发票服务平台,并于 2021 年 12 月 1 日顺利开出我国首张全面数字化的电子发票。在此基础上,试点上线全国统一规范的新一代电子税务局,基本建成金税四期"四梁八柱",初步显现数字化、智能化、场景化"代差式"升级特征。同时,积极推进涉税涉费数据"一户式""一人式""一局式""一员式"等智能汇集,搭建更优集成、更高效能的统计核算分析平台,打造指标更完备、标准更规范、核算更高效、分析更智能、方法更科学的中国税收新统计核算分析体系,为各级税务机关用好税收数据、打造拳头产品提供有力支撑。

通过绩效管理推进金税工程建设,将全面上线并平稳运行金税三期核心应用系统、信息系统整合优化、建成自然人税收管理信息系统、搭建全国最大的政务专有云平台、推进智慧税务建设等纳入绩效考评,促进各类业务系统不断优化完善,大大提升了税收管理服务数字化、智能化水平。

(二)健全绩效管理信息系统

绩效管理信息化的重点是工作流程的数字化改造。绩效管理信息系统功能模块按绩效管理运行流程机理设计(见图4-13),大体分为两个层次:第一层次是信息化功能,即将各类线下操作改为线上操作,以节约成本、提高效率,比如,人员资料的信息化,各类数据的录入、存储和查询,也包括指标考评的线上操作。第二层次是管理功能,首先是搭建起绩效工作的框架结构,实现大部分绩效任务的线上发起、推送、完成和评价考核,然后通过数据的提取和公式计算,定期汇总得出组织绩效和个人绩效成绩,并进行横向和纵向比对分析,据此进行初步的结果运用;在此基础上,综合运用大数据对组织绩效和个人绩效进行动态监控分析,实时反馈人员工作状态,预判或研判人员整体素质、能力画像(包括强项与短板)、岗位匹配度等。

税务总局通过自主开发运行绩效管理信息系统,实现贯通五级税务机构的"一张网、全覆盖",通过每年迭代升级,不断实现更精准地为各级各部门"画像",确保每项绩效指标考评都"实打实"。税务绩效管理信息系统基于PDCA循环,设计绩效计划、日常考评、监控分析、结果公布、绩效沟通以及系统管理等功能模块,并先后升级推出三个版本。1.0版是税务绩效管理信息系统的基础版本,重点把绩效管理案头的、人工的工作,转化为计算机操作。2.0版新增量化计分考评、机生机汇考评、360°测评、多维度分析报告等功能模块,充分满足税务绩效管理持续改进的需求。3.0版进一步优化智慧绩效管理功能,在"绩效计划"模块增加指标复核定责功能,优化指标流程设置、考评流程设置、被考评单位定责设置功能;在"考评打分"模块增加指标复核、成绩发布、指标从高计分、成绩批量导入等功能;在"查询分析"模块新增加减分

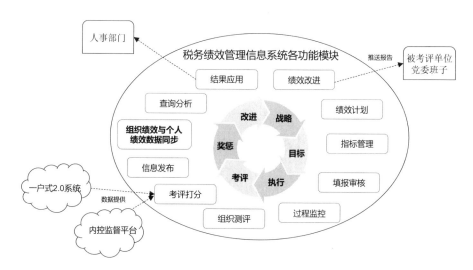

图 4-13 税务绩效管理信息系统功能模块关系示意图

统计表;在"绩效改进"模块新增优化绩效辅导报告相关功能;在"结果应用"模块新增考评结果维护、考评结果查询、数字人事信息推送功能。

1."绩效指标"模块

这一模块主要实现绩效计划功能,包括指标明细、指标调整。

指标明细。对指标的具体规定及完成情况进行展示,包括绩效内容、一级指标、二级指标、考评标准、考评周期、指标得分、工作监控、数据填报单位、考评单位定责信息、指标考评流程、被考评单位定责信息、填报审核流程,以及被考评单位的失分、排名和失分明细等信息。

指标调整。查看年度内各方案下指标总数量、分值的调整情况和年中指标的调整(新增、变更、删除)操作,并可下钻查看调整内容。

2."绩效考评"模块

主要包括成绩排名、指标考评明细、机考指标成绩、加减分明细。

成绩排名。对于本级各部门组织和个人绩效考评成绩的展示,包括个性指标、共性指标、加减分信息、全年指标合计、当期已考评合计等信息。具体包括全年指标总数、当期已考评情况、失分分值;加减分的项次、分值等。同时,可下拉查看每项指标的具体考评内容和考评结果。

指标考评明细。通过树状图方式查看各考点明细,组织绩效与个人绩效分别包括被考评单位和相关个人的具体分值、失分明细、成绩排名等。点击具体树状图节点,可下拉查看每项指标的具体考评内容和考评结果。

机考指标成绩。按时间范围展示已关联的机考指标成绩、排名等信息,并可下钻查看每项指标的具体考评内容和考评结果。

加减分明细。包括申报(提报)单位和个人,申报(提报)类型,加减分单位、类型、标准、理由,申报(提报)时间,审核单位、时间、意见、分值,最终生效分值和状态等,并可下钻查看细项内容。

3.“运行监控”模块

主要包括指标定责情况监控、考评情况监控。指标定责监控情况,指对各单位指标定责进度情况进行监控,包括被考评单位指标总数、已定责指标数量、未定责指标数量;考评情况监控,指对承担考评任务的单位开展考评情况进行监控,包括考评部门、应考评指标数量、实考评指标数、未考评指标数。监控功能均实现了对有关具体信息进行下钻查看。

4.“绩效分析”模块

主要按照纵向分析和横向分析两个维度设计。

纵向分析。通过设置对比单位、数据生成时间、具体指标项目等条件,实现对各个单位不同时间周期绩效考评的纵向对比分析,并形成分析图表。可对被考评单位、年份、指标总失分、加分总分值、减分总分值、合计分值、排名等数据,按不同月度、季度、半年、年度等维度展示。

横向分析。通过具体条件设置和查询分析,实现多个同级单位之间多领域的对比分析。展示内容包括被考评单位、减分、加分、失分、指标数量、总分、排名数据等,重点展示六大指标体系排名情况的"雷达图",纵轴为固定数值,横轴为月度、季度、半年、年度的数据折线图。可下钻查看每项指标的具体考评内容和考评结果。

5."增值应用"功能

主要包括在线民主测评、任务推送、调查问卷、在线考试等。比如,对"领导考评""协作配合度""干部满意度"等指标进行无记名在线测评,实时掌握测评进度,自动汇总计算最终结果。为保证测评的保密性,一旦提交测评结果,即无法再进行任何操作,更无法查询到测评结果,即使测评者本人在完成测评后也无法查询自己打分情况;同时,系统将在数据库后台即时删除测评人与测评结果的关联关系,只记录提交上来的测评分数及分数所对应的权重并即时计算,任何人无法查询测评人的测评信息。组织开展测评的绩效办仅拥有汇总计算成绩及对照进度督促测评的权限,确保测评的公平公正性。

在个人绩效管理信息化方面,按照干部信息"一员式"归集、税收业务"嵌入式"考核、结果数据"智能化"运用的要求,依托税务系统数字人事信息系统优化功能设计。一是完善基本功能。在平时考核中增设个人绩效模块,设置绩效指标编制、绩效执行、绩效评价、绩效反馈等功能,构建界面更加友好、操作更加简便、运行更加流畅的操作系统。二是推行可信身份。制定《税务信息系统机构和人员网络身份统一管理规范》,打造税务人端统一身份管理平台,确保税务人网络身份唯一性;对接岗位职责体系,形成人员、岗位职责、系统功能的数字化映射关系,统一信息系统用户和权限管理,为推进个人绩效奠定重要基础。三是探索自动化考评。将个人绩效管理模块与组织绩效、内控监督、税收征管业务等信息系统对接打通,自动采集绩效数据,努力实现个人绩效指标库关键指标的"机生机汇机考"。四是强化数据分析功能。丰富个人绩效指标和评价数据的分析功能,强化与组织绩效考评数据的关联分析,为更加客观公正地考核评价干部提供有力支撑。

（三）深化各个系统互联互通

习近平总书记指出："要打破'信息孤岛'、破除数据壁垒,加强数据有序共享,加快智慧社会、新型智慧城市建设,推进政务数据、行业数据、社会数据、企业数据等汇聚融合、合理利用,建立健全国家数据资源体系,增强宏观调控、市场监管、社会治理、公共服务的精准性和有效性。"[①]按照这一指示精神,结合税务系统实际,绩效管理信息化既集成自身数据,又拓展外部数据,推进系统互联互通,加强内外数据交互,争取最大限度发挥数据集成效应。

税务绩效管理信息系统通过系统接口设置,促进实现管理平台与其他系统的衔接,比如,内控平台、"一户式"2.0、数字人事等系统,外部的第三方评价、征信等系统。不断拓宽自动接收内外部数据的渠道,将绩效管理"内嵌"到各业务系统。推进绩效管理与相关信息系统有机融合、一体运行,不断提升"机生机汇机考"的自动化考评水平。

1. 直连取数

在指标标准明确的情况下,税务绩效管理信息系统采用直连数据接口的模式,由各类信息系统定期向绩效系统推送数据。以税务绩效管理信息系统与专票电子化"一户式"平台为例。专票电子化"一户式"平台在季度结束后次月10日,通过数据接口将各单位考评数据推送至绩效系统事先关联的指标,自动计算考评成绩,进入绩效办复核流程,由绩效办复核后发布。

2. 中间库取数

在指标标准不易明确或相关数据主要作为考评参考的情况下,税务绩效

---

① 《习近平关于网络强国论述摘编》,中央文献出版社2021年版,第138页。

管理信息系统采用从中间库提取数据的模式,由外部信息系统开发数据接口,绩效系统调用接口数据,抽取至中间库进行考评。以绩效系统与内控监督平台为例,内控监督平台建立中间库,每月 20 日将数据推送至中间库,绩效系统从中间库中提取数据,再由绩效管理系统推送至关联指标考评部门作为指标考评的重要参考依据。考评部门提出考评建议后,通过绩效管理系统反馈绩效办。

3. 数据推送

税务绩效管理信息系统也支持向外部信息系统推送数据。以绩效系统与数字人事系统为例,干部编制个人绩效指标时,按岗位职责对接组织绩效指标,按考点设置颗粒度,确定个人绩效指标,并在数字人事系统中记录其与组织绩效指标的对应关系。按照绩效指标的考评周期和具体考点,将考评结果和加减分原因推送到数字人事系统,将加减分情况对接到具体责任人。比如,按时完成最高开票限额审批是组织绩效指标,采用直接扣分法,对审批超期的,采取按次扣分处理。假设某省一季度有 5 名税务干部办理最高开票限额审批时存在超期问题,导致单位被扣组织绩效分,相关扣分情况会自动推送至数字人事系统,数字人事系统按照个人绩效考核计分标准对相关人员进行考核处理。

（四）推进绩效管理智能化升级

将人工考评难以实现的功能,通过机生机考的形式来实现。具体来讲,就是将大数据分析、人工智能、区块链等技术为代表的新兴信息手段,更多地应用于税务绩效管理的各个环节,实现对部门行政、业务、管理以及第三方数据的自动收集、整理、分析、考评、反馈。税务绩效管理信息系统借鉴大数据管理理念,围绕"机生机汇机考"进一步创新管理工具,不断强化对绩效指标的实时监控、自动计算、自动生成考评结果,加快推进税务绩效管理数字化转型。

1. 逐步提高量化机考水平

税务总局考评省税务局绩效指标经过多年持续优化升级,量化机考指标分值不断提升,特别是"组织税费收入""优化税收营商环境""征管努力程度""税务稽查管理"以及税种管理有关指标,均实现量化机考。依托核心征管系统、电子税务局等信息系统,基本实现考评数据机生机汇的占53%,运用绩效管理系统测评和通过第三方评估考评的占27%。依托税收大数据进一步提升量化机考指标占比,重点是实现工作数据化、数据工作化、考评自动化,并且以数据交互和共享为基础,实现多维度量化机考。比如,"党的全面领导"类指标依托税务党建云平台、税务干部综合管理信息系统、内部控制监督平台、巡视巡察信息管理系统、税务绩效管理信息系统、数字人事信息系统等;"税收改革发展"类指标依托自然人税收管理系统、社保费信息系统、企业所得税汇算清缴系统、税务稽查系统、电子发票公共服务平台、组织收入和计统报表及重点税源管理软件、出口退税系统等,通过各类应用系统的信息交互和共享,实现自动化考评,进一步提升了绩效管理工作效能。

2. 健全内控绩效考评架构

税务绩效管理智能化升级重在构建"信息系统+业务应用+内控绩效"的"大三角"架构体系,亦即运用互联网思维,以业务创新为驱动,以信息技术为支撑,以效能提升为目的,将内控监督和绩效考评贯穿其中,使之成为高质量推进新时代税收现代化的重要手段。在税务总局层面,"大三角"机制的工作流程主要包括五个环节(见图4-14)。

一是业务需求规划。业务(含党务行政工作)司局向征管科技部门提出业务需求,征管科技部门牵头(电税管理和大数据风险管理部门协同)提出信息系统开发规划并提交税务总局党委决策。二是信息系统开发。征管科技部门会同电税管理和大数据风险管理部门按照税务总局党委的决策部署开发信

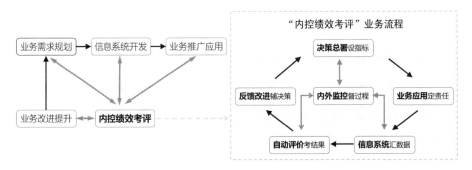

图 4-14 "大三角"工作机制流程图

息系统,电税管理部门负责运维。三是业务推广应用。业务司局、征管科技部门指导督导全系统应用信息系统,大数据风险管理部门负责数据集中,业务司局向大数据风险管理部门提交数据运用需求并负责撰写分析报告。四是内控绩效考评。督察内审部门负责业务运用中的税收执法风险和行政管理风险内控,绩效管理主管司局牵头绩效考评,会同有关部门将上述工作内生嵌入信息系统。五是业务改进提升。根据督察内审和绩效考评反映的问题,业务部门提出改进提升需求,推动业务不断创新。

3. 推进内嵌式自动化考评

近年来,税务总局积极推进自控考核考评,适应税收征管和行政管理数字化升级和智能化改造进程,逐步实现对税务人员履责全过程的自动控制。比如,在内部控制管理模块中设计"重大内部风险快速反应"子模块,通过智能化数据分析,快速捕捉并处置不作为、慢作为、乱作为甚至内外勾结的重大执法问题,并在制度制定和执行过程中设计内部风险排查、定期评估功能,自动化开展个人、部门、单位内控评估。积极推动将绩效管理渗入业务流程、融入岗责体系、嵌入信息系统,充分利用税收征管和行政管理数字化升级和智能化改造成果,通过"业务系统在线生成、绩效系统汇总结果"的方式,实现绩效考评从指标制定、运行监控、指标考评到成绩计算的全链条自动化运行和"机生机汇机考"。通过个人绩效指标库,形成基于个人重点工作任务的个人绩效机考指标,明确机考数据来源、计分公式等,按人员自动归集税收业务办理行为信息、内部风险点问题数量、差错数量等机考指标有关的数据,实现个人绩效机考指标客观量化计分,不断提升机考指标占比,促进"自控考核考评"落地。

四、强化各方助力

习近平总书记强调:"作决策一定要开展可行性研究,多方听取意见,综合评判,科学取舍,使决策符合实际情况。"①公共决策中需要专家参与已成为共识。第三方评估作为一种必要而有效的外部制衡机制,对促进实现更加客观公正的绩效考评发挥不可替代的作用。税务绩效管理是一个集成各方意见建议、寻求"最大公约数"、力求最大限度发挥正能量的开放式运行系统。税务总局坚持以开放的姿态推进绩效管理,注重借助"外脑",从起步阶段论证设计绩效管理制度框架,到正式实施阶段推进绩效管理优化升级,主动听取专家学者和外部门同行意见,强化对税务绩效管理运行全过程的助力推动作用,既充分发挥其"术业有专攻"的智库作用,又充分发挥其"旁观者清"的第三方评估作用,为税务绩效管理高质量发展提供有力支持。

(一)助力绩效管理决策

税务总局高度重视外部专家学者的意见,每年召开由高校专家学者、企业与新闻媒体代表参加的专题研讨会,征求对制度办法和考评指标的意见建议,将积极借鉴"外脑"与充分发动本系统力量结合起来加强税务绩效管理的理论和实践研究。专家学者从第三方的角度、专业化的高度,畅谈体会、介绍经

---

① 《年轻干部要提高解决实际问题能力　想干事能干事干成事》,《人民日报》2020年10月11日。

验、阐发理论,对税务绩效指标体系不断优化和提升献计献策,促进了税务绩效管理科学化、专业化水平的提高。

专家学者的真知灼见,为税务绩效管理向纵深推进起到了重要的决策辅助作用。比如,在绩效理念方面,建议强化战略绩效管理理念,要明确战略规划,确定远景任务和目标,并让每位干部都能准确掌握组织战略、理解前因后果。指标编制方面,建议充分发挥绩效指标的引领作用,硬性指标和软性指标相结合、定性指标与定量指标相结合、长期指标和短期指标相结合。绩效文化方面,建议绩效管理越深入推进越要注重培育绩效文化,抓住关键少数,坚持长期"滴灌",形成全员认同,让干部清楚地看到自己的职业愿景和发展路径,使其感到组织对其成长的关心爱护,消除其对绩效管理的错误认识和排斥心理,长期有针对性地"滴灌"绩效理念,逐步形成绩效认同。结果运用方面,建议拓宽运用渠道,除与干部晋升、评先评优等挂钩外,还要为绩效优秀人员多提供教育培训机会,通过绩效管理推动优化机构设置和人力资源配置,引导被考评单位不要把注意力仅放在排名上,而要注重持续改进、补齐短板。

税务总局绩效办具体组织跨界研讨,会前总结评估绩效管理工作,会中聆听专家畅所欲言,会后逐一研究吸纳意见建议,精益求精完善绩效管理体系,同时整理刊发专家发言,供各级税务机关和广大税务干部学习运用,发挥了绩效辅导的积极作用。

（二）助力绩效管理运行

税务总局在听取专家学者对税务绩效管理的意见建议的同时,充分依靠专家学者专业性更强、评判更具客观性的特点,邀请相关领域专家学者参与绩效评审工作。一方面,对年度绩效指标及考评规则编制质量进行评审,对各相关司局指标编制情况进行不记名打分。另一方面,参与"创先争优"等综合性指标的评审。

在指标质量评审中,制定外部专家适用的评审表(见表4-6),区别于系统内人员从考点关键性(可控性)、考评数据客观性(可考性)、标准细则清晰性(可操作)、目标值合理性(可衡量)四个维度进行评审,外部专家主要从指标考点关键性、考评标准清晰性、目标值合理性三个评价维度进行评审,依次占100分总分值40%、30%、30%的权重,每个维度设置"优秀""良好""一般"三个档次。外部专家以无记名方式客观、公正填写评审表。总的看,各位专家对各司局编制的考评指标持肯定态度,测评结果基本上都集中在"优秀""良好"两档。

表4-6 指标编制质量专家评审表

测评内容\\测评对象	指标考点关键性(可控性)—40分		考评标准清晰性(可操作)—30分		目标值合理性(可衡量)—30分	
(指标编制司局)	○优秀　○良好 ○一般		○优秀　○良好 ○一般		○优秀　○良好 ○一般	
……	○优秀　○良好 ○一般		○优秀　○良好 ○一般		○优秀　○良好 ○一般	

注:专家测评按百分制计算被测评单位成绩,其中指标考点关键性(可控性)占40分,考评标准清晰性(可操作)占30分,目标值合理性(可衡量)占30分,每项测评内容中,"优秀"占标准分值100%分,"良好"占标准分值96%分,"一般"占标准分值92%分;每张票数乘以相应分值,加权计算后形成最终成绩。

在"创先争优"指标评审中,事先组建评审专家库,具体评审时随机抽选若干名专家,进行无记名评审,填写评审表(见表4-7)。每名专家对"创先争优"同一个创新领域的所有单位进行评审,确保横向公平、可比;专家对每个评审对象的创先争优工作均从创新重点、创新措施、创新质效三个维度进行评审,每个维度均设"优秀""良好""一般"3档,分别赋予不同分值区间;被评为"优秀"档次的单位不超过被考评单位总数的40%,评为"一般"档次的单位不少于被考评单位总数的10%,以保证考评结果的精准性和综合平衡性。

表 4-7 "创先争优"指标专家评审表

序号	被评审单位	创新重点			创新措施			创新质效		
		优秀（91—100分）	良好（81—90分）	一般（71—80分）	优秀（91—100分）	良好（81—90分）	一般（71—80分）	优秀（91—100分）	良好（81—90分）	一般（71—80分）
1										

　　同时,对涉及纳税人缴费人满意度的指标,为使绩效考评更具客观全面性,引入第三方专业机构和专家评价。比如,对"纳税人满意度"指标,由税务总局结合当年工作重点设计纳税人缴费人满意度调查问卷,依托专业调查公司等第三方专业机构的独立性、专业性,委托其具体实施调查并形成调查报告。又如,对"政务公开"指标,依托高等院校等第三方专业机构,对政务公开的质量和效果进行评估和监督。政务公开评估一般包括前期调研、指标体系设计、评估数据采集、评估结果复核、评估情况总结等步骤,以保证评估结果的客观公正。

（三）助力绩效管理培训

　　税务总局坚持每年举办绩效管理师资培训班,邀请绩效管理领域专家学者授课,既讲授绩效管理的基本原理,又讲授绩效管理的方法技巧,培养税务绩效管理专业骨干力量。各级税务机关逐级开展培训,邀请专家学者"传道授业",促进提高站位、开阔视野、强化能力。重点组织绩效业务骨干培训,培养一支绩效管理的"播火者",聚是一团火、散作满天星,带动各级各单位提升绩效管理。

　　比如,2014—2015 年,对党的十八大和十八届三中全会以来党中央、国务院严格绩效管理的精神进行讲解。2016 年将政府绩效管理发展趋势及国际上有代表性的政府绩效管理模式、发达国家税务部门推行绩效管理的做法及成效列入培训内容,由 NTCA 专家进行讲解。2017—2020 年,先后将绩效管理原理与方法、政府绩效管理创新与发展、中外政府绩效管理发展沿革比较、政府绩效管理发展的国际最新动态、新时代政府绩效管理发展要求和趋势等列入培训内容,并由国内政府绩效管理领域的知名专家学者进行授课。

又如,为拓宽师资力量的国际视野,2019 年联合国际货币基金组织(IMF)举办绩效管理培训班,由 IMF 团队有关专家讲解美国国内收入局绩效管理制度及信息系统和数据收集机制、英国皇家税务海关总署绩效管理制度及发展、澳大利亚税务局绩效管理制度和考评方法等内容,帮助了解掌握国外税务绩效管理的最新动态。

(四)助力绩效管理研究

"善学者尽其理,善行者究其难。"[1]税务绩效管理的实践过程,始终与理论研究相伴互促,政府管理等领域专家学者在其中发挥了重要作用。一方面,在税务总局层面加强与中央党校(国家行政学院)、中国社会科学院、中国行政管理学会以及北京大学、人民大学等高校的联系,在省税务局层面倡导其依托所在地高校,虚心向有关专家学者请教,获得理论方面的指点,强化理论思维,深化理论研究,提升税务绩效管理的理论层次。另一方面,积极配合有关专家学者对税务绩效管理实践进行研究,为专家学者开展实证研究、赴基层税务部门实地调研等提供条件,并联合专家学者成立课题组,对税务绩效管理模式路径、制度机制、指标体系、结果运用、绩效分析、绩效文化等进行研究,形成实践、研究、再实践、再研究的良性循环。

同时,通过举办专家学者和税务绩效管理工作者互动研究的理论沙龙,针对指标编制和绩效考评等难点问题进行专题座谈,既适时邀请多位专家学者"会诊",又视情况与有关专家学者进行一对一"交流",进一步厘清思路、明确

---

① (清)王先谦:《荀子集解》,中华书局 1988 年版,第 505 页。

方向、找准对策。比如,2016 年 8 月 26 日,税务总局绩效办邀请《地方党委执政能力考核评价指标体系建构》一文作者冯志峰研究员来京交流座谈。在听取税务绩效管理工作情况介绍、查阅相关制度办法资料和绩效管理信息系统后,他从三方面谈了自己的感受:一是税务绩效管理工作基础扎实、创新做法多,是"真刀真枪"地在做。二是税务绩效指标设置精细、务实、操作性强。他自己比较关注绩效考核如何"实打实"落地,特别是指标体系如何防止"空对空"。税务总局的做法务实也很扎实,提供了一个很好的研究案例。三是税务系统注重过程监控,明显区别于以往"年终算总账"式的目标考评,有利于持续改进,对当前我国加强地方党政领导干部政绩考核很有借鉴意义。这次交流座谈之后,冯志峰研究员持续关注跟踪税务绩效管理,并主动开展理论研究,将税务绩效管理纳入其承担的国家社会科学基金项目"地方党委书记权力运行与制约机制研究"、江西省社会科学基金重大项目"习近平新时代中国特色社会主义思想江西实践研究"等课题中,还公开发表《新时代绩效管理机制持续改进的流程创新——以税务系统绩效管理版本为研究样本》论文。

第五章 税务绩效管理的重点突破

党的二十大报告提出,问题是时代的声音,回答并指导解决问题是理论的根本任务。税务总局党委深入贯彻习近平总书记关于"打硬仗,啃硬骨头,确保干一件成一件"①的重要指示精神,针对党政部门特别是税务部门自身抓班子、管干部、严考评面临的"慢性病""常见病"乃至"顽瘴痼疾",想方设法觅求破解之策,精益求精完善制度机制,使税务绩效管理针对性、科学性和实效性得到持续提升。

一、想方设法破解"严抓班子"面临的难题

抓好班子,才能带好队伍、促好落实。破解严抓班子面临的难题,是税务绩效管理的首要任务。税务绩效管理特别是组织绩效管理,对进一步加强班子建设、提升班子效能发挥了不可替代的积极作用。

(一)破解上级抓下级班子"不易抓"的难题

紧扣"提高战略思维能力,不断增强工作的原则性、系统性、预见性、创造

---

① 《对标重要领域和关键环节改革　继续啃硬骨头确保干一件成一件》,《人民日报》2019年1月24日。

性"①的核心要义，税务总局在实施绩效管理中，针对税务系统层级多、分布广、战线长，上级班子直接抓下级班子存在不小难度的状况，树立战略绩效管理理念，确立并持续完善丰富税收现代化战略目标，从2013年的1.0版升级为2016年的2.0版，2020年又优化调整为3.0版，即坚强有力的党的领导制度体系、科学完备的税收法治体系、优质便捷的税费服务体系、严密规范的税费征管体系、合作共赢的国际税收体系、高效清廉的队伍组织体系，据此进一步明确各年度工作主攻方向和着力点。具体通过构建包括税务系统绩效管理办法、绩效考评结果运用办法、绩效考评规则在内的绩效管理制度体系，把中央决策部署、税收现代化战略目标，细化为考评司局、省税务局、驻各地特派办、副省级城市税务局绩效指标；各地税务局党委结合实际分解细化指标体系，进一步明确路线图、时间表、任务书、责任状。一贯到底、层层落实的绩效管理体系，既形成持之以恒推进税收现代化建设的"战略地图"，又建立上级抓下级班子、推动税收高质量发展的"作战沙盘"，引导"人人讲绩效，事事求绩效"，凝聚起全国税务系统不折不扣贯彻落实党中央、国务院决策部署的强大合力。

（二）破解班长抓本级班子成员"不好抓"的难题

紧扣"党委（党组）书记作为第一责任人，既要挂帅又要出征，对重要工作亲自部署、重大问题亲自过问、重要环节亲自协调、重要案件亲自督办"②的核心要义，税务总局在实施绩效管理中，针对各级税务局班长和成员在同一个班子，朝夕相处，班长抓班子成员可能抹不开面子的问题，将绩效管理从组织延伸至个人，实行班长个人绩效与本单位组织绩效全面挂钩，班子成员个人绩效与本单位和分管部门、下一级联系单位组织绩效挂钩，促进班长当好"第一责

---

① 习近平：《高举中国特色社会主义伟大旗帜　为决胜全面小康社会实现中国梦而奋斗》，《人民日报》2017年7月27日。

② 《习近平关于严明党的纪律和规矩论述摘编》，中央文献出版社2016年版，第121—122页。

任人"、班子成员既抓好分管部门又推动全局工作。在税务总局层面,定期报告各位局领导所分管司局和省税务局联系点绩效考评成绩,且对总经济师、总会计师、总审计师实行绩效考评,将其个人绩效与分管(协管)司局和基层联系点的组织绩效直接挂钩;在机关司局和省、市、县税务局层面,考评前根据领导分工确定落实绩效指标的责任,考评中建立主要领导抓总和副职领导分管的指导督促机制,考评后实施主要负责人、班子副职的个人绩效与组织绩效挂钩,有效传导压力动力,激励各级班子成员自觉担当责任、干事创业。

(三)破解各层级班子"不齐抓"的难题

紧扣"要进一步健全制度、细化责任、以上率下,层层传导压力,级级落实责任"[①]的核心要义,税务总局在实施绩效管理中,针对工作部署从税务总局到基层一线,如果中间环节动力和压力递减,则很难确保落实到位的问题,通过逐级分解指标、逐层压实责任、逐项开展考评,既在税务总局层面明确每项指标的考评司局、责任处室,又在省、市、县税务局层面明确承接相关指标的责任领导,促进各项工作齐头并进,每项任务都有人管、不落空。同时,注重统筹整体工作考评与重点专项考评、税务系统考评和地方党政考评,特别是下级对口业务发生重大问题也要关联上级业务主管司局绩效,从而把上级对下级、下级对上级、牵头部门对配合部门、社会对税务机关评价结合起来,促进齐抓共管。同时,将外部监督、审计、巡视、督查等发现的问题纳入绩效考评,一环套一环,环环相扣,形成一个立体化、开放式、多维度的动力系统,就像高铁把发动机安装在每节车厢一样,促进各级各部门联动协同形成合力。

(四)破解以往只在年终考评班子"不常抓"的难题

紧扣"要拿出实实在在的举措,一个时间节点一个时间节点往前推进,以

---

① 《习近平关于全面从严治党论述摘编》,中央文献出版社 2016 年版,第 229 页。

钉钉子精神全面抓好落实"①"要建立日常考核、分类考核、近距离考核的知事识人体系"②的核心要义,税务总局在实施绩效管理中,针对过去对班子一年一考评,属于事后考,缺乏事前、事中监管,不利于过程控管、及时纠偏的问题,对绩效指标从数量、质量、进度、效果等维度确定考评标准,按月、季、半年、全年实施考评,并建立健全督查督办和绩效考评联动"督考合一"机制。绩效考评以结果为导向,督查督办抓过程推动,事前定标准、事中有提醒、事后严考评,形成抓常抓细抓长的常态化抓班子机制。这样既明确"做什么""怎么做",又明确"做好会怎样""做不好怎么样",以年终"算总账"倒逼全程"算细账"。同时,坚持"无差异就无管理",严格考评以显现区分度,对工作落后单位提出工作改进建议、对工作先进单位晒出其做法作为标杆,既防止考评部门搞"你好我好大家好",又促进被考评单位同台"比拼"、扬长补短。各级"一把手"原则上每季度主持召开一次绩效讲评会议,班子副职定期对分管部门和联系点考评情况进行分析讲评,对越是税收工作中的不足和薄弱环节,越是加大绩效考评力度,各自讲、相互评、一起出主意,促进各级班子及时补齐短板、持续提升绩效。

（五）破解抓班子奖惩措施有限"不硬抓"的难题

紧扣"把好干部选用起来,需要科学有效的选人用人机制"③"要在选人用人上体现讲担当、重担当的鲜明导向"④的核心要义,税务总局在实施绩效管理中,针对过去考核对抓班子的成效缺乏激励约束手段,导致"干与不干、

① 《切实学懂弄通做实党的十九大精神 努力在新时代开启新征程续写新篇章》,《人民日报》2017年10月28日。
② 习近平:《在全国组织工作会议上的讲话》,人民出版社2018年版,第17页。
③ 《建设宏大高素质干部队伍 确保党始终成为坚强领导核心》,《人民日报》2013年6月30日。
④ 《严把标准公正用人拓宽视野激励干部 造就忠诚干净担当的高素质干部队伍》,2018年11月26日,见 http://jhsjk.people.cn/article/30422884。

干多干少、干好干坏一个样"的问题,将绩效考评结果与干部任用、评先评优、年度考核挂钩,与推进领导干部能上能下、职务职级并行相结合,促进能者上、优者奖、庸者让,并将抓好绩效考评工作纳入绩效考评,确保考实用好。在年度绩效考评结果运用中,税务总局司局和省税务局主要负责人公务员考核优秀等次人选均产生自组织绩效优秀单位,并且在总职数不突破的前提下,对上一年度考评成绩最后两名的司局或省税务局,次年各扣减一个从其内部提任副司局长的名额,由税务总局从排名前两名的司局或省税务局提拔优秀干部来补充;对没有实职空缺的,就用职级名额奖惩。比如,2016 年,原青岛市国税局绩效考评成绩位居各省、自治区、计划单列市国税局第一名,某省国税局居倒数第二名,该省税务局空出一名领导职位,青岛市国税局一名同志被提拔派往后者交流任职。司局和省税务局人员职务晋升、评先评优也优先考虑个人绩效优秀人员。在营改增、国税地税征管体制改革、个人所得税改革、实施减税降费等专项绩效考评中,对考评成绩优异的单位和个人给予专门表彰奖励。税务总局在做好对司局和省税务局绩效考评的同时,督促指导各省、市、县税务局将绩效考评结果运用好,而且将各地税务机关绩效考评结果运用情况也纳入绩效考评,结合实地察访,对落实重大决策部署不力的干部严肃问责,进一步让愿干事、会干事、干成事者脱颖而出并受到嘉奖,让慢作为、不作为、乱作为者无所遁形并受到惩戒,激发干事创业的正能量。

（六）破解班子有时主观能动性不足"不长抓"的难题

紧扣"要加强党内政治文化建设,让党所倡导的理想信念、价值理念、优良传统深入党员、干部思想和心灵"①的核心要义,税务总局在实施绩效管理中,针对以往管理易出现"推一推动一动,不推不动""抓一时易、时时抓难"的问题,注重通过持之以恒培育绩效文化,将加强价值认同、弘扬优良作风与绩

---

① 《习近平谈治国理政》第三卷,外文出版社 2020 年版,第 96 页。

效管理融会贯通,积极引导各级税务局领导班子牢固树立正确的政绩观,增强担当作为的自觉性和主动性。注重发挥绩效文化"日用而不觉"、潜移默化的影响作用,一方面,为各级税务局班子敢担当、善担当搭建舞台、提供载体,激活以"关键少数"带动"绝大多数"的"动力源";另一方面,让"沉下心来抓落实"成为组织和个人的自觉,促使各部门自觉主动地应用绩效考评手段,超前、系统地设计反映和监督工作进展的绩效指标,进而进一步发挥了绩效管理真管实用、考评与被考评者互动互进的积极效应。

税务绩效管理通过"抓班子"促进"班子抓",推动一把手抓一把手、上级班子抓下级班子、班长抓班子成员、班子成员抓分管部门及联系单位更有章法,带动广大税务干部干事创业、追求卓越。越来越多的领导干部越来越深刻地认识到推行绩效管理的重要意义,少数之前有观望乃至抵触心态的干部,也变成了积极参与者,不再纠结于搞不搞绩效管理,而是把注意力放在如何把绩效管理搞得更好上,实现从"要我搞"到"我要搞"的飞跃。有的领导干部对绩效管理从刚开始认为"次要",到中间发现"重要",现在成为"必要";刚开始把绩效管理作为新增工作,甚至认为增加工作负担,现在感觉如影随形、习惯成自然,不讲绩效反而有些不适应。这是一个从"我干大家看"到"我干大家跟"再到"我干大家帮""我带大家干"的优化升级。

二、想方设法破解"严管干部"面临的难题

税务绩效管理特别是个人绩效管理有效发挥了压实干部责任、激发干部动力活力的积极作用。

(一)破解"知事不深、识人不准"的难题

税务个人绩效指标涵盖"一个基础、四个支柱"。其中,"一个基础"就是干部的职业基础,包括从业基础信息和职位基础信息。"四个支柱"分别指平

时考核、公认评价、业务能力评价、领导胜任力评价,综合反映干部的"德、能、勤、绩、廉"情况。由此形成既看发展、又看基础,既看显绩、又看潜绩的干部考核评价体系,努力为每位干部精准"画像",提高考察和识别干部的准确度。

(二)破解"平时不算账、年终糊涂账"的难题

每名干部的平时考核成绩由组织绩效挂钩得分、个人绩效得分、领导评鉴得分、现实表现测评得分和加减分构成。特别是通过设立近距离、即时性考核指标,采取"按周记实、按季考评、按年归集"的方式计入干部"个人成长账户",做到"一本平时账、工作全计量,好坏一眼望、慵懒无处藏",从而引导干部"把功夫下在平时",用一贯表现为个人成长账户"充值"。

(三)破解"一刀切、一锅煮"的难题

根据职务层级将人员分为领导班子正职、副职,部门正职、副职,其他人员5类,分别进行考核评价;结合公务员分类管理的要求,建立干部业务能力评价体系,分为综合管理、纳税服务、征收管理、税务稽查和信息技术5类11级,并逐类逐级设置了升级标准,定级情况计入"个人成长账户",既激励干部精业精进,又切实增强考核的针对性,避免了"上下一般粗、左右一个样"。

(四)破解"干多干少、干好干坏一个样"的难题

在对干部考核评价指标进行量化的基础上,通过连续记录干部职业生涯各阶段的指标数据,时时累积、次次累积、年年累积,形成干部成长轨迹的"全息影像",将干与不干、干多干少、干好干坏"一账无余"显现出来,让愿干事、会干事、干成事者脱颖而出并受到褒奖和鼓励,让慢作为、不作为、乱作为者无法遁形并受到警醒和惩戒,引导各级领导班子和广大税务干部更好忠于职守、尽职履责、担当奉献。

（五）破解"重考核评价、轻改进提升"的难题

结合岗位职责、任务分工,指导税务干部根据组织绩效任务、年度重点任务、专项工作任务、领导交办任务等,编制科学规范、简便易行的个人绩效指标,及时开展考核评价和结果反馈,督促推动税务干部履行职责。通过加强过程监控,在绩效执行和结果评定后,及时进行绩效沟通,分析查找存在问题,建立绩效改进机制,做到以事察人、知事识人,更加准确地把脉问诊,促进广大税务干部自我改进、自我完善、自我提升,激励干部积极作为、勇挑重担、干事创业。

（六）破解"论资排辈、平衡照顾"的难题

根据"个人成长账户"中记录的考核成绩,每年对干部考核结果按第 1 段、第 2 段、第 3 段进行综合排名。在评先评优、干部选拔任用、职务与职级并行中,优先考虑考核成绩排在第 1 段的干部,排位靠后的干部不得作为人选;对考核成绩连续两年排在第 3 段的,由党委研究,可作为不适宜担任现职的干部予以调整。通过个人数据的积累,既有利于识准用准干部,也为问责处理不敢担当、不负责任、庸懒散拖的干部提供依据,确保奖惩激励落实到位。

广大税务干部切身感受到,对绩效管理经历了一个从"入眼"到"入脑"再到"入心",从"相识"到"相知"再到"相守"的过程,干工作有了章法、争上游有了劲头,热情更高了、动力更足了。实践证明,税务绩效管理带队伍,特别是以"数字人事"理念深化个人绩效管理,营造了广大税务干部履职尽责、担当作为的浓厚氛围。税务总局对 14.7 万名税务干部进行的无记名问卷调查显示,87.4%的干部认为"清晰的考核评价导向帮助干部明确职业前景和发展目标,让优秀干部脱颖而出";89.5%的干部认为"数字人事有利于促进个人发展,提升自身能力素质"。

三、想方设法破解"严实考评"面临的难题

（一）破解"政治素质不容易考核评价"的难题

税务总局围绕加强党对税收工作的全面领导,以政治标准作为硬杠杠设置组织绩效指标,同时制定20项干部政治表现负面清单,发生其中所列行为即在平时考评和年底划段中"一票否决",使政治标准成为各级税务机关和广大税务干部履职尽责的"定盘星"。注重以"行"鉴"心",把贯彻落实习近平总书记重要指示批示精神和党中央决策部署,贯彻新发展理念、推动高质量发展的实际表现和工作实绩,作为设置绩效指标、开展绩效考评的基本依据,作为检验政治素质的重要尺度,引导各级税务机关和广大税务干部以推动高质量发展工作实绩践行"两个维护";注重以"联"促"全",强化党建与业务的联动评价,比如,对"党的全面领导"类指标得分排名后10%或"税收改革发展""工作运转保障""各方多维评价"类指标综合得分排名后10%的被考评单位,组织绩效不得评为"第1段",并将组织绩效考评结果向个人绩效考评延伸,促进各级税务机关和广大税务干部旗帜鲜明讲政治、沉下心来抓落实;注重以"石"试"金",针对贯彻落实党中央、国务院重大政策、重大改革,制定专项绩效考评办法,把"关键时刻"和"重大任务"作为评价政治素质的"试金石",从政治站位的高度,看是否担当作为,既看日常工作中的表现,又看大事要事难事中的作为,考出政治素质、精神状态和作风状况。

（二）破解"多头重复考、统筹不到位"的难题

税务总局在实施绩效管理之初全面清理原有考评项目,该整合的整合,该精简的精简,该纳入绩效考评的纳入,该归入日常工作的归入,统筹督查检查考核工作,促进各级税务机关聚焦重点定措施、轻装上阵抓落实、对标对表促

提升。比如，在考评体系上，有机整合前期试点的依法行政综合绩效考核以及各司局对各自归口管理业务条线的各类考核，并将税务系统考评与地方党政考评统筹起来，实现绩效管理"一张网、全覆盖"，防止"政出多门"。在考点数量上，聚焦重点工作连年精简优化指标考点，并要求税务总局司局和各省、市税务局能由本级承担的工作任务不得对下延伸考评，严禁绩效指标搞层层加码等，努力做到指标数量连年递减、层层递减。在考评内容上，除按照党中央要求落实请示报告制度、推进全面从严治党确需报送报告的考点外，其他指标均无须省税务局报送资料，坚决防止过度留痕、简单"考材料"的情形。在考评方式上，以结果为导向逐步加大量化机考占比和第三方评价权重，并严禁单纯为考评而要求基层填表报数、撰写报告，严禁能够从信息系统中取数仍要求基层报送有关数据报表，力戒形式主义、"烦琐哲学"，力求精简易行、管用有效。又如，不搞"一刀切""上下一般粗"，赋予县税务局是否考评内设机构的自主选择权，对机构规模小、干部人数少的县税务局可以不再考评内设机构组织绩效，主要考评个人绩效，充分调动干部的积极性、主动性和创造性。同时，把落实税务总局出台的为基层减负各项工作措施纳入考评，对落实不到位、效果不明显的单位严格扣分并追责，确保为基层减负取得实实在在的成效。

（三）破解"定性考评多、定量考评少"的难题

税务总局坚持定性与定量相结合，既进行"质"的把握，又注重用"数据说话"，做到全面客观、科学公正地评价工作实绩和现实表现。比如，在组织绩效方面，秉持"干什么考什么"的理念，依托金税工程建设，通过完善"信息系统+业务应用+内控绩效"的"大三角"架构体系，将绩效考评作为业务流和工作流的最后一个环节内嵌到信息系统中，把过去以主观评价或直接扣分为主的指标尽可能转化为系统可抽取、指向性更强、来源更可靠的量化机考方式，通过"以数据说话"，更加客观地考出各单位推进重点改革任务落地的"含金量"。2022年底，已将组织绩效量化机考指标分值权重逐步提升到80%以上，其中

依托核心征管系统、电子税务局等信息系统,基本实现考评数据机生机汇的占53%,运用绩效管理系统测评和通过第三方评估考评的占27%。既考"干没干",对工作进度和完成数量进行考评;更考干得"好不好",强化年度间重点工作纵向比较,统筹不同地域、不同部门差异因素,对工作质量和实际成效加强量化考评,让客观数据说话,防止凭主观印象打分。又如,在个人绩效(数字人事)方面,嵌入党建系统、征管系统、行管系统等,打造干部信息"一员式"归集、税收业务"嵌入式"考核、结果数据"智能化"运用的信息化平台,并将原来按"事"考核评价和日常管理干部的制度规定,转化为按"人(岗)"量化归集的评价和管理指标,设置不同权重,折算成分数,用数据说话,全面定量展现干部综合素质和工作实绩,做到以事见人、用事看人,实现从"就事论人"到"多维评人"的制度性突破,有效增强干部管理客观性、精确性。问卷调查结果显示,87.6%的干部认为数字人事能够及时、直观地反映干部实绩和德才表现。

(四)破解"重结果考评、轻过程考评"的难题

税务总局通过实行督考合一机制,将绩效目标节点化,采取节点监控,在不同节点相机进行督查督办,推动绩效执行落地见效;在督查督办工作中建立台账,实行月调度、季通报、对账销号,以督促考、以考强督。比如,税务总局年初将各司局确定承接的重点工作任务分别编制形成司局个性指标,午度中间对动态新增指标任务通过制定督查督办清单实行跟踪问效,从而将绩效考评重点事项全部纳入督查督办,建立清单台账逐项督办、对账销号。对各级税务机关通过实地督查推动绩效任务执行,督办部门定期将未在规定时限内办结的督办事项清单、督查发现问题等推送绩效办,经绩效办复核后反馈相关考评部门,既在年终"算总账"考评结果,又在年度中间考评过程"算细账",促进及时纠偏、以过程无误确保结果有效。又如,通过设置"动态事项"指标,打通"督机关"与"督基层",优化对税务总局司局和省税务局、驻各地特派办、副省

级城市税务局的日常督考。围绕重要会议议定事项、重要文件确定事项和税务总局领导批示指示事项，及时编制督考清单，建立从机关到基层各环节都"事有人干、干有人督、督有人考、考有人用"的管理闭环。

同时，进一步加强过程管控，对于能够按月、按季出考评结果的，及时对各地指标完成情况进行通报，推动各单位"纵向比较知进退，横向比较知不足"，掌握考评进展情况，了解工作进度和差距，明确工作短板和改进方向，促进持续改进提升。特别是改变以往大多将考评周期固定为半年或年度的做法，改为按时点或按进度及时开展实时考评，实现"发现问题就扣分"，通过及时反馈促进举一反三抓整改。比如，"一体化综合监督"指标中的监督检查考点，考评时点为收到或作出监督检查通报后 10 日内；"政务公开"指标中的部分考点，考评时点为收到国办抽查通报后 10 日内。

（五）破解"信息渠道窄、数据不全面"的难题

税务总局充分利用金税工程等信息化平台和第三方评价数据，深入挖掘现有信息系统数据资源，不断拓宽外部信息采集和共享渠道，持续提升考评数据的深度和广度，促进绩效考评更加科学合理。对于内部数据，主要以党务政务业务应用系统整合优化为契机，将绩效考评模块嵌入业务信息系统，着力打通内部各方数据归集路径。比如，基于税务机关、税务人员管理行为视角，以税款征收、纳税服务、风险管控、税务检查、自我纠正和法律救济为主要维度建立税收征管质量监控评价体系，具有横向纵向可比、系统自动取数的特点，对新增的指标考点，由绩效办根据税收征管质量监控评价应用系统数据，进行量化考评。又如，为全面对标中办、国办《关于进一步深化税收征管改革的意见》中关于"改进提升绩效考评"的要求，引导司局深挖信息系统数据资源，在考评省税务局指标框架表中，增加"是否内嵌"栏，对司局实现"内嵌式"考评成熟度进行区分。与此相配套，建立"内嵌式"考评加分激励机制，对当年实现"内嵌式"考评的单位给予加分，以加快"内嵌"设计，坚定推动绩效考评向

自动化递进发展,与"金税四期"建设同频共振。

对外部考评数据,不断拓宽采集渠道,综合运用中央巡视、中央督查、国务院大督查、外部审计、内部巡视巡察、信访舆情结果,以及政府公共网络信息平台、各类检查评比结果和通报文件,严格纳入考评。比如,在考评规则中明确绩效办将从中央纪委国家监委网站、中国政府网、审计署网站、省委省政府网站等渠道收集各类税收工作相关的通报及报告,推送相关考评司局,由考评司局按照指标内容进行考评,提请税务总局绩效管理工作领导小组审定后,将考评结果录入绩效信息系统。

同时,积极推动实现数据互通互用,通过设置"地方党政考评"指标和考评结果反馈机制,既将地方党委政府对当地税务部门的考评结果纳入税务系统考评,又将税务部门在税务系统的考评结果向当地地方党委政府反馈,实现税务系统与地方党委政府考评信息互通互用;坚持走群众路线,加强常态化了解,多见具体事,多听群众说,注重第三方评估,更多关注税收改革发展、政策落地情况和纳税人缴费人获得感满意度。比如,通过对省税务局设置"纳税人满意度暨税务部门政务服务'好差评'"指标,既考评纳税人满意度调查结果,又将各地税务部门政务服务"好差评"结果、实名差评回访整改情况纳入考评,可以更加全面地考评纳税人缴费人的获得感,促进以税务人的辛苦指数换取纳税人缴费人的便利指数和满意度。

(六)破解"偏于看一时、失于看长远"的难题

税务绩效管理在推动工作可持续发展的同时,立足于全面、历史、辩证看待干部,注重其一贯表现和全部工作,有效激发干部队伍的动力活力,为税收事业长远发展打下了坚实基础。

一方面,组织绩效统筹前后年度考评,加大"自己跟自己比"的纵向比较,对进步明显者不但给予加分激励,而且对于连年进步最明显的单位与绩效考评结果运用挂钩,给予增加干部选拔任用或公务员考核名额的激励。比如,

"创先争优"指标的纵向考评维度,明确与上一年度同比提升位次位于第1名的加0.5分,同比提升位次位于第2—5名的加0.3分,同比提升位次位于第6—10名的加0.2分;当年排名未在前18名的,按上述加分标准的80%计算。又如,在考评规则中明确,对当年度考评成绩排名比上一年度提升3—5位的,加0.5分;提升6—8位的,加0.8分;提升9位(含)以上的,加1分。在结果运用办法中明确,省税务局考评成绩排名位于前50%的及上一年度排名位于50%—60%保持不退步的、60%—70%至少进步1位的、70%—80%至少进步2位的、80%—90%至少进步5位的、90%—100%至少进步8位的确定为绩效优秀单位。

另一方面,坚持惩在当前、奖在长远和考在平时、管在长远相结合,识人用人不看一时看全面,既防止"想比不好比、对比不科学",又防止"一考定终身"。通过打通各个考评周期,动态运用考评结果,在干部选拔任用中连续看三年的绩效成绩,当年绩效成绩落后虽受影响,来年绩效成绩提升又得机会,以促进干部持续进步、不断成长。比如,在结果运用办法中明确,司局年度绩效考评排名连续两年上升且累计上升位次最大的,在考评年度次年,增加1个司局级或处级职务(或相应职级)晋升名额;省税务局年度绩效考评排名连续两年上升且累计上升位次最大的,在考评年度次年,增加1个厅局级职务(或相应职级)晋升名额;副省级城市税务局年度绩效考评连续两年排名前两位且在该省税务系统内均被确定为绩效优秀单位的,若主要负责人在该单位任职两年以上,经综合研判,可将其作为进一步使用人选或者拟晋升正厅局级职务(或相应职级)人选。

(七)破解"操作不简便、费时又费力"的难题

税务总局始终坚持信息系统运行与绩效管理工作运转相互融合、相辅相成,通过开发运行专门的绩效管理信息系统平台,让绩效考评走出手工操作费时费力的困境,更加简便易行。比如,依托履职数据,对属于内部管理的党务

政务事务和面向纳税人缴费人的办税缴费服务、征收管理与税务稽查等情况进行考评;依托统计调查数据,对纳税人满意度调查、税费收入和减税降费数据统计核算等情况进行考评;依托外部评价数据,通过 12366 纳税服务热线咨询音频、执法全过程记录和办税服务厅办税视频等对办税缴费质效进行考评;依托互联网数据,对舆情监测到有关税费的社情民意等情况进行考评。

通过开发运行税务干部综合管理信息系统(数字人事系统),坚持用数据说话、做管理文章,将税务干部的工作和活动轨迹以文字、图片等形式记录保存,对干部的理想信念、政治立场、工作作风和工作实绩加以赋分,计入干部个人成长账户,构建科学化、日常化、多维化、数据化、累积化、可比化的干部考核评价体系。比如,依托信息系统平台,干部每周只需用 5 分钟左右时间记录自己的工作日志,每半年用 5—10 分钟进行一次投票测评,数据自动生成,不增加干部负担。领导干部通过平台,既可分配任务、评鉴打分,还可随时查看干部日常工作情况,充分了解干部成长动态,为进一步加强对干部的平时管理增设了窗口和手段。又如,通过推动绩效管理系统与内控监督平台、数字人事系统数据的互联互通,便于统筹风险发现、风险推送、风险应对和工作改进,系统抽取应对发票电子化内部风险结果数据,与绩效指标关联,并直接对接至数字人事系统,将组织绩效机考指标与个人绩效考评挂钩,进一步提高了考评质量和效率。

(八)破解"考评者不硬、被考者不服"的难题

税务总局始终坚持公平、公正、公开、公认的原则,持续优化完善上下贯通的考评机制。构建考评"考评者"机制,将考评者置于被考评者的监督之下;对税务总局机关司局纳入当年度考评的有关指标进行评议,不定期对司局的考评职责履行情况采取随机抽查方式进行核查,重点对没有扣分的指标考评情况进行核查,促进考评部门认真履责、考准考严。实行上下同考机制,对设置指标考评下级的,同步设置个性指标考评司局,将考评别人与考评自己关联

起来,形成上下各级协同联动抓落实的合力。完善随机抽考机制,由绩效办随机选择系统内外专家,随机选定时间、选取量化机考指标,根据相关信息系统机生原始数据进行考评,报分管绩效管理工作局领导审定,确保考评结果客观公开。建立被考评者申诉机制,考评委员会居中裁定,对考评不准不公的予以纠正,消除考评者"抹不开面子""下不了硬手"的思想,严格把握考评尺度,既确保考评真正触到痛点,又促进考评发现问题整改到位。

各级税务机关坚持统一领导、分级管理,结合自身实际编制指标、实施考评,从税务总局到省、市、县税务局,一级抓一级,动真碰硬,压实考评责任,确保绩效考评公平、公正、公开、公认。2020 年 3 月,税务总局组织各省税务局领导班子全体成员、全体处长和其他干部代表对税务绩效管理进行网上无记名测评,结果显示对"指标编制情况"的满意度为 96.31%,对"绩效考评情况"的满意度为 91.97%。

第六章 税务绩效管理的积极效应

正如彼得·德鲁克所言:"管理是一种实践,其本质不在于知,而在于行;其验证不在于逻辑,而在于成果;其唯一权威就是成就。"①税务绩效管理抓得怎么样,最终体现在税收工作成效上。近十年来,税务绩效管理的实施有力促进了税收事业发展,提振了税务干部精气神,提高了税收工作质效,提升了纳税人缴费人满意度。

一、围绕坚决做到"两个维护"发挥"主抓手"效应,推动党对税收工作的全面领导

中国共产党的领导是中国特色社会主义最本质的特征。坚持党的集中统一领导是我国国家制度和国家治理体系的显著优势。习近平总书记指出:"新的征程上,我们必须坚持和加强党的全面领导。"②党中央明确要求把党的领导"落实到国家治理各领域各方面各环节""贯彻到党和国家所有机构履行

---

① [美]彼得·德鲁克:《管理的实践》,机械工业出版社 2015 年版,第 16 页。
② 习近平:《在纪念辛亥革命 110 周年大会上的讲话》,人民出版社 2021 年版,第 7 页。

职责全过程"①。税务总局党委树牢政治机关意识，将"坚持和加强党的全面领导"的主线贯穿绩效管理各方面、全过程，确保税收工作始终沿着正确的方向前行。

（一）推动政治机关建设走深走实

税务总局党委通过将"党的全面领导"作为组织绩效指标体系"四大板块"的"第一板块"，把"学习贯彻习近平新时代中国特色社会主义思想"作为第一指标(见表6-1)，将组织绩效管理与个人绩效管理贯通起来，引导各级领导班子和广大税务干部不断增强政治判断力、政治领悟力、政治执行力，确保全国税务系统坚定捍卫"两个确立"、坚决做到"两个维护"。各级税务机关坚持学思践悟改，将习近平新时代中国特色社会主义思想作为指导税收工作实践的根本遵循。2021年，税务总局开展党委会"第一议题"学习41次、理论学习中心组学习14次、各类专题培训辅导近20场次，先后上报260余篇分析报告；全系统举办专题读书班研讨班1.3万余期，1.5万余个青年理论学习小组开展学习活动14.5万余次；探索形成"11256"工作机制②，推动党史学习教育走实见效，受到中共中央党史学习教育领导小组办公室和中央第十九指导组多次表扬。认真学习贯彻习近平总书记关于税收工作的重要论述和重要指示批示精神以及党中央、国务院重大决策部署，并结合税务实际创造性地抓好落实。比如，建立《党的十八大以来习近平总书记关于税收工作重要指示批示贯彻落实情况台账》，并定期开展"回头看"，确保件件都有着落；面对数量庞

---

① 《中共中央关于坚持和完善中国特色社会主义制度推进国家治理体系和治理能力现代化若干重大问题的决定》，人民出版社2019年版，第6、8页。

② "11256"工作机制具体是：聚焦一个首要政治任务，即学习贯彻习近平新时代中国特色社会主义思想；坚持一个机制引领，即"纵合横通强党建"机制制度体系；突出两类重点群体，即处级以上领导干部和青年干部；抓实五个紧密结合，即党史学习教育同政治机关建设、党建高质量发展、"十四五"时期深化税收征管改革、优化税收营商环境、高质量推进新发展阶段税收现代化紧密结合；创新六个举措，即"一竿子"到底促推进、"一张图"集成优统筹、"一盘棋"谋划办实事、"一条线"贯通强督导、"一张网"展示抓宣传、"一套指标"考核保落实。

大的纳税人缴费人和繁重的政策落实任务,探索形成了"短平快优九个一"工作法,推动减税降费取得了好于预期的成效。

表 6-1　"学习贯彻习近平新时代中国特色社会主义思想"指标

一级指标	二级指标	考评标准	分值	考评方法	是否机考	考评时间
党的全面领导	学习贯彻习近平新时代中国特色社会主义思想	深入学习贯彻习近平新时代中国特色社会主义思想、习近平总书记关于税收工作的重要论述、党的十九大和十九届历次全会、十九届中央纪委六次全会精神,坚决捍卫"两个确立",不断增强"四个意识"、坚定"四个自信"、做到"两个维护",以优异成绩迎接党的二十大胜利召开。 1. 坚持将学习贯彻习近平新时代中国特色社会主义思想作为党委会议"第一议题"、党委理论学习中心组学习和干部教育培训"第一主题"、青年理论学习"第一任务",将贯彻落实习近平总书记关于税收工作的重要论述和重要指示批示精神作为"第一要事",及时对标对表党中央最新决策部署,把"两个维护"贯穿到税收工作全过程、各方面。 2. 深入学习贯彻党的十九届六中全会精神,上半年实现处级以上干部轮训全覆盖;及时传达党中央、国务院重要会议和重要文件精神,以及党中央、国务院领导同志重要指示批示精神。 3. 贯彻落实中央党史学习教育常态化长效化制度机制,巩固拓展税务系统党史学习教育成果。 以上工作逾期完成的,按项次扣 0.5 分;未按要求落实的,按项次扣 0.8 分;产生负面影响的,按项次扣 1 分。	60	直接扣分法	否	7 月 10 日前、12 月 10 日前,进行审核评分。

通过设置"政治机关建设"(见表6-2)、"基层党组织建设"(见表6-3)等指标,一体推进机关和系统政治机关建设,持续推动"建强政治机关、走好第一方阵",引导各级税务机关建立并落实"党委领导、学用结合、党建引领、制度机制、责任落实、监督考核"政治机关建设体系,为发挥税收职能作用服务"国之大者"提供了坚强保证,发挥了党建的政治引领和政治保障作用。比如,对机关基层党组织书记抓基层党建述职评议、各省税务局党委书记抓党建述职评议暨落实全面从严治党主体责任情况进行量化考评,督促各司局党支部、各级税务局党委不断加强党对税收工作的全面领导,推动党建工作各项任务落实落地,党组织政治功能和组织功能得到明显提升。党员干部普遍反映,党中央

表6-2 "政治机关建设"指标

指标名称	考评标准	分值	考评方法	是否机考	考评时间
政治机关建设	贯彻落实《党委(党组)书记抓基层党建工作述职评议考核办法(试行)》,压实党委书记管党治党"第一责任人"责任。6月30日前,根据各省税务局党委书记2021年度抓基层党建述职评议暨落实全面从严治党主体责任述职考核综合成绩进行量化考评(50分)。以排名第18名单位的综合成绩为基准值。其中: (1)当地党委及直属工委对省税务局开展述职评议考核的,综合成绩=(省税务局党委书记抓基层党建述职评议暨落实全面从严治党主体责任述职考核得分÷述职评议满分值×50%+当地党委及直属工委对省税务局开展述职评议考核档位系数×50%)×100;当地党委及直属工委对省税务局开展述职评议考核档位"好"的系数1、"较好"的系数0.9、"一般"的系数0.8、"差"的系数0。 (2)当地党委及直属工委未对省税务局开展述职评议考核的,综合成绩=(省税务局党委书记抓基层党建述职评议暨落实全面从严治党主体责任述职考核得分÷述职评议满分值)×100。	50	量化计分法	否	6月30日前、8月10日前,进行审核评分。

要求一贯到底、税务总局党委部署直达基层,系统上下理解把握党中央精神更加及时精准,贯彻落实更加高效到位。

表6-3　"基层党组织建设"指标

指标名称	考评标准	分值	考评方法	是否机考	考评时间
基层党组织建设	贯彻落实《中国共产党支部工作条例(试行)》《中国共产党党和国家机关基层组织工作条例》《关于破解"两张皮"问题推动中央和国家机关党建和业务工作深度融合的意见》,做到"两结合、四一起"。 1. 党支部标准化规范化建设。规范设置党支部、党小组,严格落实组织生活制度,每月相对固定1天开展主题党日活动,开展重温入党志愿书、党员过"政治生日"等政治仪式,制定"三会一课"计划并认真组织实施,党支部书记全年至少为本支部党员讲1次党课,全年至少组织1次党章专题学习交流。全年党支部委员之间、党支部委员和党员之间、党员和党员之间开展谈心谈话不少于1次,全年组织党员干部深入基层联系点开展联学联建不少于1次。 2."四强"党支部创建。持续推进基层党组织活动载体创新、方式方法创新,参加税务总局机关支部建设交流会;11月30日前提炼总结党支部建设创新案例。 3. 推动党建和业务工作深度融合。探索试行《党建与业务深度融合的工作指引》,11月30日前提炼经验做法并形成课题研究成果。 以上工作逾期完成的,按项次扣0.5分;未按要求完成的,按项次扣0.8分;未完成的,按项次扣1分。	40	直接扣分法	否	7月10日前、12月10日前,进行审核评分。

通过把"抓实抓深常态化政治监督和政治生态评价"纳入考评(见表6-4),将政治生态评价结果量化计入绩效考评成绩,作为党委书记抓党建述职评议考核、评先评优、选拔任用的重要参考,有力推进各级税务局党委"一

把手"和班子成员认真履行政治生态建设主体责任,营造税务系统风清气正的良好政治生态。2019年,开展覆盖所有机关司局和省税务局的政治生态评价,干部对政治生态"好"和"较好"的评价均在98%以上。2020年、2021年,税务总局党委结合巡视工作,分别对8个和9个被巡视单位党委开展了政治生态评价,测评问卷结果反映出税务系统政治生态持续向好。通过持续不断强化政治建设,税务部门向党中央看齐、服从服务"国之大者"的政治意识明显增强。比如,在个人所得税制改革中精细安排、稳妥推进,并主动向党中央、国务院提出免除补税额在400元以下或年收入12万元以下的中低收入者汇算清缴义务的建议并获批准,大大降低了改革风险,实现了政治效果、法律效果、社会效果的有机统一。

表6-4 "政治机关建设"指标

指标名称	考评标准	分值	考评方法	是否机考	考评时间
政治机关建设	贯彻落实《中共中央关于加强党的政治建设的意见》,建设让党中央放心、让人民群众满意的模范机关。 12月10日前,根据省税务局政治生态评价结果进行量化考评(10分)。以排名居中单位的得分为基准值。(计分时剔除与其他指标重复考评事项;计算公式见考评规则且不遵循最小减分颗粒度规则;未被评价单位年终进行还原计算)	10	量化计分法	否	12月10日前,进行审核评分。

通过设置"落实主体责任"指标(见表6-5),完善加强党的建设考点内容,引导各级税务机关不断提高税务系统党的建设质量和水平。各级税务机关认真落实税务总局制发的《深入推进税务系统党的建设高质量发展两年行动方案(2021—2022年)》等系列制度文件规范,开展政治建设、思想建设等8方面质量提升行动,巩固深化党建工作成果,进一步解决党建工作"谁来抓""抓什么""怎么抓"等问题,持续提升党建工作规范化、科学化水平。

表 6-5　"落实主体责任"指标

指标名称	考评标准	分值	考评方法	是否机考	考评时间
落实主体责任	贯彻落实《党委（党组）落实全面从严治党主体责任规定》《关于加强和改进中央和国家机关党的建设的意见》，压紧压实各级党组织主体责任。 1. 贯彻落实《党委（党组）意识形态工作责任制实施办法》《党委（党组）网络意识形态工作责任制实施细则》《关于规范党员干部网络行为的意见》等，省税务局党委每半年至少召开 1 次会议专题研究意识形态工作，全年向税务总局党委专题报告 1 次意识形态工作情况，重大情况及时报告。 2. 贯彻落实《深入推进税务系统党的建设高质量发展两年行动计划（2021—2022 年）》《关于加强新形势下税务系统党的建设的意见》，推动税务系统党建工作提质增效。 3. 贯彻落实《全国税务系统党的建设工作规范（试行）》，按照责任内容、责任清单和工作事项压实各个党建主体责任。6 月 30 日前，完成税务党建云平台上线实施工作。以上工作逾期完成的，按项次扣 0.5 分；出现不符合税务总局要求的问题，按项次扣 0.8 分；产生负面影响的，按项次扣 1 分。	10	直接扣分法	否	7 月 10 日前、12 月 10 日前，进行审核评分。

（二）推动党建引领作用抓牢抓实

税务总局党委通过将各级税务机关落实"纵合横通强党建"机制体系有关情况纳入考评（见表 6-6），建立健全与地方党委及其工作部门重要情况相互通报、考核结果相互推送等机制，督促各级税务局党委把抓好党建作为最大的政绩，用好"条""块"两种资源，持续推动党建与业务工作融合互促，确保税收工作始终沿着正确方向不断向前推进。此外，把抓党建成效作为衡量工作实绩的重要方面，结合绩效考评制度升级，将 31 个党建评价指标有机嵌入，合理确定考评方式，联动开展考核评价，做到评价业务看党建、评价党建看业务。

比如,明确规定述职评议考核未获"好"等次或"党的全面领导"指标得分排名后10%的单位,年度考核不得评为优秀;将党员干部的考评成绩与年度考核挂钩,作为干部选拔任用的重要参考。

表6-6 "政治机关建设"指标

指标名称	考评标准	分值	考评方法	是否机考	考评时间
政治机关建设	1. 完善和落实"纵合横通强党建"机制制度体系,全面完成税务系统党的建设高质量发展两年行动方案各项任务,抓好提质增效"八大行动"措施落地。 2. 贯彻落实《全国税务系统党的建设工作规范(试行)》,按照责任内容、责任清单和工作事项压实各党建主体责任。按时保质完成税务党建云平台推送任务事项;7月10日前、12月10日前,根据各地任务完成率进行量化考评(10分,上下半年各5分)。完成率达100%的得满分;其他单位得分=标准分值×本单位完成率。(最小扣分颗粒度为0.25分) 以上工作逾期完成的,按项次扣0.5分;未按要求落实的,按项次扣0.8分;产生负面影响的,按项次扣1分。	10	直接扣分法	否	7月10日前、12月10日前,进行审核评分。

一方面,坚持党建引领税收改革发展。这些年来,从国税地税合作到国税地税合并,从营改增试点到全面推开,从落实更大规模减税降费政策到统筹推进疫情防控和服务经济社会发展,税务系统上下都始终坚持以党建为引领,抓改革促落实,取得了明显成效。比如,在推进国税地税征管体制改革过程中,机构改革"三定"刚一到位,税务总局党委即要求各级税务局党委通过召开专题民主生活会,更好地促进党建引领、班子融合,并逐级迅速成立党委工作部门和系统党建工作部门,党支部、党小组延伸到机关和基层工作单元,促进形成上下贯通、执行有力的党组织体系,既保持了干部队伍稳定,又有力推动了改革任务落地,为落实党对税收工作的全面领导、牵引撬动各项工作发挥了引领作用。

　　另一方面,坚持党建与业务深度融合。围绕贯彻落实党中央、国务院决策部署,税务总局党委坚持党建工作和税收业务一起谋划、一起部署、一起落实、一起检查,出台了党建与业务融合抓的 18 项措施,以党建引领业务、以业务检验党建,党的政治优势、组织优势不断转化为税收治理效能。在重大改革发展任务中,关系全局的重点问题党委集体研究,在改革攻坚一线及时组建党组织,面对急难险重任务引导党员冲在前,努力做到改革推进到哪里,党组织和党员作用就发挥到哪里。大家普遍反映,各级党组织的主心骨作用和广大党员的排头兵作用愈加凸显,处处都能看到党员带头上、领着干的生动场景。比如,在落实减税降费政策中,各级税务机关设立"党员示范岗"1.5 万个,组织"党员先锋队""青年突击队""巾帼建功岗"等 7000 余个,既充分发挥各级党组织和广大党员干部改革攻坚作用,又把严明政治纪律和政治规矩贯穿工作的全过程。

　　实践证明,以绩效管理助力抓好党建工作,使基层党组织硬起来、党员干部素质强起来,税收事业发展就会有更为坚实的基础。2021 年 4 月,中央组织部组织二局在税务系统开展专题调研,并以《工作通讯》形式刊发《扛起主体责任　汇聚各方力量　推动税务系统党建工作创新发展——税务总局"纵合横通强党建"工作机制的调研报告》,报告全文在《人民日报》(2022 年 1 月 12 日)和《中国组织人事报》(2022 年 1 月 13 日)刊登推介。该报告指出,税务总局党委通过构建"纵合横通强党建"工作机制,探索出一条契合实际、务实管用的管党带队治税新路径,为各级机关在新时代坚持党的领导、加强机关党的建设提供了有益启示。①

(三)推动全面从严治党压紧压实

　　税务总局党委积极发挥绩效管理"主抓手"效应,把严的要求贯穿到税收

---

① 中央组织部组织二局:《扛起主体责任　汇聚各方力量　推动税务系统党建工作创新发展——国家税务总局"纵合横通强党建"工作机制的调研报告》,《人民日报》2022 年 1 月 12 日。

工作和税务干部队伍建设的全过程和各方面,持之以恒正风肃纪反腐,驰而不息改进作风,着力构建"政治建设一体深化、两个责任一体发力、综合监督一体集成、党建业务一体融合、约束激励一体抓实、组织体系一体贯通"的"六位一体"税务系统全面从严治党新格局,为税收事业持续健康发展提供了坚强保障。

通过将贯彻《党委(党组)落实全面从严治党主体责任规定》《关于加强对"一把手"和领导班子监督的意见》《税务系统落实全面从严治党主体责任和监督责任实施办法(试行)》,加强对省税务局"一把手"监督重点事项清单等纳入绩效考评(见表6-7),促进层层压实全面从严治党主体责任。税务总局机关每年对基层党组织落实全面从严治党主体责任情况开展全覆盖检查,并将结果纳入绩效考评。围绕加强对"一把手"和领导班子监督情况等专题,税务总局分两批对27个省区市税务局开展实地督查,倒逼主体责任层层落实。

表6-7 "一体化综合监督"指标

指标名称	考评标准	分值	考评方法	是否机考	考评时间
一体化综合监督	1. 省税务局党委完成两级巡察,上半年实现100%全覆盖;深入推进问题整改的"后半篇文章"和建章立制抓长效的"后半篇文章的后半篇文章",税务总局党委每轮巡视反馈后集中整改期整改落实率不低于90%;问题线索办结率不低于95%。以上每低1个百分点扣0.8分(不足1个百分点的,按0.8分计算)。 2. 被税务总局党委巡视或"回头看"发现问题,属税务机关责任的,按类扣0.5分;情节严重的,按项次加扣0.3分;属当年发现问题应整改而未整改的,按项次扣1分;属以前年度发现问题应整改而仍未整改的,按项次扣1.5分。 3. 对同一对象的同一内容,省税务局党委巡察未发现重大问题,但被税务总局党委巡视或"回头看"发现,属省税务局责任的,按项次扣0.5分。	10	直接扣分法	否	12月10日前,进行审核评分。

各级税务部门按照制度规定、改革要求和绩效管理的目标任务,进一步细化监督措施,破解监督难题,推动主体责任、监督责任落实到位。

通过完善"一体化综合监督"指标(见表6-8),将构建一体化综合监督体系、内外部监督检查发现问题及整改情况等纳入考评,深入推进综合监督体系建设,全面压实从严治党监督责任。各级税务机关结合实际,探索构建"党委全面监督、纪检机构专责监督、接受地方党政机关监督、部门职能监督、党的基层组织日常监督、党员和群众民主监督、接受社会监督"一体化综合监督体

表6-8　"一体化综合监督"指标

指标名称	考评标准	分值	考评方法	是否机考	考评时间
一体化综合监督	1. 落实现金税费征缴贪污截留风险防控长效机制,按要求开展专项审计工作。符合税务总局基本工作要求的,得基准分4分。在税务总局组织的交叉审计中,查实其他单位存在贪污截留税费作案新手段的,按项加1分;查实存在其他贪污截留税费问题的,按项加0.5分。被查实存在贪污截留税费作案新手段的,按项扣1分;被查实存在其他贪污截留税费问题的,按项扣0.5分;落实长效机制不到位的,按项次扣0.5分。 2. 对税务总局及驻各地特派办就查实问题提出的追责建议,未按税收执法责任制规定开展责任追究,或未按规定录入税收执法考评与过错责任追究系统的,按项次扣0.5分;抽查发现不符合免予追究、不予追究条件或未按要求责令限期整改的,按项次扣0.8分;产生负面影响的,按项次扣1分。 3. 被中央巡视组、中央督查组、国务院督查组等指出问题,属税务机关责任的,按项扣3分;未在规定时限内完成整改或未按要求整改的,按项扣4分。被中央和国家机关(不含税务总局)督查检查指出问题,属税务机关责任的,按项扣0.5分;未在规定时限内完成整改或未按要求整改的,按项扣0.8分。	40	直接扣分法	否	7月10日前、12月10日前、收到或作出监督检查通报后20日内,进行审核评分。

指标名称	考评标准	分值	考评方法	是否机考	考评时间
一体化综合监督	4. 国办核查"互联网+督查"平台的问题线索并通报指出问题,属税务机关责任的,按项次扣2分。税务总局核查"互联网+督查"平台转办或"互联网+税务督查"平台的问题线索,查实属税务机关责任的,按项次扣0.5分;未在规定时限内完成整改或未按要求整改的,按项次扣1分。对"互联网+督查"或"互联网+税务督查"问题线索,省税务局未按规定时限办理,或出现敷衍了事、结果不清需税务总局再次组织核查的,按项次扣0.5分;弄虚作假的,按项次扣0.8分。 5. 审计查出问题及整改(最高不超过5分,最低可为负分)。被审计署审计报告指出问题,属税务机关责任的,按类扣0.5分;属重大问题或屡审屡犯的,按项加扣0.3分;未在规定时限内完成整改或未按要求整改的,按项扣1分;审计部门反馈省税务局报告指出问题超过被审计省税务局问题平均数的,扣0.5分。审计问题整改力度较大,建立健全问题整改长效机制成效显著,有关经验做法在全国推广的(全年不超过年度被审计单位数量的1/3),加0.5分。 6. 被驻税务总局纪检监察组指出问题,受到批评教育或责令检查的,按人次扣0.6分;受到诫勉谈话的,按人次扣1分;受到其他组织处理的,按人次扣1.2分;受到通报批评的,按项次扣1.5分。被驻税务总局纪检监察组工作调研或监督检查发现问题的,按项次扣0.5分。 7. 被税务总局内部监督检查指出重大问题,属税务机关责任的,按项次扣0.5分;属当年发现问题应整改而未整改的,按项次扣0.8分;属以前年度发现问题应整改而仍未整改的,按项次扣1分。 8. 在税务部门内外部监督检查中,指出驻各地特派办工作中存在重大问题,省税务局负有责任的,按项次扣0.5分;未按规定对驻各地特派办提出的以查促控、以查促管意见建议作出响应的,按项次扣0.5分。	40(承上)	直接扣分法	否	7月10日前、12月10日前、收到或作出监督检查通报后20日内,进行审核评分。

系,对内推动纵向联动横向打通,统筹推进各类监督上下联动。发挥部门职能监督的作用,推动监督信息共享、成果共用,增强监督合力。对外强化协作,切实用好地方党政机关监督资源,更好更自觉接受纳税人缴费人、社会媒体和社会公众的监督,在更大范围整合监督资源、提升监督质效。

通过将落实深化税务系统纪检监察体制改革试点"1+7"、一体化综合监督"1+6"制度文件要求纳入考评(见表6-9),并制定《省级税务机关纪检机构及其主要负责同志履职考核办法(试行)》,持续推动派驻监督向下延伸,为深化税务系统纪检监察体制改革提供坚强保障。比如,一方面,对省税务局主动查办案件不予扣分。自2016年起即规定对发生干部违纪违法行为,各省税务局自办或主动移交的案件,均不予扣分。2018年进一步明确"对主动发现并查处或移交问题线索、严格按照规定处理的不予扣分";2020年进一步明确"主动发现并严格依规依纪查处或移交问题线索,对外未造成不良影响的不予扣分";2021年,进一步明确了"主动查办外部门移交问题线索"情形,包含各单位纪检机构对地方纪委监委、公安机关、检察院、法院等外部门未移交但经走访协调后获取问题线索进行办理的情形。另一方面,优化指标及规则鼓励纪检机构主动查办案件。2020年,税务总局在"正风肃纪"指标内进一步设置了加分条款,2021年,明确主动查办比例达到70%,即可获得加分。同时,在考评省税务局规则中明确,省税务局可结合本地工作实际,在机关考评中适当设置对纪检组的特别加分项,旗帜鲜明支持省税务局纪检机构更加主动地执纪问责。在2020年度、2021年度对省税务局绩效考评中,税务总局对有关专项整治成效显著的10个单位予以特别加分。

表 6-9 "一体化综合监督"指标

指标名称	考评标准	分值	考评方法	是否机考	考评时间
一体化综合监督	贯彻落实《中国共产党党内监督条例》《关于加强对"一把手"和领导班子监督的意见》,持续深化纪检监察体制改革试点和构建一体化综合监督体系。 1. 根据税务总局党委和驻税务总局纪检监察组关于纪检监察体制改革试点"1+7"制度文件要求,细化任务清单,抓好贯彻落实。因工作不力,被税务总局党委、驻税务总局纪检监察组通报批评的,按项次扣1.5分;产生负面影响的,按项次加扣0.5分。 2. 全面落实一体化综合监督"1+6"制度办法,未按要求落实的,按项次扣0.5分;产生负面影响的,按项次加扣0.5分。落实《税务系统纪检机构监督执纪工作规范(试行)》不力,被税务总局党委、驻税务总局纪检监察组通报批评,或被责令作出书面检查的,按项次扣1.5分;产生负面影响的,按项次加扣0.5分。	40	直接扣分法	否	12 月 10 日前,进行审核评分。

通过设置"正风肃纪"等指标(见表6-10),将落实中央八项规定及其实施细则精神、信访线索处置、"一案双查"机制及廉政警示教育等纳入考评;同时,从违纪违法"有没有"、主动办案"查没查"、执纪问责"严不严"、整体情况"好不好"四个维度加大考评力度,有力促进一体推进"三不腐"。比如,将领导干部是否如实报告个人有关事项纳入考评,设置查核一致率、报告时限等多项指标考点,对低于设定指标的或因不如实报告受到诫勉以上处理等情况,对所在单位组织绩效、干部本人个人绩效进行"双扣分"。通过从严考评,税务系统个人有关事项填报质量逐年提高,查核一致率不断提升,2021 年全国税务系统查核一致率达到 95%,比 2020 年提高 4 个百分点。又如,将开展规范领导干部配偶、子女及其配偶经商办企业行为工作并建立

常态化机制等纳入考评,推动出台整治违反中央八项规定精神问题135项负面清单、公务接待8项正面清单,并对组织开展税务干部涉黑涉恶和充当"保护伞"专项治理、违规收送礼品礼金和私车公养问题专项整治、纪律作风问题专项整治等进行考评,促进了各级税务机关和广大党员干部强化作风建设、严守纪律规矩。

表6-10　"正风肃纪"指标

指标名称	考评标准	分值	考评方法	是否机考	考评时间
正风肃纪	始终坚持严的主基调,深化"三不"一体推进,精准有效运用监督执纪"四种形态",以"零容忍"态度正风肃纪反腐。 1. 落实中央八项规定及其实施细则精神不力,被税务总局党委、驻税务总局纪检监察组通报批评,或被责令作出书面检查的,按件次扣1.5分;被中央纪委国家监委通报批评的,按件次扣2分。同一通报批评中,涉及干部人数超过1人的,每超1人加扣0.2分。 2. 干部违纪违法。 (1)税务系统干部发生违纪违法行为,受到诫勉谈话的,厅局级干部按人次扣1分;省税务局党委管理的处级干部按人次扣0.8分,处级以下干部按人次扣0.5分。 (2)税务系统干部发生违纪违法行为,受到党纪政纪轻处分的,厅局级干部按人次扣1.5分;省税务局党委管理的处级干部按人次扣1分,处级以下干部按人次扣0.8分。受到党纪政纪重处分的,分别按人次加扣0.5分。	40	直接扣分法	否	7月10日前、12月31日前,进行审核评分。

指标名称	考评标准	分值	考评方法	是否机考	考评时间
正风肃纪	(3)税务系统干部发生违纪违法行为,被税务总局党委或省纪委通报批评的,按件次扣1分;被中央纪委国家监委通报批评的,按件次扣2分。同一通报批评中,涉及干部人数超过1人的,每超1人加扣0.2分。计划单列市税务系统干部发生违纪违法行为,被市纪委通报批评的,按件次扣0.8分。 (4)税务系统干部被追究刑事责任的,厅局级干部按人次扣3分,属于主要负责人、纪检组长的按人次加扣1分;省税务局机关处级干部和市税务局主要负责人、纪检组长按人次扣2分,省税务局机关处级以下干部按人次扣1.3分;县税务局主要负责人、纪检组长按人次扣1分。 3. 按规定开展信访线索处置工作。对上级交办的信访举报件,未按要求报送处置意见及方案的,按件扣0.5分;未按要求报送调查结果的,按件扣0.8分;未开展调查核实的,按件扣1分。未按要求开展涉税违法案件"一案双查"工作的,按件扣0.8分。 4. 强化以案明纪、以案示警,每季度至少开展1次警示教育(其中以主动点名道姓通报曝光本系统案例形式开展的警示教育全年不少于1次)。未按要求落实的按项次扣0.8分。 以上情形,发现存在弄虚作假、漏报瞒报等问题的,按项次扣0.5分;在案件发现和处理过程中未积极配合各级纪委监委或执法司法机关,对外造成不良影响的,按件次加扣0.2分;以上第1—2项违纪违法情形,主动发现并严格依规依纪查处或主动查办外部门移交问题线索,对外未造成不良影响的不予扣分;对同一干部的同一违纪违法行为从高扣一次分。	40（承上）	直接扣分法	否	7月10日前、12月31日前,进行审核评分。

续表

指标名称	考评标准	分值	考评方法	是否机考	考评时间
正风肃纪	5.12月31日前,根据各地干部违纪违法情况进行量化考评(5分)。以排名第18名单位的违纪违法情况考评值为基准值。考评值＝1-省税务系统干部发生违纪违法行为受到党纪政纪处分或被追究刑事责任人数÷省税务系统在编干部(不含离退休干部)人数。主动发现并严格依规依纪查处和主动查办外部门移交问题线索人数比例≥90%的,加0.5分;80%≤主动发现并严格依规依纪查处和主动查办外部门移交问题线索人数比例<90%的,加0.3分;70%≤主动发现并严格依规依纪查处和主动查办外部门移交问题线索人数比例<80%的,加0.2分。	5	量化计分法	否	12月10日前,进行审核评分。

二、围绕推动高质量发展发挥"指挥棒"效应, 推进中央决策部署在税务系统落地落好

税务绩效管理围绕贯彻落实党中央、国务院重大决策部署,聚焦税收主责主业,设置可量化、可监控和可操作的绩效指标并严格实施考评,通过统筹整体考评与专项考评相结合,对重大改革任务专项考、专题督,引导各级税务机关不折不扣抓好落实,坚决落实减税降费政策,顺利推进营改增、个人所得税改革、国税地税征管体制改革等重大改革,为打赢一场又一场税收改革攻坚战,服务"六稳""六保"大局发挥积极作用。

(一)推进圆满完成组织税费收入目标

近年来,受经济下行压力、中美经贸摩擦、新冠疫情严重冲击等不利影响,组织收入工作面临较大困难。特别是国税地税征管体制改革后,随着社保费和非税收入征收职责划转,税务部门从之前的"以收税为主"到"既收税又收

费"，业务量增加，组织收入扩大了一倍，承担的责任更重、面临的困难更多。税务总局党委认真学习贯彻习近平总书记有关税收工作的重要指示精神，通过加大绩效考评，促进各级税务机关始终坚持依法依规征税收费，加强收入形势分析和研判，科学制定组织收入工作方案，严肃组织收入纪律，坚决不收"过头税费"，保持收入目标与经济税源和减税降费相协调，更好服务经济社会发展大局。比如，设置"组织税费收入""社保费和非税收入管理"等指标并加强考评，引导系统上下树牢税费皆重理念，齐抓共管做好税费收入组织工作（见表6-11、表6-12），始终把依法依规贯穿于组织收入全过程，坚持在"平稳、协调、安全、持续"上下功夫，确保完成全年预算任务。2013年至2022年，全国税务系统坚持依法依规组织税费收入原则，在减税力度不断加大、宏观

表6-11 "组织税费收入"指标

指标名称	考评标准	分值	考评方法	是否机考	考评时间
组织税费收入	依法依规做好组织税费收入工作，着力确保平稳协调安全可持续增长。 1. 未完成税务总局最终确定的全年税收收入目标的，每低1个百分点扣2分（不足1个百分点的，按2分计算）。收入预测准确率不低于96%，每低1个百分点扣1分（不足1个百分点的，按1分计算）。 2. 按照税务总局要求，运用税收大数据开展税收经济分析工作，服务地方经济发展。逾期完成的，按项次扣0.2分；出现一般问题的，按项次扣0.3分；出现重大问题的，按项次扣0.5分；内容存在错误被上级通报批评的，按项次扣1分。 3. 严格收入质量监控，按要求开展指标扫描、疑点应对、重点核查工作；加强本省平台经济监管。逾期完成的，按项次扣0.2分；出现一般问题的，按项次扣0.3分；出现重大问题的，按项次扣0.5分。存在收"过头税费"、虚收空转等违反组织收入原则问题，以及待报解账户不规范使用问题，属税务机关责任的，按项次扣0.8分；产生负面影响的，按项次扣1分。	20	直接扣分法	是	7月10日前、2023年1月7日前，进行审核评分。

续表

指标名称	考评标准	分值	考评方法	是否机考	考评时间
组织税费收入	4.7月10日前、12月10日前，根据各地核实更正税务总局推送数据质量问题疑点的完成率进行量化考评（10分，上下半年各5分）。以排名第18名单位的完成率为基准值。省税务局核实无问题，但被税务总局指出问题的，按项次扣0.3分；出现重大问题的，按项次扣0.5分。	10	量化计分法	否	7月10日前、12月10日前，进行审核评分。

表6-12　"社会保险费和非税收入管理"指标

指标名称	考评标准	分值	考评方法	是否机考	考评时间
社会保险费和非税收入管理	1. 已征收涉企险种的省税务局，保持缴费方式和征收政策不变，不得自行组织开展以前年度集中清欠。未征收涉企险种的省税务局，12月10日前完成本省涉企险种政策征管成熟情况评估。 2. 1月1日前，完成机关事业单位和城乡居民社会保险费征管职责划转工作；4月1日前，完成跨年度征收的城乡居民社会保险费征管职责划转工作。 3. 6月30日前，摸清本省社会保险费征管政策、征管要素、收入等情况，重点摸清企业职工养老保险费源底数。 4. 根据国务院降低社会保险费率安排，参与2019年社会保险费收入预算编制调整工作和2020年预算编制工作。 以上工作逾期完成的，按项次扣0.5分；出现不符合税务总局要求的问题，按项次扣0.8分；产生负面影响的，按项次扣1分。	30	直接扣分法	否	3月10日前、4月10日前、7月10日前、12月10日前，进行审核评分。
	5. 按照税务总局要求，规范征收管理，提高征收效率，提升服务质效，平稳有序推进非税收入划转改革。出现不符合税务总局要求的问题，按项次扣0.8分；产生负面影响的，按项次扣1分。 6. 11月30日前，配合有关部门做好2020年非税收入预算编制工作。逾期完成的，扣0.5分；未按要求完成的，按项次扣0.8分。	10	直接扣分法	否	7月10日前、12月10日前，进行审核评分。

税负逐步下降的基础上,累计组织税收收入 140 万亿元(未扣除出口退税),加上社保费和非税收入,累计超过 187 万亿元,为经济社会发展提供了坚实的财力保障。

与此同时,持续深挖税收大数据价值,税收经济分析产品越来越得到各级党委政府和社会各界的关注和认可,在服务微观经营主体、服务经济社会发展、服务国家宏观决策中的作用日益彰显。比如,聚焦经济运行中的热点、重点、焦点问题,进一步发挥税收大数据优势,持续做精常规分析产品;聚焦经济形势变动,按月开展宏观经济税收分析,增强对宏观经济形势研判的预见性和敏感性;聚焦政策落实效应,开展减税降费成效分析,全面系统地反映政策落实效果;聚焦新发展理念,紧跟形势变化,开展科技创新、数字经济、清洁能源、乡村振兴等分析,与时俱进打造分析产品。据统计,2021 年,税务总局围绕贯彻新发展理念、减税降费效应、经济运行等重点工作,上报分析报告近 120 篇,省、市、县税务局向地方党委政府报送税收经济分析报告 1.2 万余篇,获各地党政领导批示 5000 余篇。

(二) 推进实打实硬碰硬落实好减税降费政策

2018 年以来,习近平总书记就实施大规模减税降费政策作出一系列重要指示批示,强调:"减税降费政策措施要落地生根,让企业轻装上阵。"[1]在依法征税收费的同时,落实好减税降费的任务,既不能违反组织收入原则收"过头税费",也不能因政策落实不力使企业享受不到优惠,给税务部门提出了更高要求。同时,税费优惠新政策不断推出且类型多样:在优惠主体方面,有中小微企业等不同类型,有普惠性举措,也有针对制造业、服务业等特定领域的专项措施;在优惠方式方面,有减、免、抵、退等形式,有延续实施、新增部署,还有追溯执行;在优惠内容方面,涉及税种费种包括增值税、企业所得税、个人所得

---

① 《国家主席习近平发表二〇一九年新年贺词》,《人民日报》2019 年 1 月 1 日。

税以及地方"六税两费"等,需要统筹推进。

　　税务总局党委认真学习贯彻习近平总书记关于减税降费政策的重要指示批示精神,深入学习贯彻党的二十大精神,按照"疫情要防住、经济要稳住、发展要安全"的要求,坚决落实党中央、国务院决策部署,充分运用绩效管理这"一根针"精准地穿起"千条线",统筹抓好落实税费支持政策、依法组织税费收入、优化服务便民办税、规范税收执法等各项工作,全力推动落实落细税费优惠政策,激发市场主体活力,助力稳住宏观经济大盘。比如,通过制定"税费优惠政策落实"指标(见表6-13)以及"实施减税降费"类指标考评方案(专栏6-1)、退税减税政策落实工作专项绩效考评办法(专栏6-2),并严格实施考评,促进建立减税降费政策直达快享机制,努力以最快速度、最大力度、最优效率确保政策红利第一时间惠及市场主体,确保减税降费政策精准、全面、细致落实到位。2013年至2022年累计新增减税降费及退税缓税缓费超13万

表6-13　"税费优惠政策落实"指标

指标名称	考评标准	分值	考评方法	是否机考	考评时间
落实小型微利企业政策	1. 贯彻部署。在规定时间内提出贯彻落实意见。按要求完成的,得满分。未按时提出贯彻落实意见的,扣1分。 2. 政策宣传。通过新闻媒体或税务网站、办税服务厅公告等形式,广泛开展政策宣传。按要求开展政策宣传的,得满分;未在规定时限开展的,扣1分。 3. 优化管理方式。按照税务总局统一部署,积极贯彻管理方式改革要求。按时贯彻的得满分。 4. 督导落实。分别在7月30日前、2015年1月10日前,报送《小型微利企业优惠政策阶段性落实情况》,内容包括:总结小微企业优惠政策整体落实情况,采取的措施,存在问题及建议,小微企业总户数,享受优惠户数,减免税金额等。按要求完成的,得满分;未按时上报,每迟1天,扣0.5分。完成情况不力的,根据情况扣分。	10	直接扣分法	否	6月30日前、7月30日前、8月30日前、2015年1月10日前进行审核评分。

续表

指标名称	考评标准	分值	考评方法	是否机考	考评时间
地方税费优惠政策	积极推动地方政府制定优惠政策,严格落实各项地方税费优惠政策。政策执行中,出现不符合税务总局要求的问题,按项次扣0.5分;产生负面影响的,按项次扣1分。	20	直接扣分法	否	4月10日、7月10日、10月10日、12月10日前进行审核评分。

亿元。在减税降费等宏观政策综合作用下,党的十八大以来至2021年底,全国新增涉税市场主体累计9315万户,年均增加逾千万户;年销售或营业收入在500万元以上的增值税一般纳税人户数由2015年底的544万户增长至2021年底的1238万户,"放水养鱼"效果持续显现。2021年9月,国务院第八次大督查结果显示减税降费落实到位、成效明显。全国工商联组织的2022年度万家民营企业评营商环境调查结论显示,企业对税费支持政策的落实满意度位居前列。

专栏6-1

税务总局机关"实施减税降费"类指标考评方案

为全力确保减税降费政策措施落地生根,根据税务总局党委统一部署,对税务总局机关"实施减税降费"类指标制定本考评方案。

一、关于考评对象

按照税务总局关于实施减税降费工作安排,由税务总局减税降费工作领导小组办公室(以下简称"减税办")对综合协调组、政策落实组、核算分析组、纳税服务组、征管信息化组、宣传舆情组、督察督办组、社保非税组8个工作组实施考评。指标考评发生扣分时,由被扣分的工作组明确承接指标失分责任的机关司局……

续表

二、关于考评内容

对各工作组分别设置"个性任务"和"共性任务"实行"百分制"考评。其中，"个性任务"分值90分，"共性任务"分值10分……

三、关于考评规则

（一）考评周期……

（二）考评计分……

（三）指标调整……

专栏6-2

退税减税政策落实工作专项绩效考评方案

为深入贯彻落实党中央、国务院关于实施新的组合式税费支持政策决策部署，根据税务总局党委统一部署制定本方案，专项考评退税减税政策落实情况，全力确保政策落地落细，以实际行动体现接受中央巡视的成效。

一、关于对省税务局考评

（一）政策落实……

（二）征管和信息化支撑……

（三）统计分析……

（四）纳税服务……

（五）风险防控……

（六）税务稽查……

（七）督察督办……

（八）宣传舆情……

（九）执纪问责……

二、关于对税务总局机关司局考评

（一）共性任务

1. 推动实施新的组合式税费支持政策落地……

2. 落实退税减税政策问题快速反应机制……

3. 编写政策即问即答……

4. 风险防控与效应分析……

5. 配合督察……

6. 宣传舆情……

（二）个性任务……

三、关于对税务总局驻各地特派办考评

（一）严打骗取留抵退税……

续表

（二）开展退税减税督察……
（三）宣传舆情……
（四）执纪问责……
四、关于考评机制
……

（三）推进全面依法治税

税务总局党委坚持以习近平法治思想为指导，着眼于不断推进税收法治建设，2015年2月，印发《关于全面推进依法治税的指导意见》，进一步明确全面推进依法治税的总体规划和实现路径；同年5月，出台《关于坚持依法治税更好服务经济发展的意见》，要求各级税务部门依法发挥税收职能作用，切实增强服务经济发展的主动性；2016年12月，发布《"十三五"时期税务系统全面推进依法治税工作规划》，明确"到2020年基本建成法治、创新、廉洁和服务型税务机关"的总体目标，明晰具体规划、责任部门、时间表和重点任务。对以上文件按任务分工，既纳入税务总局有关司局个性指标进行考评，又加大对基层税务部门落实情况的绩效考评，促进落实落细。

全面落实中央关于"落实税收法定原则"的总体部署，按照税收立法工作计划，加强对各有关司局履行配合立法责任的考评，促进协同相关部门先后制定耕地占用税法、车辆购置税法、资源税法、城市维护建设税法、契税法、印花税法6部税法，现行18个税种已有12个完成立法，其他税种立法工作正在有序推进。以环境保护税、资源税、耕地占用税"多税共治"及以税收优惠政策"多策组合"的绿色税收体系基本构建形成，助力"美丽中国"建设。

在税务总局机关层面设置"制度规范"指标，促进不断规范税务部门规章管理。每年3月底前，确定本年度税务部门规章制定计划，全年根据规章制定计划积极推进规章制定工作，严格纳入考评。先后修订《税务规范性文件制定管理办法》《税务部门规章制定实施办法》,进一步规范税务部门规章、税务规范性文件的制定管理,提高制度建设质量,防止制度性侵权,努力通过制定规范实现税收公平。制发《重大税收违法失信主体信息公布管理办法》《税收违法行为检举管理办法》等9项规章,进一步促进税务机关规范执法。

同时,将健全税收政策"闭环"管理机制纳入绩效考评,通过事前的权益性审核合法性审核、合规性评估、公平竞争审查,事中的备案审查、执行效果评估,以及事后的复议附带审查、政策清理等,推动提升税收政策管理的科学性、确定性和统一性。2019年到2022年底,共印发税务规范性文件132件。其中,配合税法实施,印发《关于城市维护建设税征收管理有关事项的公告》《关于契税纳税服务与征收管理若干事项的公告》等配套管理办法;落实减税降费政策,印发《关于进一步落实研发费用加计扣除政策有关问题的公告》《关于落实支持小型微利企业和个体工商户发展所得税优惠政策有关事项的公告》等;围绕社保费和非税收入划转,印发《关于国家重大水利工程建设基金等政府非税收入项目征管职责划转有关事项的公告》等;结合发票电子化改革(金税四期),印发《关于在新办纳税人中实行增值税专用发票电子化有关事项的公告》等;聚焦优化税收营商环境,印发《关于纳税信用评价与修复有关事项的公告》等;着眼规范税务执法程序,印发《税务行政处罚"首违不罚"事项清单》等,持续优化税务执法方式,更好服务市场主体。

此外,通过设置"法治基础建设"指标(见表6-14),突出对"全面推行行政执法公示制度、执法全过程记录制度、重大执法决定法制审核制度工作情况"行政执法"三项制度"的考评,进一步提升各级税务干部依法办税能力和水平。将实施"首违不罚"纳入考评,促进准确把握税务执法的时度效,发布两批税务行政处罚"首违不罚"事项清单,对首次发生纳税申报、票证管理等14项轻微税收违法行为的纳税人依法不予行政处罚,运用说服教育方式促进增强自主遵从意识。

表6-14 "法治基础建设"指标

二级指标	考评标准	分值	考评方法	是否机考	考评时间
法治基础建设	深化税收法治基础建设,规范实施备案程序,不断提升税务行政复议工作水平。 1. 全面落实行政执法"三项制度"。按要求使用税收执法信息公示平台,未及时维护信息的,按次扣0.5分。按照各地制定的重大执法决定法制审核清单及标准开展法制审核工作,超过规定审核期限的,按次扣0.5分;出现应审未审情形的,按次扣1分。发现存在弄虚作假、虚报瞒报等问题的,按项次扣0.5分。 2. 税务行政复议。12月10日前,根据各地确认违法、撤销或变更具体行政行为情况进行量化考评(10分)。以排名第18名单位的考评值为基准值。考评值=1-税务总局确认违法、撤销或变更具体行政行为数量÷本省申请行政复议数量。 3. 税务行政处罚"首违不罚"。违反"首违不罚"适用条件,出现擅自变相扩大或缩小范围等问题的,按次扣0.3分;产生负面影响的,按次扣1分。 4. 重大税务案件审理。全年省级重大税务案件审理委员会审理的重大税务案件不少于4件,每少1件扣0.3分。 5. 规范性文件备案。未按规定文种发布文件或未按要求备案文件的,按件扣0.3分;未备案文件的,按件扣0.5分;备案文件出现错字、漏字、病句等明显错误的,按件扣0.3分。备案文件涉及违规制定优惠政策的,按件扣1分;涉及其他合法性问题,超过1个月未按期整改的,按件扣0.5分。	15	量化计分法	是	7月10日前、12月10日前,进行审核评分。

（四）推进全面深化税收改革

税务总局党委认真学习贯彻习近平总书记关于全面深化改革的重要论述，统筹处理好税制和征管等方面改革的协同，深化改革研究，强化顶层设计，注重实施策略，努力取得集聚效应。特别是党的十八大以来，在我国加快转变经济发展方式、促进产业结构优化升级的关键时期，相继实施增值税改革、完善企业所得税制度、逐步建立综合与分类相结合的个人所得税制、构建"绿色税制"体系等，调控经济、调节分配作用有效发挥，为促进经济社会发展和民生改善作出了积极贡献。

比如，2016年为确保营改增试点落实到位，税务总局抓住"开好票""报好税""分析好"特别是紧盯"所有行业税负只减不增"的改革目标，实行专项考评（见表6-15、专栏6-3），促进系统上下共同做好全面推开营改增试点工作。全面推开营改增试点当年降低企业税负5700多亿元，所有行业实现税负只减不增，取得好于预期的成效。营改增不仅直接降低了企业税收负担，而且助推了供给侧结构性改革和企业转型升级，促进了大众创业、万众创新，对经济稳增长和市场增活力起到了重要促进作用。

表6-15 "营改增"专项考评指标

指标名称	考评标准	分值	考评方法	是否机考	考评时间
营改增	按照税务总局要求，落实好全面推开营改增试点任务。具体考评标准见《营改增专项绩效考评及结果运用办法》。	100	直接扣分法	否	首期纳税申报结束后10日内、12月10日前进行审核评分，并将考评结果录入绩效管理信息系统。

专栏 6-3

营改增专项绩效考评及结果运用办法

为确保全面推开营改增试点工作任务落到实处，按照《国家税务总局关于扎实做好全面推开营业税改征增值税改革试点工作的通知》(税总发〔2016〕32号)和《税务总局机关全面推开营改增试点任务职责分工》(税总办函〔2016〕245号文件印发)要求，现对绩效管理 4.0 版中"推进营改增"考评指标进行调整，并实行专项绩效考评及结果运用。

一、关于对税务总局机关考评

根据《税务总局机关全面推开营改增试点任务职责分工》要求，分别设置个性指标对货物劳务税司、财产行为税司、规划核算司、纳税服务司、征管科技司和电子税务中心 6 个司局实施考评……

二、关于对省税务局考评

按照各省(区、市)税务机关全面推开营改增试点任务职责分工，主要考评组织领导、纳税人交接、应用系统及数据准备、税控系统使用、发票管理、业务培训、运行保证、二手房委托代征政策效应分析、宣传舆论十个方面内容……

三、关于专项考评结果运用

对成绩突出的公务员和公务员集体予以奖励，对工作不负责任并造成严重后果的实行问责……

又如，为确保综合与分类相结合的个人所得税制改革有序推进，税务总局聚焦组织领导、宣传辅导、优化服务、信息化建设、改革保障等关键环节实施专项考评，将改革工作细化为 6 个方面、28 项改革事项、37 条具体任务，督促引导各级税务机关聚焦目标任务精准发力，确保改革顺利实施。同时，为扎实推进个税改革的"最后一公里"，连续三年将个税汇算管理工作列入重点进行考评。2020 年，考评要求各省汇算前做好制定应急预案、开展内部培训、加强对外宣传；汇算中强化申报受理与退税审核、开展汇算情况监测、做好舆情监测和应对；汇算后做好事后抽查和工作总结等。2021 年，将个税汇算退补税办结情况等纳入绩效考评。2022 年，进一步完善有关指标，提高考评标准(见表 6-16)。通过连年纳入指标、严格实施考评，确保了个税年度汇算工作平稳运行。

再如,着力推进税收征管从合作、合并再到合成三次重大改革,以夯实税收基础,理顺税收关系,增强税收功能,提升税收效率,构建起优化高效统一的税收征管体系,更好地发挥了税收在国家治理中基础性、支柱性、保障性作用。[1] 2015年为推进深化国税地税征管体制改革,税务总局制定"加强国地税合作""推行税收征管规范"等关键绩效指标,促进国税地税部门全面加强合作,推动服务深度融合、执法适度整合、信息高度聚合,全面提升税收征管效率。2018年为推进国税地税征管体制改革,税务总局及时制发专项绩效考评办法对相关司局、各省税务局和驻各地特派办实施考评(见表6-17、专栏

表6-16　"个人所得税改革"指标

指标名称	考评标准	分值	考评方法	是否机考	考评时间
个人所得税改革	1. 5月20日前、8月20日前、11月20日前,根据各地上一季度各月个人所得税明细申报率、明细申报数据准确率的综合完成率进行考评。综合完成率排名第1名的单位得满分;其他单位按下列公式计算:指标得分=标准分值(15分,前三季度各5分)×本单位综合完成率÷第1名单位综合完成率。综合完成率=(电子明细申报数据准确率平均值+电子明细申报率平均值)÷2。 2. 11月20日前,根据各地预缴申报事后抽查工作完成情况进行考评。完成税务总局确定的事后抽查任务的单位得满分;其他单位按下列公式计算:指标得分=标准分值(20分)×本单位抽查任务完成值÷税务总局确定的抽查任务值。 3. 按照税务总局要求,做好2021年纳税人综合所得年度汇算清缴准备工作。未按要求完成的,按项扣0.8分;产生负面影响的,按项扣1分。	35	量化计分法	是	5月20日前、8月20日前、11月20日前、12月10日前,进行审核评分。

---

① 胡怡建:《从三个视角看我国新一轮税收征管改革》,《中国税务》2021年第5期。

续表

指标 名称	考评标准	分值	考评 方法	是否 机考	考评 时间
个人所得税改革	4. 网络安全攻防演习。税务总局对各地部署的 ITS 系统组织网络安全攻防演习，查找系统安全漏洞和风险点。被攻击获取参演系统重要控制权限的，按次扣 1 分。	5	直接扣分法	是	网络安全攻防演习结果公布后 10 日内，进行审核评分。
	5. 按照税务总局要求，做好 ITS 系统运维保障工作的，得基准分 4.5 分。 (1)因税务机关原因，导致 ITS 系统应用中断，系统无法办理业务造成业务事项积压，申报网络严重拥堵，或发生数据安全事故的，按项次扣 0.5 分。 (2)金税三期系统并库后，未完成数据验证造成系统数据错误的，按次扣 0.8 分。 (3)对选派 10 人以上支持 ITS 项目建设运维工作的省税务局(1 月 1 日至 12 月 31 日期间，单人累计参加项目建设运维大于 180 日的，视为所在省税务局支持项目建设运维 1 人，下同)，加 0.3 分；对选派 8—10 人的省税务局，加 0.2 分；对选派 4—7 人的省税务局，加 0.1 分。 (4)以税务总局网信办每月通报为依据，年终汇总计算各省税务局受到通报表扬总人次。对总人次居前 2 位的省税务局，加 0.2 分；对总人次位居 3—5 位的省税务局，加 0.1 分。 (5)对在项目组承担主要工作的骨干力量，因所在单位原因退出项目组的，按人次扣 0.2 分；未按税务总局网信办要求选派符合要求的运维人员参与集中工作，中途退出的，按人次扣 0.1 分。(指标得分不超过标准分值)	5	基准加减法	否	12 月 31 日前，进行审核评分。

6-4)，明确改革推进时间表、路线图、任务书。在绩效管理"指挥棒"的牵引下，对 350 项工作任务进行具体部署，统一制作了指导性意见、基本原则乃至操作模板等，编制了涵盖近 700 个具体改革事项的总台账，挂图作战、对表推进，确保改革平稳有序开展。全国省市县乡近 2.3 万个新税务局(分

局、所)逐级统一顺利挂牌,各级税务局和内设机构、派出机构、事业单位得到较大幅度精简,优化了机构设置和职能职责,初步构建起优化高效统一的税收征管体系。2021年为进一步深化税收征管改革,税务总局聚焦6个方面24项重点改革事项,对机关司局、各省税务局及驻各地特派办贯彻落实《关于进一步深化税收征管改革的意见》情况实行专项绩效考评,围绕智慧税务和精确执法、精细服务、精准监管、精诚共治"四精"统筹谋划、集成贯通、一体推进,先后出台90多项高含金量举措,指导部分地区在重点改革领域取得较好成效,推动深化税收征管改革稳步行进,纳税人缴费人的获得感明显增强。

表6-17　"国税地税征管体制改革"专项考评指标

指标名称	考评标准	分值	考评方法	是否机考	考评时间
国税地税征管体制改革	按照税务总局要求,落实好国税地税征管体制改革各项工作任务。具体考评标准见《国税地税征管体制改革专项绩效考评办法》。	100	直接扣分法	否	月度终了后10日内进行审核评分,并将考评结果录入绩效管理信息系统。

专栏6-4

国税地税征管体制改革专项绩效考评办法

为平稳扎实有序推进国税地税征管体制改革,根据税务总局党组统一部署,对各省税务局、税务总局机关司局和驻各地特派办实行"国税地税征管体制改革"专项绩效考评。

一、关于对省税务局考评

按照税务总局税务机构改革工作安排,实行"百分制"考评。主要考评新机构挂牌、制定落实"三定"规定、社保费征管职责划转、税费业务及信息化整合、规范性文件清理、财务事项、总结验收、改革保障、领导评价等……

续表

二、关于对税务总局机关司局和驻各地特派办考评

按照税务总局税务机构改革工作安排,对各司局分别设置"共性任务"和"个性任务"进行考评……

三、关于考评规则

（一）考评部门……

（二）考评周期……

（三）考评计分……

（四）其他事项……

（五）推进持续优化税收营商环境

营商环境是指企业等市场主体在市场经济活动中所涉及的制度要素和社会条件,是一国治理能力、体制机制、社会环境、资源禀赋、基础设施和思想观念等因素的综合反映。[①] 只有良好的营商环境,才能吸引更多人才、资金、技术,才能释放市场活力、激活发展潜力、提升国际竞争力,推动经济社会高质量发展。

习近平总书记多次强调,"要对标国际一流标准改善营商环境"[②],"加快营造市场化、法治化、国际化的营商环境"[③]。按照党中央、国务院部署,各部门、各地区在推动经济发展中,更加注重推进"放管服"改革、优化营商环境,以更大激发市场主体的活力,为各类市场主体创业兴业提供便利条件和制度保障。

税务部门是与人民群众打交道最多、频度最高、联系最紧密的公共服务窗口单位之一,服务着几千万企业纳税人、数亿自然人纳税人和十亿多缴费人。

[①] 中国行政管理学会课题组:《聚焦市场主体关切 持续打造市场化法治化国际化营商环境》,《中国行政管理》2021 年第 8 期。

[②] 《习近平谈治国理政》第四卷,外文出版社 2022 年版,第 187 页。

[③] 《完整准确全面贯彻新发展理念 发挥改革在构建新发展格局中关键作用》,《人民日报》2021 年 2 月 20 日。

全国税务系统围绕构建优质便捷的税费服务体系,坚持"最大限度为纳税人缴费人服务,最大限度规范税务人",通过绩效考评促进以税务人的"用心",换来税费服务举措的"创新",税收营商环境的"清新"。

一是推进税务简政放权。设置"深化'放管服'改革"指标,将构建并深化"放管服"管理机制,制定"放管服"改革举措,形成"放管服"任务台账,精简涉税资料报送、简并优化税种申报表等纳入考评,促进持续简化行政审批,将税务行政审批事项由 87 项削减至 1 项、减少比例达 99%,创新"备案改备查"方式,超过 95%的税收优惠事项实现"免备案";持续降低办税缴费成本,分批取消 61 项税务证明,对 12 项税务证明事项实行告知承诺制,精简 50%涉税资料;持续压减办税时间,联合市场监管部门实现企业开办全程网上办;持续优化税务注销程序,推出税务注销"即办""免办"快速服务,降低了制度性交易成本,激发了市场主体活力动力。

在"减审批"方面。比如,2014 年、2015 年将"税务行政审批制度改革"纳入考评,2015 年将"切实加强事中事后管理"纳入考评,2016 年将"落实加强事中事后管理的指导意见"纳入考评,深入推进税收领域行政审批制度改革。又如,将"免备案"纳入考评,促进增值税减征、免征优惠事项由备案改为资料留存备查;将实行税务证明事项告知承诺制纳入考评,对纳税人办理购买住房按规定申报享受减征契税政策等相关税务事项时,书面承诺已经符合相关要求并愿意承担不实承诺的法律责任的,不再索要有关证明并依据书面承诺办理相关税务事项。

在"减资料"方面。比如,连续多年设置"精简涉税报送资料和简并优化税种申报表"指标,促进简并优化申报表方案并发布取消涉税报送资料清单,精简纳税人向税务机关报送的资料;推行"二手房"交易自然人纳税人应缴纳相关税种"免填单"服务,开展 10 个财产行为税种合并申报工作,推动涉税资料不断精简。

在"减时间"方面。比如,不断缩短审核出口退税办理时间,自 2019 年起将审核办理出口退税时间纳入考评,推进实现平均办理时间从 10 个工作日缩短至 6 个工作日。配合制度性留抵退税工作,自 2021 年起将逐笔办理制度性留抵退税正常审核准期率纳入考评,并从 2022 年起采取量化计分方式,以第 18 名单位的准期率为基准值,推动各单位更优更快办理留抵退税。持续优化税务注销程序,2018 年设置"制定简易注销办法"个性指标,将规范简易注销制度办法纳入考评;2020 年为加快解决企业"注销难"等问题,根据各省税务局一般流程注销超期户数占同期一般流程注销总户数的比例进行量化考评;2022 年进一步采取量化考评方式,考评各省税务局税务注销环节管理工作综合质效。通过持续深化绩效考评,推动抓好工作改进,目前全国税务注销平均办理时间压缩至 1.5 天。

二是推进提升服务质效。设置"优化税收营商环境"指标(见表 6-18),围绕落实十三部门《关于推进纳税缴费便利化改革优化税收营商环境若干措施的通知》及税务总局"便民办税春风行动"方案,突出对简化事项办理、提升服务质效的考评,推动税费服务从"线下服务为主"转变为"线上和线下服务并重"、从"共性服务为主"转变为"更加注重个性服务",努力营造市场化、法治化、国际化税收营商环境。全国工商联发布的《2021 年万家民营企业评价营商环境报告》显示,税费缴纳便利度企业获得感最强、认可度最高;2022 年度万家民营企业评营商环境调查结论显示,税费缴纳便利度连续 3 年成为政务环境评价中满意度最高的事项。在国务院组织的政务服务"好差评"中,2021 年度税务部门办件总量为 10.8 亿笔,在办件量远远超过其他部门的情况下,好评率达 99.99%,不少省税务局在当地中央垂管单位考核中位列第一。2022 年,国家统计局组织对北京等 7 个重要民营和外资企业重点省(市)开展调研,结果显示,相关企业对当地营商环境总体评价较高,其中对纳税申报、出口退税等工作的评分均在 89 分以上。

表 6-18　"优化税收营商环境"指标

指标名称	考评标准	分值	考评方法	是否机考	考评时间
优化税收营商环境	落实十三部门《关于推进纳税缴费便利化改革优化税收营商环境若干措施的通知》及税务总局 2022 年"我为纳税人缴费人办实事暨便民办税春风行动"方案,聚焦解决纳税人缴费人急难愁盼问题,更好优化税收营商环境。 1.7 月 10 日前、12 月 10 日前,根据各地逐笔办理制度性留抵退税正常审核准期率进行量化考评(6 分,上下半年各 3 分)。以排名第 18 名单位的准期率为基准值。 2.7 月 10 日前、12 月 10 日前,根据各地逐笔办理出口退税业务按时办结率进行量化考评(6 分,上下半年各 3 分)。以 99.6% 为基准值审核办理正常出口退税平均时间超过 6 个工作日的,按半年扣 0.5 分。 3.4 月 10 日前、7 月 10 日前、10 月 10 日前、12 月 10 日前,根据各地 12366 工作质效及 12366 平台运维情况进行量化考评(8 分,每季度各 2 分)。以排名第 18 名单位的综合完成值为基准值。 4.4 月 10 日前、7 月 10 日前、10 月 10 日前、12 月 10 日前,根据各地纳税服务投诉事项按期办结率进行量化考评(8 分,每季度各 2 分)。以排名第 18 名单位的按期办结率为基准值。 5.12 月 10 日前,根据各地涉税专业服务机构违法违规问题处理情况进行量化考评(2 分)。以排名第 18 名单位的完成值为基准值。	30	量化计分法	是	7 月 10 日前、12 月 10 日前,进行审核评分。
	6. 对纳税人、缴费人通过 12366 举报投诉违法行政行为和第三方涉税服务收费,省税务局未按规定时限查处追责的,按项次扣 0.3 分;存在敷衍塞责、弄虚作假等问题的,按项次扣 0.5 分;未在规定时限内完成整改或未按要求整改的,按项次扣 0.5 分。		直接扣分法	是	4 月 10 日前、7 月 10 日前、10 月 10 日前、12 月 10 日前,进行审核评分。
	7.7 月 10 日前、12 月 10 日前,根据各地税务注销环节管理工作综合质效进行量化考评(5 分,上下半年各 2.5 分)。以排名第 18 名单位的综合完成值为基准值。综合完成值=规范注销完成值+优化注销程序或防范注销风险创新情况完成值。	5	量化计分法	是	7 月 10 日前、12 月 10 日前,进行审核评分。
	8. 持续优化税收营商环境(5 分)。符合税务总局基本工作要求的,得基准分 4 分。改革成效显著的,加 0.5 分;改革措施被税务总局在全国复制推广的(全年不超过 6 个省税务局),加 1 分;未按要求落实的,按项次扣 0.5 分。 9. 按要求加强与当地人民银行沟通协调,推动实现跨省异地电子缴税。未实现的,扣 1 分。	5	基准加减法	否	12 月 10 日前,进行审核评分。

三是推进提高纳税人缴费人满意度。设置"纳税人满意度暨税务部门政务服务'好差评'"指标(见表 6-19),以纳税人缴费人评价为依据,既考"点"上的服务质效,又考"面"上的整体效果,促进各级税务机关坚持以人民为中

表 6-19　"纳税人满意度暨税务部门政务服务'好差评'"指标

指标名称	考评标准	分值	考评方法	是否机考	考评时间
纳税人满意度暨税务部门政务服务"好差评"	1. 税务部门政务服务"好差评"。12 月 10 日前,根据各地税务部门政务服务"好差评"工作情况进行量化考评(20 分)。 (1)"好差评"好评率达 95% 的得满分;其他单位得分=标准分值(100 分)×本单位好评率÷95%。(最小扣分颗粒度为 0.5 分) (2)实名差评回访整改率达 10% 的得满分;其他单位得分=标准分值(10 分)×本单位整改率。(最小扣分颗粒度为 0.5 分) (3)对窗口、自助办税终端、12366 纳税服务热线、电子税务局等应纳入评价而未纳入评价的,按项次扣 0.5 分;因篡改、漏报、瞒报数据或干扰纳税人缴费人正常评价,导致数据异常的,按项次扣 0.5 分;产生负面影响的,按项次扣 0.8 分。	20	量化计分法	否	12 月 10 日前,进行审核评分。
	2. 纳税人满意度。根据各地纳税人满意度调查结果进行量化考评(40 分)。以排名第 18 名单位的满意度为基准值。以 2022 年和 2020 年排名为依据,对均位于前 5 名的加 0.5 分,均位于前 10 名的加 0.3 分,同比提升位次位于第 1 名的加 0.5 分,同比提升位次位于第 2—5 名的加 0.3 分,同比提升位次位于第 6—10 名的加 0.2 分;当年排名未在前 18 名的,按上述加分标准的 80% 计算。计划单列市税务局当年未进入前 18 名的,扣 0.5 分。干扰调查秩序被投诉,经查实属税务机关责任的,按次扣 0.5 分。	40	量化计分法	否	全国纳税人满意度调查结果通报下发后 10 日内,进行审核评分。

心的发展思想,既服务发展大局又服务微观主体,积极回应纳税人缴费人诉求,聚焦解决纳税人缴费人"急难愁盼"问题,通过提供高效便捷的纳税服务提升纳税人缴费人的满意度、遵从度和获得感。第三方开展的纳税人满意度调查结果显示,综合得分 2012 年为 79.7 分,2014 年为 82.06 分,2016 年为 83.61 分,2018 年为 84.82 分,2020 年为 86.1 分,2022 年为 89.2 分,纳税人缴费人满意度持续上升。世界银行发布的《营商环境报告》显示,我国纳税指标排名不断提升。

四是推进全球税收合作。认真学习贯彻习近平总书记关于加强全球税收合作、打击国际逃避税、帮助发展中国家和低收入国家提高税收征管能力、推进构建人类命运共同体等系列重要指示精神,将构建合作共赢的国际税收体系纳入绩效考评,促进持续深化全球税收交流与合作。

设置"服务'一带一路'建设"指标,促进高质量服务共建"一带一路"。2019 年,主动发起建立和深入推进"一带一路"税收征管合作机制,成为部委层面较早建立的准国际机构性工作机制,也是国际税收领域首个由我国发起设立的多边税务合作平台。合作机制建立以来,先后举办三届"一带一路"税收征管合作论坛,保持互动交流、增进相互了解,为"一带一路"沿线国家和地区税务部门应对新形势新挑战打造常态化交流平台。同时,建立"一带一路"税收征管能力促进联盟,相继建成多所"一带一路"税务学院,围绕征管信息化等开展多轮次培训,帮助广大发展中国家提高征管能力。目前,"一带一路"税收征管合作机制理事会成员已增加至 36 个,观察员增加至 30 个。积极推进"一带一路"合作机制建设的努力,受到各国(地区)税务部门、国际组织的高度评价,有效扩大了中国税务的影响力,外交部专门发函向"一带一路"框架内各专业领域多边对话合作平台牵头单位通报给予肯定。

同时,将广泛开展双边和多边国际税收交流与合作纳入绩效考评,积极推动中国—OECD 联合培养财税法学硕士项目尽快落地,统筹推进与 OECD、IMF 等国际组织的务实合作,依托扬州 OECD 多边税务中心,采用线上+线下的方式广泛开展 OECD 多边税务培训。将参与数字经济国际税收规则多边谈判纳入绩效考评,促进配合相关部门积极参与 OECD 数字经济征税规则以及防止税基侵蚀和利润转移等国际税收规则的制定,成功推动我国立场诉求在 OECD"双支柱"方案和联合国方案中都予以充分体现,切实维护了我国及其他发展中国家利益。设置"协定谈签"指标,促进加快与重点国家协定谈签和修订进程,目前已签订税收协定 111 个,数量排名全球第 4,基本涵盖我国对外投资主要目的地以及来华投资主要国家和地区。认真落实稳外贸稳外资相关税收政策,推进相互协商消除国际重复征税,连续更新发布覆盖不同国家和地区的投资税收指南,目前已达 104 个,为跨境投资创造确定、有利、合作共赢的税收环境,全力支持企业"引进来"和"走出去"。税务总局主要领导 2014 年至 2018 年连续五年入选《国际税收评论》全球税务领域最具影响力人物,彰显了我国在全球税收治理中的话语权和影响力持续提升。

(六)推进建立健全税务监管体系

为确保认真贯彻落实习近平总书记关于健全完善税务监管体系、加强税收监管和税务稽查的重要指示批示精神,不断加大绩效考评力度,扎实推进税收监管工作不断上台阶。

一是推进优化税务执法。设置"税务执法督察"考点,将税收法律、行政法规、规章和规范性文件的执行,国务院和上级税务机关督察发现问题整改纳入考评,不断规范税收执法。同时,发挥税务总局驻各地特派办的撬动作用,对驻各地特派办查实问题整改落实情况、按照税收执法责任制规定开展责任追究情况等进行严格考评,形成监督、预防、考评"三位一体"的执法风险防范格局。

二是推进加强税收风险管理。设置"税收风险管理"指标,推动建立和运用"信用+风险"动态监管机制,实现"风险推送、风险应对、跨区域协作"分级分类应对;设置"税收违法'黑名单'"等考点,考评按季公布税收违法"黑名单"、实施联合惩戒等内容,促进引导纳税人及时纠正违规失信行为、消除不良影响。同时,针对税种管理中存在的风险,设置有关考点纳入指标考评。比如,在"增值税综合管理质效"方面设置"取得异常凭证和疑点发票进项税比率"考点,实现对发票工作全链条跟踪,推动各级税务机关加强对纳税人开票、受票的全过程管理,自动监控风险,及时发现漏洞。又如,设置"社保非税管理"指标,对各地完成税务总局部署的社保非税重点任务进行考评,扎实推进社保费和非税收入工作。

三是推进提高税务稽查质效。设置"税务稽查管理"指标(见表6-20),突出对税务总局下发重点税源、行业税收专项规范、虚开骗税等案源、省税务局"双随机、一公开"监管情况、涉税违法案件结案情况、"黑名单"工作完成情况等进行考评,进一步推动常态化打假、精准性监管,对违法者保持高压震慑。特别是针对重点风险事项设置自动化监控指标,通过与核心征管系统的互联互通,实现执法风险自动判定、自动推送,并要求稽查干部及时处置应对,提出改进完善的具体措施。比如,设置"风险事件处置任务完成率"的考评指标,即"在规定时限内按要求处置应对的风险事件数量÷税务稽查指挥管理应用系统自动判定的风险事件数量"。2020年,该指标整体完成率为93.76%,绩效考评"指挥棒"作用有效发挥。2021年,为进一步提升稽查执法风险防控水平,税务总局持续将该指标纳入质效评价方案。据统计,2021年税务稽查指挥管理应用系统风险事件产生数量较2020年下降46.4%,风险事件处置任务完成率为99.29%,较2020年提升了近6个百分点,稽查执法风险防控水平提升明显。

2018年8月以来,税务部门持续深化"双随机、一公开"监管,构建"信用+风险"动态监管体系,对经济运行中的新业态新情况新问题跟进监管,对群众反映强烈的偷逃税多发行业和领域依法严查,联合有关部门开展打击"假企业""假出口""假申报"专项行动,于2021年10月底圆满收官,共依法查处涉嫌虚开骗税企业44万户,挽回税收损失909亿元。此外,面对新经济新业态新模式快速发展的形势,系统性梳理工作中的短板弱项,坚持不懈完善税务监管制度机制,进一步加强对重点行业、重点领域、重点人群税收监管,完善常态长效"打三假"工作机制,坚决打击团伙式、暴力虚开发票等严重违法犯罪行为,坚决维护国家税收安全和社会公平正义。

表 6-20 "税务稽查管理"指标

指标名称	考评标准	分值	考评方法	是否机考	考评时间
税务稽查管理	持续加强税收监管和税务稽查,着力提升税收治理效能维护国家税收安全。 1. 12 月 10 日前,根据各地开展常态化打击虚开骗税及护航发票电子化工作成效进行量化考评(20 分)。以排名第 18 名单位的综合完成率为基准值。 2. 12 月 10 日前,根据各地稽查工作质效(含"双随机、一公开"监管、稽查案件结案、稽查案件分析、督办案件立案等)进行量化考评(10 分)。以排名第 18 名单位的综合完成率为基准值。未在 1 年内办结重要稽查案件且未办理延期或无合理理由的,按件扣 0.3 分;未按要求落实的,按项次扣 0.5 分。以 2022 年和 2021 年排名为依据,对均位于前 5 名的加 0.3 分,均位于前 10 名的加 0.2 分,同比提升位次位于第 1 名的加 0.3 分,同比提升位次位于第 2—5 名的加 0.2 分,同比提升位次位于第 6—10 名的加 0.1 分;当年排名未在前 18 名的,按上述加分标准的 80% 计算。	30	量化计分法	是	12 月 10 日前,进行审核评分。

三、围绕抓好"关键少数"带动"绝大多数" 发挥"传动轴"效应,激发税务干部队伍 干事创业动力活力

习近平总书记指出:"领导班子是一个地方、一个单位的'火车头',建设

好领导班子是夯实党执政的组织基础的关键,也是抓好改革发展稳定各项工作的关键。"[1]"抓工作落实要以上率下、真抓实干。特别是主要领导干部,既要带领大家一起定好盘子、理清路子、开对方子,又要做到重要任务亲自部署、关键环节亲自把关、落实情况亲自督查,不能高高在上、凌空蹈虚,不能只挂帅不出征"[2]。税务绩效管理通过持续加强对各级领导班子和干部队伍的考评,促进形成"以上率下、上行下效"生机勃勃的干事氛围,让担当作为的昂扬锐气、大道直行的浩然正气、清正廉洁的无私底气,内化于心、外化于行,成为全体税务干部、整个税务系统的思想自觉和行为方式。

(一)激发各级税务局班子主动谋事抓事

税务总局党委围绕"国之大者",坚持在重大斗争中磨砺干部,注重加强各级领导班子建设,促进领导班子带头担当作为,主动谋事抓事。通过将全面贯彻《2019—2023 年全国党政领导班子建设规划纲要》有关工作纳入绩效考评,设置"选人用人""班子建设""后备干部选拔"等指标(见表 6-21),把政治标准放在首位,做深做实干部政治素质考察,把新时代好干部标准落到实处。

实行"一把手"个人绩效与组织绩效全面挂钩、班子成员个人绩效与组织绩效按一定比例挂钩(见专栏 6-5),深化绩效考评结果运用(见专栏 6-6),明确根据绩效成绩增加或减少职务(或相应职级)晋升名额等措施,牢固树立正确的选人用人导向,坚持从有利于事业发展和干部成长出发,不断完善选人用人机制,形成能者上、优者奖、庸者下、劣者汰的良好局面。同时,绩效管理奖惩激励作用的发挥,促进班子成员特别是"一把手"政治素质和履职本领不

---

① 《扎实推动经济社会持续健康发展 以优异成绩迎接党的十九大胜利召开》,《人民日报》2017 年 4 月 21 日。
② 《年轻干部要提高解决实际问题能力 想干事能干事干成事》,《人民日报》2020 年 10 月 10 日。

断提升,促使各级班子主动当好干部队伍的"领头雁",积极干事创业,努力奋进争先。中央组织部对税务总局党委开展的干部选任"一报告两评议"满意率每年都有新的提升,2018—2020 年分别为 95.2%、96.3%、98.8%;36 个省级税务局党委的满意率也总体不断提升,2021 年度结果显示平均满意率为99.95%,同比又提高 0.38 个百分点,其中 34 个省税务局达到 100%。特别是在 2018 年的机构改革中,针对领导干部超配、"正转副"等突出问题,注重发挥绩效考评的导向作用,推动各级有效落实税务总局有关工作思路和部署,比如,对"正转副"干部采取安排到上级机构或本人原工作地任职、到省内原户籍所在地或子女配偶工作地工作、推荐到地方任职、到党校参加培训等,推动各级税务机关开展多轮涉及 130 余万人次的谈心谈话,做深做细思想政治工作,精简数万名编制的任务按时完成,2.2 万名干部自觉服从组织安排"由正转副",2.9 万名超配领导干部提前消化到位,确保了机构合并任务平稳落地,当年税务系统的信访量不仅没有增加反而较 2017 年度下降 20%以上。

表 6-21 "选人用人"等指标

指标名称	考评标准	分值	考评方法	是否机考	考评时间
选人用人	按照党管干部、德才兼备、以德为先、群众公认的原则,开展干部选拔任用工作,形成正确的用人导向。 1. 3 月 10 日前,根据上一年度干部选拔任用"一报告两评议"测评结果进行量化考评(10 分)。满意度在 95%(含)以上的单位得满分;其他单位指标得分 = 标准分值(10 分)×本单位满意度÷95%。满意率 = 平均满意率+平均基本满意率。	10	量化计分法	否	3 月 10 日前,进行审核评分。
	2. 3 月 10 日前,根据上一年度省税务局领导班子廉政测评结果进行量化考评(10 分)。满意度在 98%(含)以上的单位得满分;其他单位指标得分 = 标准分值(10 分)×本单位满意度÷98%。满意率 = 平均满意率+平均基本满意率。	10	量化计分法	否	3 月 10 日前,进行审核评分。

指标 名称	考评标准	分值	考评 方法	是否 机考	考评 时间
班子 建设	落实《关于贯彻〈2014—2018 年全国党政领导班子建设规划纲要〉的实施意见》《关于加强市、县国家税务局领导班子建设的指导意见》,妥善解决本省系统领导班子建设中突出问题。12 月 5 日前将落实情况报总局。总局根据各地工作开展情况,实行分档考评。	10	分档计分法	否	12 月 10 日前,进行审核评分。
后备 干部 选拔	1. 上半年配合税务总局完成国税系统厅局级后备干部选拔工作(10 分)。6 月 30 日前将落实情况报总局,按时完成得满分,逾期完成扣 0.5 分,未完成不得分。 2. 下半年部署完成市、县国家税务局领导班子后备干部选拔工作(5 分)。12 月 5 日前将落实情况报总局,总局根据各地工作开展情况,实行分档考评。	15	分档计分法	否	7 月 10 日前、12 月 10 日前,进行审核评分。

专栏 6-5

税务系统数字人事实施办法等"1+9"制度体系

税务系统数字人事量化计分规则

……

第三章 平时考核量化

第十四条 平时考核量化指标包括组织绩效挂钩、个人绩效、领导评鉴、现实表现测评和加减分项目,实行百分制。除加减分按实际发生数计入外,其他指标根据不同单位层级、不同职务层次(人员类别)设置不同权重。结合税务系统实际,对税务总局局内各单位(以下简称"司局")正职和省级税务局领导班子正职不进行领导评鉴和现实表现测评。各级税务局领导班子正职、副职不编制个人绩效指标。计算公式为:

(一)税务总局干部平时考核得分

1. 司局正职平时考核得分 = 司局组织绩效挂钩得分×100%+加减分;

司局正职是指司局主要负责人(下同)。

2. 司局副职平时考核得分 = 司局组织绩效挂钩得分×40%+个人绩效得分×20%+领导评鉴得分×10%+现实表现测评得分×30%+加减分;

司局副职是指除司局正职之外的其他司局级干部(下同)。

……

(二)省级税务局干部平时考核得分

1. 领导班子正职平时考核得分 = 单位组织绩效挂钩得分×100%+加减分；

领导班子正职是指领导班子主要负责人(下同)。

2. 领导班子副职平时考核得分 = 单位组织绩效挂钩得分×20%+分管部门组织绩效挂钩得分×20%+联系单位组织绩效挂钩得分×10%+领导评鉴得分×20%+现实表现测评得分×30%+加减分；

领导班子副职没有分管部门或者联系单位的,将其权重分配至单位组织绩效(下同)。

……

专栏 6-6

国家税务总局绩效考评结果运用办法

……

第五条 司局年度绩效考评排名前两位的,在考评年度次年,各增加 1 个司局级或处级职务(或相应职级)晋升名额；排名末两位的,在考评年度次年,相应各减少 1 个司局级或处级职务(或相应职级)晋升名额。

省税务局年度绩效考评排名前两位的,在考评年度次年,各增加 1 个厅局级职务(或相应职级)晋升名额；排名末两位的,在考评年度次年,相应各减少 1 个厅局级职务(或相应职级)晋升名额。

特派办年度绩效考评排名第一位的,在考评年度次年,增加 1 个司局级或处级职务(或相应职级)晋升名额；排名末位的,在考评年度次年,相应减少 1 个司局级或处级职务(或相应职级)晋升名额。

副省级城市税务局年度绩效考评排名第一位的,在考评年度次年,增加 1 个二级巡视员晋升名额；排名末位的,在考评年度次年,相应减少 1 个二级巡视员晋升名额。

第六条 司局年度绩效考评排名连续两年上升且累计上升位次最大的,在考评年度次年,增加 1 个司局级或处级职务(或相应职级)晋升名额；连续两年下降且累计下降位次最大的,在考评年度次年,相应减少 1 个司局级或处级职务(或相应职级)晋升名额。

省税务局年度绩效考评排名连续两年上升且累计上升位次最大的,在考评年度次年,增加 1 个厅局级职务(或相应职级)晋升名额；连续两年下降且累计

续表

下降位次最大的,在考评年度次年,相应减少 1 个厅局级职务(或相应职级)晋升名额。
　　第七条　司局、省税务局年度绩效考评连续两年均排名末两位,特派办年度绩效考评连续两年排名末位,副省级城市局年度绩效考评连续两年排名末位且在该省税务系统排名均较为靠后的,若主要负责人在该单位任职两年以上,经综合研判,可认定其为不适宜担任现职,按照《推进领导干部能上能下若干规定(试行)》予以调整。
　　副省级城市税务局年度绩效考评连续两年排名前两位且在该省税务系统内均被确定为绩效优秀单位的,若主要负责人在该单位任职两年以上,经综合研判,可将其作为进一步使用人选或者拟晋升正厅局级职务(或相应职级)人选。
　　……

(二) 激发广大税务干部积极向上向善

　　税务系统通过搭建起晒业绩、比贡献的绩效管理"赛马场",用好用活考核考评结果,营造"前有标兵带、后有追兵赶、人人不甘落后、事事都争先"的"大气候",无形之间给广大税务干部以鼓励鞭策,形成"奋'绩'争'效'"的氛围。尤其通过编制组织绩效指标和个人绩效指标,不仅帮助和促进干部正确处理岗位职责和全局工作的关系,增强工作的计划性、统筹性、前瞻性,而且促进干部把个人成长发展与税收改革发展有机结合起来,树立"让吃苦者吃香、有为者有位、出力者出彩"的鲜明导向。为每名干部建立个人成长账户,并与培养、使用、管理挂钩,用大数据定位"差距",激励干部用日积月累的努力为个人账户"充值",避免因庸懒懈怠形成人生"负债",促进干部价值观念、思维模式和行为方式的转变,引导各层级各年龄段干部自我约束、自我加压、自我提升。

　　通过设置"练兵比武""干部培训""人才工程"指标(见表 6-22),促进税务系统"人才兴税"战略提档升级。每年,税务系统积极开展"岗位大练兵业务大比武"活动,聚焦税收工作重点、实际工作难点、纳税人缴费人关心热

表 6-22　"学习兴税"等指标

指标名称	考评标准	分值	考评方法	是否机考	考评时间
练兵比武	常态化练兵比武。12 月 10 日前,根据各地练兵比武活动综合成绩进行量化考评(10 分)。以排名第 18 名单位的综合成绩为基准值。全年至少举办 1 期实战化培训项目。未按要求落实的,按项次扣 0.5 分。	10	量化计分法	是	12 月 10 日前,进行审核评分。
干部培训	1. 学习兴税。全年司局频道至少更新 4 个必学视频课程,其中至少组织 1 期司局处级干部或条线领军人才、业务骨干主讲的"兴税微课堂",至少组织 1 期"兴税讲堂"。 2. 日常学习培训。全年应用学习兴税平台至少举办 1 期网络培训或线上线下相结合培训班;未按要求完成的,按期扣 1 分。网络培训班课程完成率不低于 95%,结业测试通过率不低于 95%,培训项目质量总评估分值不低于 90 分;不符合要求的,按期扣 0.5 分。 3. 落实《关于进一步加强领军人才培养工作的通知》,专业牵头司局组织第六批、第七批领军人才专业培训,组织指导第六批领军人才学员完成论文选题开题工作,及时给予评审及辅导。未按要求完成的按项扣 0.5 分。	10	直接扣分法	否	
人才工程	1. 领军人才(3 分)。做好领军人才的挂职锻炼、使用管理、考核管理工作。未按要求落实的,按项次扣 0.2 分。 2. 青年才俊培养(3 分)。按照税务总局青年才俊培养工作要求,做好 2018 年青年才俊的选拔和后续培养管理工作。未按规定选拔人员的,按人次扣 0.2 分;未建立一人一册跟踪管理台账的,按人次扣 0.2 分。 3. 人才库(2 分)。按照税务总局统一部署要求,进一步改进和加强专业人才库建设及后续规范管理。3 月 31 日前,将 2017 年度税务总局练兵比武岗位能手纳入省税务局人才库。未按要求落实的,按人次扣 0.2 分。	8	直接扣分法	否	

点,以应知应会知识和业务技能为主要内容,立足岗位,贴近实际,通过网络学习、业务竞赛、实战演练等多种形式,开展各具特色的练兵活动。按照层层分类比武原则,省、市税务局通过业务比武选拔岗位能手和业务骨干,税务总局按照岗位类别组织"业务大比武",将比武成绩优异个人择优纳入各专业人才库。党的十八大以来,全国税务系统共选拔培养各类税务人才6.1万人,人才总量占全系统在职干部的8.7%,较2013年前的2.1万人增长了4万人,增长近2倍。人才结构更趋年轻化,各类税务人才年龄35岁及以下人员占比为60.47%。

通过优化完善"领军人才"指标(见表6-23),对税务系统领军人才选拔、培养、使用等环节实施全过程考评,保障形成覆盖主要税收工作领域、总量可观的高端人才队伍。领军人才规模已由2013年的189人增长到2022年底的894人,其中税务系统内领军人才规模由2013年的171人增长到2022年底的811人,每万名税务干部中的领军人数由2.3人上升至12人。既包括厅局级、处级、科级及以下不同职务级别,又覆盖总局、省局、市局、县局不同单位层级、不同工作岗位。税务系统外领军人才83名,范围拓展到党政机关、大型国企、高校、中介机构多个领域,形成了多类别多层次的税务人才高地。机构改革以来至2022年底,全系统共有2262名各类人才或优秀干部调到地方党委政府及相关部门工作,得到地方党政部门普遍认可。

表6-23 "领军人才"指标

指标名称	考评标准	分值	考评方法	是否机考	考评时间
领军人才	做好领军人才(学员)的年度培养计划、组织报名考试、实践锻炼、考核评价、使用管理等工作的,得基准分3.5分。出现不符合税务总局要求的问题,按项次扣0.8分;弄虚作假、虚报瞒报,产生负面影响的,按项次扣1分。对当年入选全国税务领军人才培养对象人数最多的前3名单位(参照量化计分规则计算)各加0.5分。	4	基准加减法	否	12月10日前,进行审核评分。

通过设置"荣誉表彰"指标等(见表6-24),把精神文明建设作为厚植税务文化的重点工作抓牢抓细,税务干部队伍的积极性、主动性、创造性进一步激发,汇聚起砥砺前行、攻坚克难的精神力量。2017年至2022年底,税务系统新创建全国文明单位467个,总数达到911个;129个集体被评为全国工人先锋号,51个集体和个人获得全国五一劳动奖状(奖章);新创建全国青年文明号432个,总数达到883个;26个集体和个人被评为全国三八红旗集体(手),654个集体和个人被评为全国巾帼文明岗(标兵)、巾帼建功先进集体,展现了良好的税风税貌。

表6-24 "荣誉表彰"指标

指标名称	考评标准	分值	考评方法	是否机考	考评时间
荣誉表彰	12月31日,按加减分净值计算指标得分(最高不超过7分,最低可为负分)。 (1)受到党中央、国务院通报表扬、荣誉表彰,或经党中央、国务院同意由中办、国办通报表扬、荣誉表彰的,按次加3分。 (2)受到中央和国家机关(不含税务总局或专为税务系统设置的)、当地省委、省政府通报表扬、荣誉表彰的,按次加1分;计划单列市税务局受到当地市委、市政府通报表扬、荣誉表彰的,按次加0.8分。加分不超过5分。 (3)受到党中央、国务院通报批评,或由中办、国办通报批评的,按次扣3分。 (4)受到中央和国家机关、当地省委、省政府通报批评的,按次扣1分;计划单列市税务局受到当地市委、市政府通报批评的,按次扣0.8分。	7	基准加减法	否	月度结束后20日内进行审核评分。

(三)激发全国税务系统上下创先争先

税务总局党委始终对标习近平总书记对税收工作的重要指示批示精神,坚持将党中央、国务院重大决策部署和税务总局重点工作任务全部纳入绩效考评,并分类设计具体指标,让各单位干有目标、行有方向。比如,2021年"党的全面领导"考评指标,对学习贯彻习近平新时代中国特色社会主义思想、落实主体责任、正风肃纪等内容进行考评;新增对组织开展庆祝建党100周年活动、推进纪检监察体制改革和一体化综合监督体系建设的考评;进一步完善对省税务局党委书记抓党建述职评议、内外部监督检查等内容的考评。"税收改革发展"考评指标,继续对组织税费收入、落实减税降费政策、优化税收营商环境等内容进行考评;增加经营所得汇算清缴、重大税收政策实施情况评估、委托代征等内容的考评;进一步完善对研发费用加计扣除优惠政策执行情况、出口退税审核平均时间、征管努力程度等内容的考评。

通过夯实各级局一起抓"纵到底"与各部门协同抓"横到边"衔接起来的绩效管理格局,每一级党委对上级党委的绩效指标进行科学合理的承接分解(见专栏6-6、专栏6-7),转化为对本级和对下一级的管理要求。每年指标抽查显示,各级在承接上级指标时,均能够根据指标任务结合本单位工作实际进行合理分解,特别是对综合性指标确定牵头部门和配合部门,细化工作责任。比如,有的单位编制了上级指标任务分解承接表,有的单位专门制定综合性指标任务分解考评方案。以"纳税人满意度"指标为例,在机关考评时,有的省税务局根据满意度调查问卷涉及任务进行分解,由纳税服务部门牵头,相应处室配合;有的省税务局针对纳税人满意度工作专门编制了专项考评办法。在对下考评时,有的省税务局自行开展本省纳税人满意度调查,综合税务总局、省税务局调查结果,对市税务局进行考评。

专栏6-6

全国税务系统绩效管理办法

......

第十八条 各级税务机关承接上一级税务机关下达的绩效指标,应根据指标任务结合本单位工作实际进行合理分解,明确责任单位和责任人。综合性指标

应确定牵头部门和配合部门,细化工作责任。

第十九条　税务总局绩效指标发布后,原则上考评年度中间不予调整。确有特殊情况需要调整的,应按规定程序进行:

(一)对党中央、国务院及税务总局党委新部署的重点工作任务和领导指示批示交办的重要工作事项,由绩效办和考评司局协同制定新增指标,报分管局领导审核后,提请领导小组审定。

(二)因特殊情况工作任务发生变化,确需对已下发指标进行调整的,由相关司局商绩效办提出调整意见,层报主要领导审定。

各级税务机关可参照税务总局规定明确本单位绩效指标调整程序。

……

第二十一条　考评单位应根据指标设置的时间节点,对涉及的工作任务特别是重要专项工作、急难险重任务等,准确掌握被考评单位的指标执行进度及效果,并定期通报和跟踪问效;被考评单位应根据指标设置的任务内容,加强自我监督和自我提升,保证工作任务完成的质效。

第二十二条　各级税务机关应强化绩效分析讲评机制,对绩效指标执行进度、取得成效、存在不足等开展分析讲评,针对问题短板研究制定切实可行的改进措施。省税务局主要负责人原则上按季主持开展绩效分析讲评,带动班子成员以上率下高标准抓好工作落实。开展分析讲评可与局务会等会议统筹进行。

第二十三条　绩效办、考评单位和被考评单位以指标执行与考评、绩效分析与改进为重点,建立健全绩效沟通反馈和及时纠偏机制,促进工作整体联动和改进提升。

……

第二十五条　巡视、督察、审计、督查督办、舆情监测等部门应在检查报告形成后,将发现的问题报送绩效办,由绩效办反馈相关考评单位,作为指标考评的重要依据。

……

专栏 6-7

绩效管理问答(第二十七辑)

近日,部分省税务局就 2022 年税务总局考评省税务局"征管努力程度"指标"外资企业投资方国籍错误占比""落实减税降费及组织税费收入"指标"数据质量问题疑点核实更正完成率"等考点的承接分解事宜提出咨询。现就有关问题解答如下:

问题1:上述指标及考点是税务总局对省税务局某一部门实施考评的指标吗?

根据绩效管理"统一领导、分级管理"的原则,总局制定的对省税务局所有绩效指标及考点均是总局考评省税务局,而非对省税务局某一部门进行考评的指标。

问题2:上述指标及考点在省税务局应如何承接分解?

根据《全国税务系统绩效管理办法》规定,各省税务局承接税务总局下达的绩效指标,应根据指标任务结合本单位工作实际进行合理分解,明确责任单位。对于上述综合性指标,涉及多部门、多环节协同落实的,不能简单化根据指标名称就分解给相关部门,而应根据工作环节和责任权重,研究确定牵头部门和配合部门,细化各部门工作责任,明确考评具体涉及部门和权重。各省税务局要积极引导各部门强化协同配合的整体绩效意识。

问题3:上述指标及考点有关考评口径如何确定?

2022年版所有指标考评口径以2月18日税务总局绩效办组织的视频培训及会后下发的培训辅导资料为准。后续指标考评口径如有调整,将由税务总局绩效办统一明确。

通过设置"工作指导"指标(表6-25),从省税务局对口处室绩效成绩体现税务总局相关司局的工作绩效。同时,明确考省税务局的内容必考司局、系统外反映问题必考系统内单位、条线工作出现重大事故必考归口管理司局,进一步强化对司局、特派办和省税务局履职的关联考评,促进机关与系统责任共担、同心同行。

表6-25 "工作指导"指标

指标名称	考评标准	分值	考评方法	是否机考	考评时间
工作指导	12月31日前,根据各司局(不含机关党委和机关服务中心,年终进行还原计算)对口处室在省税务局机关前11个月考评成绩排名中位于前50%的比例进行考评。以排名居中单位的完成值为基准值,按下列公式计算:指标得分＝标准分值(20分)×90%-(居中单位完成值-本单位完成值)÷(第1名单位完成值-最低单位完成值)×标准分值×90%×10%。	20	量化计分法	否	12月31日前,进行审核评分。

通过建立健全督查督办和绩效考评联动机制（见专栏6-6），事前定标准、事中有提醒、事后严考评，实现全程监测工作落实情况。同时，每一级党委对上级党委的绩效指标进行科学合理的承接分解，转化为对本级和对下一级的管理要求，并将本级的情况通过绩效沟通及时向上级反馈，形成上情下达、下情上达的管理闭环，撬动每一级税务局既管好本级机关、又带好下一级税务局，辅之以常态化绩效沟通反馈，拧紧从税务总局"最初一公里"到基层"最后一公里"乃至到每位干部"最后一公分"抓落实责任链条，确保各项决策部署层层负责落实落地、人人尽责落细落好。绩效管理就像一个作出决策、部署任务的"指挥系统"，一个压实责任、贯彻落实的"驱动系统"，一个发现问题、补齐短板的"检测系统"，一个奖优罚劣、促人向上的"动力系统"，激励税务干部一生向上、一心向善，促进税收事业一片生机、一派生气。

四、围绕创新行政管理发挥"探路仪"效应，提供构建政府治理体系的税务经验

税务总局党委牢记习近平总书记的殷切嘱托，一以贯之从全局的高度和长远的角度认识、谋划和推进绩效管理，大胆设想、小心求证，充分借鉴国内外经验，结合税务部门实际消化吸收再创新，不拘泥于惯性思维，以筚路蓝缕、以启山林的开拓精神力求在绩效管理的关键环节上有所突破，系统集成一套有效管用的抓好班子、带好队伍机制办法。

2020年，习近平总书记对税务总局党委持续探索构建"带好队伍"机制制度体系有关工作作出重要批示。2018年，国务院总理李克强、副总理韩正对我国税务绩效管理被世界银行纳入全球公共部门绩效报告最佳案例作出重要批示。2020年，丁薛祥、陈希等中央领导同志对"带好队伍"机制制度体系有关工作作出指示批示肯定。2016年，时任国务院副总理张高丽作出重要批示，指出"税务系统推进绩效管理体现了'三严三实'的要求"。

2016年8月,原国家行政学院政府绩效评估中心对全国税务系统实施绩效管理情况独立开展第三方评估,得出的结论是:"税务系统绩效管理坚持战略导向,围绕建设税收现代化'六大体系'科学设置指标,实现了党中央、国务院重大决策部署和税收重点工作全覆盖,对在经济下行压力形势下圆满完成税收工作任务发挥了重要保障作用。"[1]

税务部门全面实施绩效管理以来,中央办公厅、中央编办、国家发改委、财政部、审计署、应急管理部、原国土资源部、海关总署、共青团中央、国家开发银行、安徽省直机关工委等单位先后到税务总局调研绩效管理;部分省委、省政府领导对本省税务绩效管理工作作出批示,有的还发文要求各部门借鉴税务绩效管理做法。遵照中央组织部统一安排,税务总局在全国公务员工作暨学习贯彻公务员法座谈会上就实施绩效管理情况作专题介绍;应学术界和国内外有关组织邀请,税务总局有关部门负责同志在国家行政学院与世界银行共同举办的"公共治理现代化国际经验及启示"国际研讨会、中国兰州大学、美国波特兰州立大学、泰国孔敬大学共同主办第七届政府绩效管理与绩效领导国际学术会议上作主题报告;在2018年OECD税收征管论坛、第48届亚洲税收管理与研究组织(SGATAR)年会、2019年金砖国家税务部门组织管理研讨会、第53届美洲税收管理中心大会、第13届中日韩人事政策网络联合研讨会等国际会议上,介绍绩效管理的经验做法;同时,希腊等国有关部门还专门派出代表团来税务总局学习交流绩效管理。

税务绩效管理引起各方面高度关注,理论界和实务界有关专家学者给予积极评价,认为税务系统持之以恒、不断完善绩效管理体系,体现出税务总局党委始终坚持"既当改革的促进派,又当改革的实干家",在创新管理上抓住命题、敢于破题、妥善解题,突出共性问题、注重个性难题,在更高站位更深层次探索推动改革发展的制度性机制性硬招实招,形成可复制可推广的经验成果。

---

[1]　国家行政学院政府绩效评估中心:《税务系统绩效管理第三方评估报告》,2016年,第9页。

（一）为深化政府绩效管理研究作出理论贡献

税务绩效管理既是实践的也是理论的，实践创新为理论创新提供可靠依托，理论创新为实践创新提供有力指导。主要体现在两个方面：

第一，税务绩效管理服务国家治理大局、遵循政府治理规律、提升税收治理效能，自身具有鲜明清晰的内在逻辑。全国税务系统深入贯彻习近平总书记关于"把人民拥护不拥护、赞成不赞成、高兴不高兴、答应不答应作为衡量一切工作得失的根本标准"①的重要指示精神，坚持以人民为中心，以持续的绩效管理制度创新为抓手，努力建设服务型税务机关，推动税收工作高质量发展。这一套绩效理论把人民拥护不拥护、人民赞成不赞成、人民高兴不高兴、人民答应不答应具体应用于税务绩效管理体系，用实实在在的制度将其落实到位。"人民拥护"的实质，就是税务工作质量的提高以问题为导向，以取得人民群众的支持为前提；"人民赞成"的实质，就是税务工作以目标为导向，从群众中来，请人民参与决策，使得决策符合民主、科学、法治的要求；"人民高兴"的实质，就是税务管理以需求为导向，按照供给侧结构性改革的要求，尊重社会需求的变化，做到各项改革由群众"点菜"、政府"端菜"、人民评判；"人民满意"的实质，就是税务服务要以人民获得感为导向，不断提高纳税人缴费人对税务服务的满意度。②

同时，按照党中央关于"以推进国家机构职能优化协同高效为着力点，优化行政决策、行政执行、行政组织、行政监督体制"的精神，从制度和体制机制考虑，使绩效管理在更高层次更高水平上为提升政府治理效能探索有效的经验。一是围绕"优化行政决策"，健全绩效管理助力决策部署的机制。通过强化战略眼光看长远、底线思维防风险、问题意识补短板，进一步发挥绩效管理

---

① 《习近平在第十三届全国人民代表大会第一次会议上的讲话》，《求是》2020年第10期。
② 高小平：《创新绩效管理制度打造人民满意的服务型税务机关》，《中国税务》2019年第12期。

助力决策部署的机制作用。二是围绕"优化行政执行",健全绩效管理推动执行落实的机制。通过强化落实重大决策部署的快速响应、税收工作持续改进的评价导向、促进征纳关系和谐的服务机能,进一步发挥绩效管理促进执行落实的机制作用。三是围绕"优化行政组织",健全绩效管理激发组织活力的机制。通过优化组织体系、人力配置、协同共治,进一步发挥绩效管理激发组织活力的机制作用。四是围绕"优化行政监督",健全绩效管理倒逼监督纠偏的机制。通过强化对事前"该做什么"的监督、对事中"应怎么做"的监督、对事后"做得怎样"的监督,进一步发挥绩效管理倒逼监督纠偏的机制作用。①

第二,税务绩效管理的实践发展折射政府绩效管理演进的基本逻辑。税务绩效管理近十年的改革创新,是我国政府部门不断加强自身建设、创新行政管理方式,推动行政管理体制适应新时代与新发展阶段要求的生动写照。一是价值追求体现了从提高行政效率到提升治理效能的演进。税务总局从2013年推行之初把绩效管理作为转职能、改作风、激活力、抓落实的重要抓手,从2016年起在强化执行力考核的基础上凸显公信力考核,评价标准从聚焦"有没有""干没干"转向"干得好不好",同时将党中央、国务院及税务总局组织的督查督办、督察审计等发现的问题纳入考评,对提升税收治理的整体效能发挥了重要作用。二是制度体系体现了从尝试摸索到基本成熟定型的演进。经过多年实践探索,税务绩效管理从基本到具体、从一般到特别、从组织到个人、从考核评价到结果运用等诸方面,已基本形成较为成熟完备的制度体系,运行越来越顺畅、作用发挥越来越明显、各方面认可度越来越高。三是评价格局体现了从条块实施到全面协同的演进。税务绩效管理着力健全完善与推动高质量发展相适应的绩效评价体系,由点到线,连线成面,形成"一张网,全覆盖"的评价格局。四是技术支撑体现了从单一分散到大数据整合的演进。积极适应新兴信息技术发展,借助互联网技术,借鉴大数据管理理念,围

---

① 王军:《绩效管理在推进税收治理现代化中的战略定位与实现路径》,《中国行政管理》2020年第6期。

绕"机生机汇机考"进一步创新管理工具,对绩效指标实时监控,自动计算、自动生成考评结果,加快推进税务绩效管理数字化战略转型。五是效应发挥体现了从奖惩为主向集成赋能的演进。将年度综合绩效评价和分领域绩效评价结果作为领导干部考核评价、干部奖惩任免的重要依据,与干部任用、评先评优、公务员年度考核挂钩,与推进领导干部能上能下、职务职级并行相结合,运用范围覆盖领导干部和一般干部,有效促进能者上、庸者下、劣者汰。①

同时,从政府过程角度研究,核心概念包括意见表达、意见综合、决策和决策施行,这是一个个前后衔接、渐次推进的环节,表现为一个动态过程,且有政务信息传输过程和监督过程相伴。② 政府绩效是公共产品和公共服务的提供,其投入与产出的过程贯穿于政府部门及其实际运作活动中。政府过程以税收为保障,取之于民、用之于民,贯穿于政府过程。税务总局在全国税务系统全面实施绩效管理,最大限度规范税务人、最大限度便利纳税人缴费人,把纳税人缴费人满意度作为重要评价维度,反映出从税收角度思考政府绩效管理的一种自觉。由此带给理论和实践的启发是,作为治理效能的绩效,以系统集成、协同高效为着力点,政府过程、税收作用、权利本位构成政府绩效评价的"三位一体"综合平衡体系。通过严格绩效管理,突出战略一致性和层层落实责任,以"马上就办,办就办好"为标准,加强综合绩效评价,把制度优势更好转化为治理效能。③

兰州大学管理学院名誉院长、政府绩效管理研究中心主任、教授包国宪通过深入税务系统连续两个多月的调研,认为"税务部门实施绩效管理是'真干''实考'""实现了从管理到治理的飞跃""为学界提供了一个好案例,使理论得到支撑和落地"。中国行政管理学会副秘书长、研究员张定安认为:"税

---

① 张定安、何强:《中国特色政府绩效管理的演进逻辑和发展方向——基于税务绩效管理的实践创新》,《中国行政管理》2022 年第 3 期。

② 朱光磊:《当代中国政府过程》,天津人民出版社 2008 年版,第 15 页。

③ 何强:《作为治理效能的高质量发展绩效:政府过程、税收作用与权利本位》,《中国行政管理》2020 年第 11 期。

务绩效管理对我国政府绩效管理不仅有突出的实践贡献,而且有创新的理论贡献。"中央党校(国家行政学院)公共管理教研部副主任、教授刘旭涛认为:"政府绩效管理被称为世界性难题,中国这么大的国家需要有现代化的治理体系,税务系统绩效管理既是一次政府管理模式的创新,也是一项具有全国意义的变革。"兰州大学党委常委、副校长、教授沙勇忠认为:"税务部门自 2014 年推行税务绩效管理以来,逐步形成了独具特色的税务绩效管理模式,并已经取得显著成功,税收治理能力也得到了国际社会的肯定与认可,实现了走出中国、走向世界的飞跃。"①

(二)为推动政府绩效管理发展创造实践样本

2017 年 8 月,时任国家公务员局副局长张义全到税务总局实地调研,认为"税务总局推行绩效管理和数字人事的做法,是干部人事管理模式的创新之举,是带动干部转变作风、提升素质能力、激发干事创业热情、打造税务铁军的强有力抓手,实现了传统人事管理与信息技术的有机融合,实现了干部管理精细化、科学化,为解决不作为、慢作为、乱作为问题开出了很好的药方,成效显著,超过预想,令人为之一振,走在了全国前列,为全国公务员考核工作提供了一个鲜活的案例和样本"。

2017 年 12 月,时任中央编办监督检查司司长田玉萍参加国家行政学院与世界银行联合举办的"公共治理现代化国际经验及启示"研讨会,认为"税务系统推行绩效管理成效十分明显,不仅推动了工作落实,而且促进了管理方式转变,激发了内在活力"。"税务系统绩效管理是对税收工作的全方位考察,而且考评内容不断扩大,考评工具不断完善,对各地各部门开展绩效管理探索、提升治理水平、增强服务能力具有重要的借鉴意义。"

2019 年 4 月 7 日中办印发《党政领导干部考核工作条例》,11 月 26 日中

---

① 沙勇忠:《中国税务绩效创新:从管理走向治理的理论与实践——2020 中国税务绩效管理研讨会在兰州举办》,2020 年 11 月 17 日,见 http://news.lzu.edc.cn/c/202011/74303.html。

组部发布《公务员平时考核办法（试行）》；2020 年 12 月 28 日中央组织部发布《公务员考核规定》，税务系统探索实践充分体现了上述文件精神，并在工作中持续抓好贯彻落实。

比如，考核对象"全覆盖"。将在职公务员全部纳入考核系统，按照税务总局和省、市、县税务局及分局（所）5 个层级，班子正职、班子副职、部门正职、部门副职、一般人员 5 个类别，综合管理、纳税服务、征管评估、税务稽查、信息化建设 5 类岗位，分级分类分岗进行考核，人人是考核对象，层层有考核责任。

又如，考核内容"抓重点"。旗帜鲜明把政治标准放在首位，将政治素质考核指标权重提高到 35% 以上，探索建立政治品质考核模型，涵盖遵守政治纪律和政治规矩、参加党内政治活动、履行党建工作责任制等方面情况。突出考核工作实绩，把全年重点工作量化为考核指标，层层分解，到岗到人，对表现突出的给予加分，对失职失责的坚决扣分，推动每个干部知事明责、干事履责。

再如，考核维度"多元化"。个人考核成绩以本人表现为基础，与单位（部门）组织绩效挂钩，并注重内外部评价。不同职级人员完成工作任务和内部测评情况，以不同权重计入本人考核结果。同时，规范考核程序，明确个人按周或月小结自评，主管领导结合平时了解、纪检监察等情况按季评鉴，半年组织综合测评，克服年终考核"一次测评考全年"的问题；秉承无差异无管理的理念，平时考核分为好、较好、一般、差 4 个等次，"好"的比例不得超过 50%；开发信息系统和配套软件，把制度规定固化到软件中，既简便易行，又防止"过度留痕"；坚持把激励担当、促进发展作为出发点和落脚点，用好考核结果，严格兑现奖惩，切实解决"干多干少、干好干坏一个样"的问题，等等，为推行公务员绩效管理提供了实践参考。

（三）为破解政府绩效管理难题探索方法路径

20 世纪 80 年代以来，我国政府绩效管理逐渐呈现发展迅速、实践丰富、成效显著等特点。党中央、国务院先后出台的一系列办法、规则，进一步推动了政府绩效管理的制度化、规范化。同时,针对我国政府部门绩效管理存在的一些问题与障碍,税务绩效管理坚定了攻坚克难的方向。一是目标导向方面。一些地方政府和部门更多地将绩效管理理解为一种"打分排名""评比评优"的考核工具,而对绩效管理发现问题和改进问题的功效认识不足,在评估内容上过于注重结果,而忽略了过程。① 二是指标体系方面。绩效评估指标体系不够全面科学,往往将经济指标片面等同于政府绩效指标,指标之间缺乏有机整合和联系。② 指标体系以结果指标为主,很少涉及过程指标,评估内容注重工作的最终业绩,以工作结果为导向,而不注重管理的行为和过程。③ 三是评价主体方面。存在忽视公众意志、公民有效参与不足等缺陷,限制了社会公众在绩效管理中作用的发挥。④ 对于第三方参与评估,有的地方尚未引入,有的地方即使引入,也尚未充分地发挥其作用。⑤ 四是激励约束方面。运用科学合理和可量化的绩效目标、绩效标准来规范行政行为和发挥激励作用较少,作为消极防御、事后监督与制裁手段的比较普遍。⑥ 五是技术支撑方面。很多地方政府的绩效管理仍然停留在"手工作坊"阶段,即便采购或开发了绩效管理软件,但是也仅限于信息化、可视化和自动计算等功能,尚未进入大数据分析阶段。⑦

近十年来,税务绩效管理坚持目标导向、问题导向和结果导向相统一,通过坚定不移构建完善日臻成熟定型的绩效指标体系,持续不断丰富考核评价主体、引入第三方评估,持之以恒强化结果运用彰显激励约束效应,信息技术

---

① 刘旭涛等:《政府绩效管理:经验、问题与改进》,《行政管理改革》2010 年第 12 期。

② 贾凌民:《加强绩效管理　深化政府改革》,《中国行政管理》2009 年第 3 期。

③ 刘朋朋:《中国地方政府综合绩效评估指标体系设计的比较研究》,《中共福建省委党校学报》2017 年第 11 期。

④ 董静、尚虎平:《政府绩效管理鸿沟:问题识别、形成逻辑与研究展望》,《上海行政学院学报》2020 年第 5 期。

⑤ 薄贵利:《构建服务型政府绩效管理体制》,《中国行政管理》2012 年第 10 期。

⑥ 蔡立辉等:《政府绩效管理理论及其实践研究》,《学术研究》2013 年第 5 期。

⑦ 马亮:《大数据时代的政府绩效管理》,《理论探索》2020 年第 6 期。

支撑与绩效管理升级相辅相成、智慧税务建设与智慧绩效建设一体推进,积极为推进政府绩效管理发挥示范引领效应。税务绩效管理作为我国政府绩效管理的一个典型案例,是政府绩效管理长期实践、持续深化、创新发展的成果。

2016 年 8 月,原国家行政学院政府绩效评估中心对全国税务系统实施绩效管理情况独立开展第三方评估,认为"税务系统开展绩效管理工作具有高位推进、上下联动、闭环运行、自我更新的特点,成效显著,在全国处于领先地位,是中央和国家机关推行绩效管理的成功典范"①。

时任国家公务员局考核奖励司司长宋汝冰认为:"近年来,税务绩效管理经历了迭代升级,指标更为科学、考评更为精细。完善税务系统绩效管理体系,要一以贯之地坚持'以纳税人为中心',围绕如何更好地服务纳税人,不断优化绩效管理指标。"②北京市政府办公厅绩效办主任张国兴认为:"税务绩效管理指标设置和考评规则全面性不断增强,考评标准具体细化,考评方法多种多样,值得学习和借鉴。"

中央组织部公务员三局有关部门负责人认为:"税务部门虽然面临机构层级多、人员数量大等诸多困难和挑战,但是税务总局党委多年以来立足税务系统工作实际,认真学习贯彻党中央、国务院关于'严格绩效管理''创新行政管理方式',特别是党的十九届四中全会以来关于国家治理体系和治理能力现代化的系列部署要求,在全国税务系统实施和推进绩效管理工作,通过多年实践探索,逐步形成了'横向到边、纵向到底、责任到岗、任务到人'的工作格局,建立了一套科学合理、行之有效的绩效管理工作体系,取得了明显成效,为全国党政部门在解决同类问题上作出了良好示范,提供了有益经验。"

深圳市政府办公厅绩效考核处负责人认为:"从深圳税务看,在'绩效导

---

① 国家行政学院政府绩效评估中心:《税务系统绩效管理第三方评估报告》,2016 年,第 9 页。
② 以下评价除有明确备注外,均引自在历年税务绩效管理跨界研讨会、座谈交流会上的发言。

向'方面,突出目标导向和问题导向,落实中央关于考核瘦身要求,紧扣工作重点,抓住关键问题,保证绩效评价结果的真实、客观;在'绩效理念'方面,运用绩效管理理念引导业务工作,抓好目标任务细化分解,狠抓工作落实,完善内部分工,确保各项任务落到实处、早见实效;在'绩效思维'方面,认真分析评估结果,清醒认识自身短板,客观对待薄弱环节,制定切中要害、行之有效的整改措施。可以说,深圳市税务局坚持'税务总局为主、地方政府考评并重'的绩效管理理念,完美统筹了税务系统和地方党委政府考评,实现了'双考核双促进',值得肯定。"

(四)为促进绩效管理国际交流提供互鉴经验

从国际上看,绩效管理改革是典型发达国家在现存政治制度的基本框架内,通过引入市场竞争机制、绩效评估方法和工具,充分体现公众利益表达与顾客至上等新公共管理理念的前提下所推动的政府治理方式变革。绩效管理改革已经在这些国家取得了一定的成功,如加强了部门的绩效观念、改善了政府效率、提升了政府形象、构建了组织文化等。① 我国税务绩效管理是政府绩效管理长期实践的重要成果,在向纵深推进过程中始终树立国际眼光,既坚持突出中国特色,又注重加强与外国税务部门交流互鉴,特别是在中国一步步走向世界舞台的大背景下,中国税务绩效管理创新被世界银行、国际货币基金组织等组织推介,不断赢得国际税务同行赞誉。

2016 年 9 月 18 日至 10 月 1 日,税务总局组织"绩效管理与数字人事"培训团赴荷兰参加培训。其间,培训团听取 NTCA 专家授课,实地考察了荷兰国际财政文献局(IBFD)、格罗宁根地区税务局,并宣讲了中国税务绩效管理和数字人事做法。IBFD 官网于 9 月 30 日在新闻头条进行了专门报道。NTCA 战略顾问、人力资源专家皮埃尔·毫克尼斯认为,"中国税务部门正在实施的

---

① 吕昕阳:《政府绩效管理创新研究》,经济管理出版社 2016 年版,第 165 页。

税务绩效管理和数字人事是一项重大创新与变革"。IBFD 董事会执行董事、税务部总监卡尔玛认为："听了绩效管理和数字人事介绍,印象十分深刻! 中国税务部门在这么短的时间内建立形成制度体系并开发信息系统,很不容易。中国所取得的成绩,说明目标明确、措施先进、效率很高。随着科技的发展,社会各界和纳税人需求的多元,税务组织体系及人力资源管理必须紧跟时代。中国税务部门把现代化管理与大数据理念运用到绩效管理和人力资源管理,是非常先进和超前的。"

2018 年 10 月,世界银行首次发布题为《通过创新和机构协调提升公共部门绩效》的全球公共部门绩效报告,积极评价中国税务部门在机构层级多、干部队伍庞大的税务系统成功推行绩效管理,促进了营改增等一系列重大改革平稳落地,提升了行政管理效率,优化了税收营商环境,并将中国税务绩效管理作为"公务员管理"的典型案例向全球推介。[①] OECD 出版的 2019 年税收征管丛书,把我国个人绩效管理(数字人事)作为成功案例推介;国际货币基金组织 2019 年 10 月发布《中华人民共和国在全国税务系统推行绩效管理的国际经验》技术报告,认为中国税务部门"建立了一个现代化的绩效管理体系。该体系清楚地将组织战略与整个组织层面的年度计划挂钩。个人和组织框架在很大程度上都是自动化的,其设计和操作与国际最佳实践相一致,具有比较优势。"[②]

2018 年 12 月,希腊税务局到税务总局学习交流绩效管理与数字人事工作,认为:"国家税务总局通过在如此大的干部队伍中推行数字人事和绩效管理,推动了工作落实,加强了干部管理,还促进了国税地税机构合并后队伍融合,硕果累累。"

IMF 财政事务部税收管理专家安妮特·岿认为:"国家税务总局在全国范围内的绩效管理设计理念与诸多国际惯例不谋而合,其中蕴含着发达国家税

---

① 世界银行:《通过创新和机构协调提升公共部门绩效》,2018 年,第 76—80 页。
② 何强等:《坚持绩效管理抓班子 助力税收治理现代化》,《中国税务》2019 年第 12 期。

务绩效管理体系中的大部分特质,比如,使用平衡计分卡、运用信息系统的自动化流程生成考评结果,以及从信息系统中自动抓取可靠的数据。中国税务绩效管理体系设计得很好,巧妙地将国家税务总局的战略方向和组织目标有机结合起来。中国税务绩效管理有助于国家税务总局在优化纳税服务、降低纳税成本,以及推进税收现代化等方面的目标达成。众所周知,绩效管理永远在路上,总是随着组织目标和具体情况的变化而不断发展。国家税务总局运用 PDCA 的方法来保证绩效管理的持续改进,给我们留下了深刻印象。这样可以确保绩效管理始终提供想要的东西,并确保绩效管理体系能够得到定期优化。覆盖全国税务系统的绩效管理框架已经建立,能够非常有效地开展组织绩效管理和个人绩效管理。中国税务绩效管理已经取得了长足的发展,尤其是对于中国税务系统这么庞大的组织而言,取得这样的成绩是令人叹为观止的。"①

美国国内收入局首席风险官汤姆·布兰特认为:"国家税务总局的个人绩效与组织目标之间有着紧密的联系,这对于确保组织实施已制定的战略至关重要。除此之外,国家税务总局的绩效指标还与中央政府设定的总体目标保持高度一致。自从我 2016 年第一次访问中国以来,国家税务总局所运用的绩效管理方法发生了全面革新,绩效管理水平也有了显著提升。国家税务总局所做的工作,包括对个人目标与组织目标一致性的关注、对持续改进的关注、对绩效考评结果的运用以及良好做法的明确和延续,在实务界中处于领先水平。"

曾长期供职英国皇家税务海关总署的约翰·米德尔顿认为:"十几年前,英国经历了一次重大机构改革,成立了英国税务海关总署。根据我的过往经验,改革中最重要的一点,也是我在中国税务绩效管理中可以清楚看到的,就是领导层的作用——传达信息,明确方向。这是我第二次访问中国。这一次

---

① 《中国税务》编辑部:《外国专家看税务绩效管理》,《中国税务》2019 年第 12 期。

我见到了各省负责绩效管理的税务干部,他们所取得的成就让我大开眼界。绩效管理的方向设定在很大程度上取决于领导层。强有力的领导层明确了组织的方向和路径。我所遇到的税务干部都非常清楚这一点。他们知晓国家税务总局要实现什么,目标是什么。"

第七章　税务绩效管理的主要启示和展望

　　党的二十大是在全党全国各族人民迈上全面建设社会主义现代化国家新征程、向第二个百年奋斗目标进军的关键时刻召开的一次十分重要的大会。习近平总书记在党的二十大报告中深刻阐述了中国式现代化的中国特色和本质要求，强调"未来五年是全面建设社会主义现代化国家开局起步的关键时期"，将"国家治理体系和治理能力现代化深入推进"作为主要目标任务之一。① 坚持和完善中国特色社会主义行政体制，构建职责明确、依法行政的政府治理体系，是推进国家治理体系和治理能力现代化的重要方面。构建政府治理体系，必须深化行政管理体制改革。改革开放特别是党的十八大以来，我国不断推进行政管理体制改革，"经历了从政策调整到体制创新的发展阶段，触及深层次的关键性改革目标也日趋明显合理"②。

　　政府绩效管理是深化行政管理体制改革、构建政府治理体系的重要举措。理论界和实务界的专家学者认为，党的十八大以来，税务系统始终牢记税收在推进国家治理体系和治理能力现代化中的责任使命，认真落实党中央、国务院

---

　　① 习近平：《高举中国特色社会主义伟大旗帜　为全面建设社会主义现代化国家而团结奋斗——在中国共产党第二十次全国代表大会上的报告》，《人民日报》2022 年 10 月 26 日。
　　② 沈亚平等：《当代中国行政管理体制改革的目标与展望》，《河北学刊》2010 年第 7 期。

各项决策部署,探索出一条如何更好履职、推进税收治理体系和治理能力现代化的管理新模式。① 在一定意义上,税务绩效管理在"点"上的改革创新为行政管理体制改革积累了经验,也在"面"上折射出构建和完善政府治理体系的演进逻辑和发展方向,对我国行政机关推行绩效管理具有"比较走过的路、远眺前行的路"的镜鉴启示。

一、税务绩效管理的主要启示

(一)绩效管理是"着眼长远"的战略管理

税务总局党委认真贯彻习近平总书记"要善于进行战略思维,善于从战略上看问题、想问题"②的重要指示精神,一以贯之服从服务于"国之大者",着眼长远,统筹谋划,紧盯战略目标实施绩效管理,确保了各项工作"不偏航、不失速"。

实践证明,绩效管理着眼长远战略,要"有指导、有指挥、有指标"。要始终坚持以习近平新时代中国特色社会主义思想为指导,以构建促进政令畅通、保持上下战略一致性的决策指挥系统为出发点,以发挥绩效指标的"指挥棒"作用为着力点,促进各级各部门和每名干部把握战略全局、融入工作整体,认真履职尽责,做好本职工作,为实现战略目标凝心聚力、不懈奋斗。

习近平总书记曾以红军长征途中发生的故事深刻揭示战略方向问题的极端重要性。红军过草地的时候,伙夫同志一起床,不问今天有没有米煮饭,却先问向南走还是向北走。这说明在红军队伍里,即便是一名炊事员,也懂得方向问题比吃什么更重要。③ 税务绩效管理运用战略思维,坚持目标导向、问题

---

① 李亚飞:《税务绩效管理:触及治理灵魂的自我革命》,《瞭望》2020 年第 46 期。
② 《习近平谈治国理政》第四卷,外文出版社 2022 年版,第 31 页。
③ 《习近平谈治国理政》第三卷,外文出版社 2020 年版,第 93 页。

导向和结果导向相统一,让各级税务机关及其每一位税务干部对税务队伍组织的使命、愿景有一个清晰的认识和把握,始终聚焦"应往哪个方向走""该追求什么目标"。各级税务局坚持绩效管理工作与税收工作、党建工作一体推进、深度融合,切实做到一起谋划、一起部署、一起落实、一起考核;始终坚持把"沉下心来抓落实"和"把蓝图变现实"作为绩效管理的出发点和落脚点,时时刻刻对标对表中央新部署新要求抓改进抓提升,时时刻刻体现在履职尽责、做好本职工作的实效上,体现在党员干部的日常言行上。

(二)绩效管理是"全面系统"的整体管理

税务总局党委认真贯彻习近平总书记"构建从中央到地方各级机构政令统一、运行顺畅、充满活力的工作体系"①的重要指示精神,以全面系统的整体管理打造"绩效共同体",汇聚起多方共治、协同共进的绩效合力。

实践证明,绩效管理做到全面系统,要"聚纵向、聚横向、聚同向"。要坚持围绕中心、服务大局、统筹高效,系统层级之间、横向部门之间以及系统"条线考评"与地方党政"块上考评"之间,注重关联性和耦合性,促进纵向联通、横向打通、同向贯通,突出各方共治的综合效益,服务国家治理体系和治理能力现代化。

党的十九届四中全会提出,健全充分发挥中央和地方两个积极性体制机制,构建从中央到地方权责清晰、运行顺畅、充满活力的工作体系。税务系统紧密结合以税务总局为主、与省区市党委和政府双重领导的管理体制,针对税务部门客观上存在"两边管、两难管"的难题以及一些单位压力层层递减、责任级级弱化的问题,统筹税务系统"条"上考评与地方党政"块"上考评,将"带好队伍"机制制度体系的绩效管理抓班子、数字人事管干部与"抓好党务"机制制度体系的纵合横通强党建、"干好税务"机制制度体系的多方协税谋共治等融会贯通,通过绩效管理促进各级税务机关牢固树立共治理念,纵横协同推

---

① 习近平:《论坚持全面深化改革》,中央文献出版社 2018 年版,第 433 页。

进税收治理现代化。

一方面,以指标设置促进"条块结合"。在税务总局考评省税务局指标内容中,凸显加强与地方党委政府考评衔接、促进服务地方经济社会发展的鲜明导向。不但专门设置"地方党政考评"指标,根据各省税务局在当地党政考评中所处等次进行考评,而且在相关党建和业务指标中同时体现地方党委政府的要求。比如,对"省税务局党委书记抓党建述职评议"指标,将各省税务局在当地党委党建考评情况纳入考评并赋予50%的分值权重。又如,设置"优化税收营商环境"指标,推动各地税务部门主动融入当地营商环境建设,加强与有关部门沟通协作,共同推动"便民办税优服务"。

另一方面,以考评撬动促进"纵横协同"。通过实行纵横关联的考评机制促进共抓落实、同提质效,既促进下级不折不扣贯彻落实上级决策部署,更赋予上级对下级加强领导、管理和服务的主体责任。税务总局对省税务局考评事项,相应纳入对税务总局机关业务条线归口管理司局的考评,比如,出现需要扣分的问题,既对发生问题的所有省税务局考评扣分,又对税务总局归口管理的司局考评扣分,而且对司局专门设置"工作指导"指标,促进"上对下"加强工作指导,确保税务总局工作部署在各地落实落细。

"大鹏之动,非一羽之轻也;骐骥之速,非一足之力也。"[1]近十年来,全国税务系统在绩效实践中坚持全面系统的整体管理,既保持系统上下绩效考评"纵到底、横到边",又将接受上级税务机关考评与接受所在地方党委政府考评有效衔接起来,实现"双向双用力、双考双提升",共同为实现税收现代化战略目标提供了有力保障。

(三)绩效管理是"和衷共济"的协同管理

税务总局党委认真贯彻习近平总书记"把赢得民心民意、汇聚民智民力

---

① (汉)王符撰,(清)汪继培笺:《潜夫论笺校正》,中华书局1985年版,第325页。

作为重要着力点"①的重要指示精神,广泛问计问需于纳税人缴费人和税务人,促进各级各部门心往一处想、劲往一处使,凝聚绩效管理共识,形成各方面的"最大公约数"。

实践证明,绩效管理形成和衷共济,要"合众意、合众智、合众力"。从绩效管理运行涉及全员、涉及每项业务、每一环节、每个岗位的实际出发,坚持"一切为了群众、一切依靠群众,从群众中来、到群众中去",通过深入调研、广泛动员,调动基层干部群众和管理服务对象积极性,促进基层和机关互动、管理和服务并重,画好向上向善最大同心圆。

税务绩效管理起步之际正值开展党的群众路线教育实践活动。税务总局一开始就提出,绩效管理要走群众路线,人人向上共树税务形象,让绩效管理在激发干部动力活力、促进税收工作持续改进中发挥"机制"作用,成为税务部门开展党的群众路线教育实践活动制度建设的一项重要成果,为税收事业发展提供有力保障。税务绩效管理一路走来,始终坚持群众路线,借鉴运用现代管理顾客导向和"契约式"管理理念,推动税务执法、服务、监管的理念方式手段变革,为广大纳税人缴费人提供优质便捷的服务,维护好广大纳税人缴费人的合法权益,大幅提高税法遵从度和社会满意度。

一方面,坚持"一切为了群众,一切依靠群众"。坚持以纳税人缴费人满意不满意为标准,设置"政务服务好差评""纳税人满意度""税收营商环境""政务公开"等关键指标及考点,尤其建好 12366 纳税缴费服务热线,畅通纳税人缴费人咨询投诉渠道,并将纳税人缴费人所反映问题、所提出诉求的办理作为绩效考评和绩效改进的重要方面,促进提升税务部门的执行力和公信力;坚持以税务人满意不满意为标准,设置"为基层减负""干部满意度""基层满意度""协作配合度""基层意见办理"等关键指标及考点,促进提升领导服务干部、机关服务基层的质量和效果。

---

① 《习近平谈治国理政》第三卷,外文出版社 2020 年版,第 95 页。

另一方面,坚持"从群众中来,到群众中去"。在推动税务绩效管理持续优化升级过程中,注重吸纳系统内外各方意见建议。在编制年度绩效指标体系的过程中通过"三上三下"征求全系统意见建议,通过召开跨界研讨会征求学术界、实务界和新闻界意见建议,通过召开税收工作座谈会征求纳税人缴费人意见建议,无论是"为什么"的形势分析、"做什么"的任务论证,还是"怎么做"的方法探求、"做不好怎么办"的风险防范等,均认真听取群众呼声,进行综合研判。一旦形成决策、印发执行,则全程公开,主动接受群众监督,根据新的意见建议适时完善改进,并在全年考评结束后,及时总结全年绩效考评情况,将当年绩效考评报告与下一年绩效考评指标一并提交税务总局有关会议审议,通过广泛讨论进行"对账式"完善,通过凝聚共识形成"契约式"任务,首尾相顾、前后接续、继往开来。

"积力之所举,则无不胜也;众智之所为,则无不成也。"①群众是重大决策的利益攸关方。作出任何重大决策,都有必要广泛听取群众意见、倾听群众呼声、回应群众关切。② 契约是主体之间达成的合意,具有自由、平等、诚实、守信的基本内涵。新时代契约精神的培育创新,可着力从诚信意识、规则意识和权责意识方面进行。③ 实施基于群众路线的协同管理,在沟通中达成共识、以共识指引落实,可以说是中国特色政府绩效管理的重要体现,也是培育新时代契约精神的具体举措。近十年来,全国税务系统始终坚持绩效管理要走群众路线的鲜明导向,通过不断强化各级税务机关和广大税务干部都是绩效管理"主人翁"的理念,在绩效管理各个环节,注重广泛征求、认真吸纳各方面意见建议,让绩效管理体系成为民智民意的集中体现,凝聚起同心推进税收现代化、促进经济社会高质量发展的税务力量。

---

① 刘文典撰:《淮南鸿烈集解》,冯逸、乔华点校,中华书局2013年版,第279页。
② 沈传亮:《中国共产党如何决策》,五洲传播出版社2019年版,第21页。
③ 王滨、陈律:《新时代契约精神的传承与创新》,《人民论坛》2021年第8期。

（四）绩效管理是"追求卓越"的争优管理

税务总局党委认真贯彻习近平总书记"推进理念思路创新、方式手段创新、基层工作创新，创造性开展工作"①的重要指示精神，通过绩效管理推进税收事业创新发展，形成系统上下争先创优的浓厚氛围。

实践证明，绩效管理立足追求卓越，要"重创业、重创新、重创造"。坚持"惟改革者进，惟创新者强，惟改革创新者胜"，围绕绩效战略目标，不断拓展视野范围、拓宽工作思路，发扬创业精神，突出改革创新，注重创造性开展工作，把顶层设计与基层落实结合起来，有破有立、破立结合，既结合实际、自主创新，又兼收并蓄、推动引进消化吸收再创新，持续在更深层次、更高水平、更新境界推进各项工作不断迈上新台阶。

"创新是引领发展的第一动力。"②创造性开展工作就是敢抓创新、善抓创新的重要体现。税务总局党委积极探索，不断完善绩效管理体制机制，推动各级各部门创造性开展工作，确保以高质量绩效管理推进新发展阶段税收现代化。

一方面，敢于第一个"吃螃蟹"。面对绩效管理这一"世界性难题"，尤其结合我国党政机关还没有一家垂直管理单位在全系统全员全面实施绩效管理的实际情况，既考机关又考基层、既考组织绩效又考个人绩效，实施层级多，涉及面广，难度更大，无先例可循，秉持先试点、后推行的改革思路，注重树立标杆单位，推动品牌建设，形成具有辐射性、带动性、可复制的工作经验，不断把实践中的好做法固化和规范为制度机制，创新绩效管理的机理机制和方式方法，打造"4+4+4+N"的组织绩效管理框架、"1+4+1"的个人绩效管理框架，完善"战略—目标—执行—考评—奖惩—改进"的绩效管理链条，严密设计和严格执行组织绩效与个人绩效挂钩机制，实行上下左右内外结合的综合评价，探

---

① 习近平：《论坚持党对一切工作的领导》，中央文献出版社 2019 年版，第 318 页。

② 《习近平谈治国理政》第二卷，外文出版社 2017 年版，第 201 页。

索"渗入业务流程、融入岗责体系、嵌入信息系统"的自动化考评,设立专门的考核考评部门,"实打实""硬碰硬"运用绩效考评结果,不断开拓绩效管理工作新局面。

另一方面,注重"他山之石,可以攻玉"。既坚持"走出去",组织到有关部委和地方党政部门虚心调研"取经",选派绩效管理业务骨干出国接受短训,应邀参加有关学术研讨会议,并广泛搜集相关资料,综合研判借鉴;又坚持"请进来",不但邀请国内理论界和实务界专家学者参与税务绩效管理决策咨询活动,在各类培训班为各级税务局领导、干部讲授绩效管理,而且借助与有关国家或国际组织的合作机制,邀请国外专家讲授国际上绩效管理最新发展动态,有针对性地汲取国内外绩效管理最新理论成果和实践经验,使税务绩效管理富于时代性、开放性和前瞻性。

创造性开展工作,既要有"胆",又要有"识"。"胆",即创造性开展工作的勇气、魄力;"识",即创造性开展工作的认识水平和能力,也就是对客观事物及其规律性把握的程度。① 近十年来,全国税务系统既突出"组织绩效管理抓班子""个人绩效管理管干部"的功能定位,又加强绩效管理与"抓好党务、干好税务、带好队伍"其他机制体系的协同配合,既注重统筹兼顾、综合平衡,又注重突出重点、带动全局,既促进组织绩效与个人绩效"双提高",又促进社会满意度和税法遵从度"双提升",带来了税收事业发展的蓬勃生机。

(五) 绩效管理是"克难奋进"的攻坚管理

税务总局党委认真贯彻习近平总书记"改革争在朝夕,落实难在方寸。越是任务重、困难大,越要知难而进、迎难而上"②的重要指示精神,通过实施税务绩效管理,促进系统上下发扬事不避难、义不逃责的斗争精神,打赢了一场又一场税收改革发展的攻坚战。

---

① 戴光正:《对创造性开展工作的辩证思考》,《南京政治学院学报》1997 年第 5 期。
② 《习近平谈治国理政》第三卷,外文出版社 2020 年版,第 127 页。

实践证明,绩效管理实现克难奋进,要"攻难关、攻难题、攻难点"。要充分估计面临的困难,"从最坏处着想,向最好处努力",下定"只要方向正确、意义重大,就大胆试、大胆闯"的决心,以"红军不怕远征难"的英雄气概,知难而进、迎难而上,攻打一个又一个难关、攻破一个又一个难题、攻克一个又一个难点,不断获得新进展、取得新成效。

习近平总书记曾引用宋代苏轼《思治论》中"犯其至难而图其至远"的话,阐明"向最难之处攻坚,追求最远大的目标"的道理。税务总局党委深入学习贯彻习近平总书记重要指示精神,既深刻认识到政府部门绩效管理是一个"世界性难题",甚至一些单位在推行中"半途而废",也充分认清税收改革发展面临一系列难关、难题和难点,需要通过绩效管理加以解决。

一方面,闯过"万事开头难"的难关。俗话说,头三脚难踢。正如邓小平同志强调的,"看准了的,就要大胆地试,大胆地闯"①。税务总局党委发扬筚路蓝缕、以启山林的精神,开好头、起好步,攻下绩效管理制度设计和思想认识的难题,推进制度设计日益完善、思想认识日益深化。绩效管理是一项系统工程,之前税务总局机关没搞过、全国税务系统也没有统一实施过,而且在一定程度上绩效管理是管人理事、要给税务干部带上"紧箍咒",凝聚共识尤为重要。因此,顶层设计必须慎之又慎、细之又细、实之又实,但又不能搞成"烦琐哲学",而是要简便易行;部署动员必须广之又广、深之又深、切之又切,让各级税务机关和广大税务干部充分认识势在必行的重要意义和行则有利发展的美好愿景,尽可能地把噪音降下去、把杂音消弭掉,最大限度地把思想认识统一起来、把各方力量凝聚起来。为此,税务总局全面对标对表党中央、国务院关于推进政府绩效管理的一系列部署要求,深入了解掌握国务院有关部委和地方党委政府推行绩效管理的做法经验,广泛搜集梳理国外政府及税务部门推行绩效管理的情况,特别是将深入基层税务部门调研与向各地税务机关问

---

① 《邓小平文选》第三卷,人民出版社1993年版,第372页。

卷调查结合起来，集中全系统的智慧，为审慎科学决策和缜密设计制度奠定基础。同时，广泛征求专家学者、各级领导干部和基层税务干部意见，集思广益，深入动员，带动各级税务机关迅速"动起来、转起来"，推动税务绩效管理工作迈开坚实步伐。

另一方面，闯过"知易行难"的难关。"非知之难，行之惟难。"税务总局党委坚持知行合一、贵在行动的理念，以"明知山有虎，偏向虎山行"的勇气，踔厉奋发，攻下绩效管理心理障碍和人情面子的难题，不断完善部门自评、领导评价、集中评审、关联考评、考评"考评者"等考评制约机制，压实考评责任，消除了"抹不开面子""下不去手"的思想，同时通过深入细致做好思想政治工作，加强绩效辅导和心理疏导，优化改进考评机制和方法，促进做到知行合一。比如，有的部门在编制对下考评指标时，为了突出本部门工作，想方设法多设考点，而在考评的时候又瞻前顾后"怕得罪人"，于是充当"好好先生"考不实、考不准、考不出差异。为此，在持续宣传引导的同时，通过建立健全指标编制质量和考评质量评估机制、核查评议机制、考评差异度加减分机制等，对考评者实行"再考评"，促进编制出"硬邦邦"的指标、考评出客观公正的结果。

"黄沙百战穿金甲，不破楼兰终不还。"习近平总书记指出："我国正处于实现中华民族伟大复兴关键时期，改革发展正处在攻坚克难的重要阶段，在前进道路上，我们面临的重大斗争不会少。我们必须以越是艰险越向前的精神奋勇搏击、迎难而上。"[1]2013 年至 2022 年，全国税务系统从中央要求所定、事业发展所需、基层实践所向、创新改革所倡等方面，不断加深对绩效管理的思想认识，始终站高望远、虑今顾远，始终直面问题、攻克难题、保持"越是艰险越向前"的斗争精神，扎扎实实推进绩效管理体系更加成熟定型，有力促进了税收事业发展行稳致远。

---

[1] 《习近平谈治国理政》第四卷，外文出版社 2022 年版，第 71 页。

（六）绩效管理是"递进发展"的升级管理

税务总局党委认真贯彻习近平总书记"以咬定青山不放松的执着奋力实现既定目标"①"制度更加成熟定型是一个动态过程"②的重要指示精神,在税务绩效管理实践中,"坚定不移地推、坚定不移地改、坚定不移地用",推动绩效管理不断迭代升级、优化完善。

实践证明,绩效管理体现递进发展,要"能推进、能改进、能恒进"。坚持"以绩效管理思维推进绩效管理工作"的持续改进理念,使绩效管理始终保持随着实践发展而与时俱进的深入推进态势,同时,以自我革命的精神对存在的问题进行优化完善,做到不是一事、一时改,而是事事关联改、持之以恒改,实现平稳接续、平滑升级。

税务总局党委深刻认识到完善税务绩效管理是一个动态过程,在推行之初就对建立一个什么样的绩效管理、怎么来做绩效管理进行科学规划,勾勒出税务绩效管理的蓝图,并在全国税务工作会议上动员部署。其后,又结合不同阶段实际情况进一步明确相应阶段的具体目标。比如,2015 年提出"要实现平滑平稳升级,明显上一个大的台阶,成为能够得到系统内外、实务和专家皆能给予好评的一个版本";2017 年提出"要为抓好班子明责任,为税收发展增动能";2018 年提出"要合力打赢决胜构建高质量税务绩效管理体系攻坚战";2020 年提出"要努力打造基本定型的税务绩效管理体系",始终保持"随着实践发展而与时俱进"的态势。

"有志者事竟成。"2013 年至 2022 年,全国税务系统一以贯之坚持发扬"工匠精神",以"绣花功夫"对税务绩效管理体系进行精雕细琢,持续改进升级 10 个版本,使税务绩效管理体系基本成熟定型。

2013 年推出探索版,重在调查研究"一图描绘"。在广泛深入调研有关中

---

① 习近平:《以史为鉴、开创未来　埋头苦干、勇毅前行》,《求是》2022 年第 1 期。
② 《习近平谈治国理政》第三卷,外文出版社 2020 年版,第 127 页。

央部委、地方党委政府及基层税务部门前期推行绩效管理情况，充分征求各级税务机关和部分专家学者意见建议基础上，研究制定《国家税务总局关于实施绩效管理的意见》，明确在全国税务系统实施绩效管理的指导思想、基本原则、目标规划、主要流程和步骤，绘好税务绩效管理蓝图。

2014 年推出试行版，重在夯基垒台"双轮驱动"。上半年，按照党的十八届三中全会提出关于"严格绩效管理，突出责任落实，确保权责一致"的部署要求，围绕"一年试运行，两年见成效，三年创品牌"的总布局，选择部分省、市税务局和税务总局机关司局进行试点运行，检验绩效管理办法是否合理、绩效考评指标是否科学、绩效软件运行是否顺畅。下半年，按照党的十八届四中全会"把法治建设成效作为衡量各级领导班子和领导干部工作实绩重要内容，纳入政绩考核指标体系"的部署要求，围绕打造法治型税务机关，将前期已试点运行的依法行政综合绩效考核指标体系，融入绩效指标体系，并在全国税务系统全面试行绩效管理，并从组织绩效延伸至个人绩效，进一步检验运行情况和各方反映问题。

2015 年推出应用版，重在正式实施"三途挂钩"。按照党的十八届五中全会"完善政绩考核评价体系和奖惩机制，调动各级干部工作积极性、主动性、创造性"的部署要求，坚持创新发展理念，将税务绩效管理定位于战略绩效管理，不仅在全国税务系统全面推行，而且将考评结果与干部任用、公务员年度考核、评选评优挂钩。

2016 年推出深化版，重在凸显战略"五级贯通"。按照中办、国办印发的《深化国税、地税征管体制改革方案》要求，以实施战略绩效管理为导向，以规范指标设置和完善运行机制为重点，以加强信息技术支撑为依托，在全面完善的基础上更加注重指标改进、更加注重考严考实、更加注重绩效考评结果深化运用，确保将税收现代化战略目标从税务总局贯穿到省、市、县、乡五级税务机构。

2017 年推出集成版，重在积厚成势"八方同评"。按照党的十八届六中全会审议通过《关于新形势下党内政治生活的若干准则》和《中国共产党党内监督条例》要求,围绕新形势下加强党的建设和干部队伍建设,以绩效管理与中心工作深度融合为着眼点,持续优化绩效指标、考评方式和运行机制,通过大幅提升量化机考指标,改进加减分项目,注重第三方评价,强化绩效沟通和分级管理,在税务系统内部上评下、下评上、左右互评的基础上,更加注重中央巡视组、中央督查组、国务院督查组等指出问题,审计署审计报告指出问题,地方党委政府考评,纳税人缴费人满意度,更加凸显公平、公正、公开、公认的考评导向,促进绩效管理从积厚成势走向系统集成。

2018 年推出改革版,重在机构重塑"两考合并"。按照党的十九大"坚持严管和厚爱结合、激励和约束并重,完善干部考核评价机制,建立激励机制和容错纠错机制",中央经济工作会议"加快形成推动高质量发展的指标体系、政策体系、标准体系、统计体系、绩效评价、政绩考核,创建和完善制度环境"的部署要求,既突出战略定位、问题导向、量化机考、统筹协同实现平滑平稳升级,又适应国税地税征管体制改革新形势新要求,国税地税机构合并一套指标"定责",全系统自上而下一把尺子"考评",新设考核考评部门一队人马"专抓",更好发挥"抓班子、促落实"的积极作用。

2019 年推出融合版,重在化学反应"四合导向"。适应税务机构合并后新形势新要求,以事合、人合、力合、心合为导向,认真贯彻落实中央《关于统筹规范督查检查考核工作的通知》《关于解决形式主义突出问题为基层减负的通知》《党政领导干部考核工作条例》等文件精神,紧扣税收工作主题主业主线,围绕高质量推进新时代税收现代化战略目标,更加凸显党中央、国务院的新部署新要求,纳税人缴费人和税务人的新需求新期盼,对绩效指标的分类及分值权重进行优化完善,进一步精简指标考点,优化考评方式,持续为基层减负。

2020 年推出治理版,重在基本定型"四位一体"。按照党的十九届四中全会"坚持和完善中国特色社会主义制度、推进国家治理体系和治理能力现代化"的部署要求,围绕税收现代化六大体系 3.0 版战略目标,从"坚持"和"完善"两个方面持续优化指标体系,进一步夯实功能定位、更新绩效理念、完善考评内容、优化考评方式、健全运行机制,推动绩效管理制度体系基本定型,构建起"四类对象、四大板块、四处来源、N 个专项"的"4+4+4+N"的税务组织绩效管理框架体系,四位一体推进绩效管理向纵深发展。

2021 年推出合成版,重在关联撬动"四有人管"。按照中办、国办印发的《关于进一步深化税收征管改革的意见》要求,进一步突出组织绩效和个人绩效有机衔接的融合化考评、机生机汇的自动化考评、发挥驻各地特派办撬动作用的关联化考评,融入"信息系统+业务应用+内控绩效"的"大三角"税收治理体系,努力推进打造每个环节都"事有人干、干有人督、督有人考、考有人用"的管理闭环,促进风险该发现没发现有人管、发现后没及时推送有人管、推送后没及时处置有人管、处置后没及时改进有人管,以更好发挥绩效管理在推进税收现代化进程中的积极作用。特别是编制《增值税专用发票电子化工作专项绩效考评方案》《进一步深化税收征管改革专项绩效考评方案》,确保各项改革任务落实落细。

2022 年推出智慧版,重在内嵌考评"三维比析"。适应智慧税务建设新要求,坚持"稳字当头、稳中求进"的总基调,在"稳"的基础上突出"加固",一以贯之不断以高质量绩效管理服务高质量推进税收现代化;在"进"的目标上突出"衔接","双轮驱动"不断优化组织绩效与个人绩效有机衔接的共进格局;在"新"的突破上突出"内嵌",不断强化"渗入业务流程、融入岗责体系、嵌入信息系统"的自动化考评,促进从纵向、横向、重点指标三个维度比较分析,进一步打造税务绩效管理"升级版"。

总的看,税务绩效管理从研究准备到正式实施以来,经历了四个发展阶段:2013 年至 2014 年"起步"阶段,主要是"描绘蓝图、试点试行,使绩效管理运转起来";2015 年至 2017 年"爬坡"阶段,主要是"攻坚克难、边推边改,使绩效管理顺畅起来";2018 年至 2020 年"稳进"阶段,主要是"融会贯通、做精做优,使绩效管理成熟起来";2021 年至 2022 年"升级"阶段,主要是"数据驱动、内生内嵌,使绩效管理智能起来"。正是这样锚定目标,步步为营,不断优化深化,确保了蓝图变现实。

（七）绩效管理是"激励约束"的奖惩管理

税务总局党委认真贯彻习近平总书记"坚持严管和厚爱结合、激励和约束并重"[①]的重要指示精神，不断完善税务绩效管理的奖惩激励机制，持续激发了税务干部队伍的活力动力。

实践证明，绩效管理强化激励约束，要"抓高线、抓底线、抓长线"。要坚持党管干部、激励和约束并重，顶住压力把考核评价结果与干部选拔任用、公务员年度考核、评先评优、人才培养等工作挂钩，强化正向激励和负向约束，树立"追求高线有激励、触碰底线有惩戒、长线发展有引领"的绩效导向，确保通过动真碰硬、赓续发力的绩效管理促进干部队伍崇尚实干、永葆活力。

税务总局党委深刻认识到有效运用绩效考评结果是绩效管理的"生命线"，在实践中以"有奖有罚，奖罚分明"的鲜明导向用好绩效考评结果，对政治坚定、奋发有为、实绩突出者给予褒奖和鼓励，对慢作为、不作为、乱作为者给予警醒和惩戒。税务绩效管理的考评结果运用经历三层递进，迅速成为叫得响、有权威的"硬招实招"。

第一是"立法为据"。2013 年 12 月制发的《国家税务总局关于实施绩效管理的意见》对有效运用考评结果作出原则性规定，2015 年 3 月印发《国家税务总局绩效考评结果运用办法》，对考评结果具体运用作出细化规定，此后又与时俱进多次进行修订，并进一步区分组织绩效管理与个人绩效管理制发配套文件，为绩效考评结果运用提供制度保障。

第二是"立木为信"。2014 年是绩效管理"一年试运行"阶段，对绩效考评结果只作参考运用。2015 年是正式实施考评的第一个年度，在次年初正式公布上年绩效考评结果后，当即研究绩效考评结果运用事宜，按照规定向司

---

① 习近平：《论坚持党对一切工作的领导》，中央文献出版社 2019 年版，第 199 页。

局、省税务局兑现增减厅局级领导名额的奖罚措施，这在以后年度成为"规定动作"。此举犹如一石激起千层浪，引起强烈反响，让各级税务机关和广大税务干部看到税务总局党委"坚定不移地用"的决心，进一步调动起抓绩效就是抓落实、有绩效就有激励、岗位就是责任、履职必须担当的使命感和积极性。

第三是"立行立改"。在将绩效考评结果与干部任用等挂起钩来、彰显重实干重实绩导向的同时，更加强调"持续改进是绩效管理的核心要义"，通过绩效考评结果促进"知不足，然后能自反也；知困，然后能自强"①，即知即改、立行立改，牢牢守住"底线"，全力追求"高线"，坚决不碰"高压线"，实现自我管理、自我诊断、自我改进、自我提升的长线发展。

"水不激不跃，人不激不奋。"②"国家大事，惟赏与罚。"③近十年来，全国税务系统树牢"结果运用是绩效管理生命线"的观念，税务总局坚定不移狠抓绩效考评结果运用工作，在认真做好税务总局层面绩效考评结果运用的同时，通过"抓省局、带市局、促县局"，督促指导抓好各级税务机关绩效考评结果运用工作，既激发组织动力，又迸发干部活力，为税务干部队伍塑形聚力铸魂。

（八）绩效管理是"科技赋能"的数智管理

税务总局党委认真贯彻习近平总书记"把数字技术广泛应用于政府管理服务，推动政府数字化、智能化运行"④的重要指示精神，既通过信息化建设为绩效管理提供支撑，又通过绩效管理促进提高信息化水平，使二者相辅相成、相互促进。

实践证明，绩效管理实现科技赋能，要"可机生、可机汇、可机考"。坚持

① 王文锦译解：《礼记译解》，中华书局 2016 年版，第 532 页。
② （明）冯梦龙：《喻世明言》，中华书局 2009 年版，第 59 页。
③ （唐）吴兢：《贞观政要》，中华书局 2009 年版，第 172 页。
④ 习近平：《加强数字政府建设　推进省以下财政体制改革》，《人民日报》2022 年 4 月 20 日。

"科学技术是第一生产力",适应大数据时代,强化数字绩效理念,充分运用现代信息技术,以高水准的信息集成提升量化机考水平,以数字化改造、智能化升级为绩效管理赋予新动能,促进绩效管理更加高效便捷、绩效考评更加客观公正。

税务绩效管理制度框架设计与绩效管理信息系统开发同步进行。绩效管理信息系统的开发和持续优化完善,坚持既发挥技术支撑作用,又注重指标导引功能,做到任务明确、流程明晰、时限明了,环环相扣、简便易行。在具体实践中,分层次递进优化绩效管理信息系统。

第一层是建设信息化绩效平台。围绕实现五级税务机构、全体税务干部的组织绩效考评和个人绩效考评"一张网、全覆盖",平台建设既突出统一性,从年初指标制定、定责,到日常管理过程监控,被考评者填报,考评者打分,再到考评异议申诉以及结果反馈,都可以线上运行;又注重个性化设计,按照被考评单位进行分类分组,分别设计并导入考评指标,结合实际制定绩效管理的工作流程。

第二层是打造绩效信息链条。有条不紊推动绩效管理信息系统与其他业务信息系统的数据交互交换,将"生产环节"的绩效执行数据与"监控环节"的绩效考评数据无缝对接,加强内外部数据有序共享,形成更加完整的绩效管理信息链条,持续提升机考率。税务总局从2015年正式实施绩效管理起,强调加大机考指标考评的力度,鼓励各地充分挖掘各类业务生产系统数据,编制量化机考指标;2016年大幅提升省考市、市考县的机考率,要求市考县的指标中机考指标占比达50%以上,并且从后台直接取数,不再要求基层税务局上报有关考评资料;此后机考指标分值权重逐年上升,目前税务总局对省税务局的机考指标分值权重已达80%以上。

第三层是推进"内嵌式"自动考评。坚持在税收工作和税务绩效管理中引入人工智能、大数据、云计算等现代信息技术,依托智慧税务建设,从决策指挥管理平台抓起,将绩效管理功能"内嵌"于各业务、党务、政务信息系统,对组织绩效结果数据和干部工作痕迹数据自动归集到大数据云平台,对税务人员履责的全过程自动考核考评,实现绩效的"数字化改造"和"智能化升级"。

近十年来,全国税务系统坚持"科技强税提质效",树立数字绩效理念,通过运行绩效管理信息系统,积极打通绩效管理信息系统与综合征管、内控平台等信息系统,在互联互通基础上不断加大"机生机汇机考"力度,逐步实现网上"晒绩效"、线上"评绩效"、云上"算绩效",使绩效管理与"以数治税"相辅相成、相得益彰。

利用大数据和现代信息技术创新税收管理方式是深化税收征管改革实践的必由之路。金税工程建设跨越式推进带动了税务绩效管理持续改进。中办、国办印发的《关于进一步深化税收征管改革的意见》,对"改进提升绩效考评"作出专门部署,要求推动绩效管理渗入业务流程、融入岗责体系、嵌入信息系统,对税务执法等实施自动化考评,促进工作质效持续提升。税务绩效管理不断推进"内嵌式"自动化考评,税收业务和绩效管理同步实现数字化升级、智能化改造,成为推动税收治理现代化的有力举措和重要依托。

（九）绩效管理是"内化于心"的文化管理

税务总局党委认真贯彻习近平总书记"文化自信,是更基础、更广泛、更深厚的自信,是更基本、更深沉、更持久的力量"[1]的重要指示精神,坚持培育既具有部门特色又洋溢时代气息的绩效文化,为税务绩效管理顺利实施营造了良好氛围。

实践证明,绩效管理达到"内化于心",要"显人文、显人心、显人气"。采取全方位、多层次、长流水、呈递进的策略,积极培育绩效文化,既在关键节点有声有势,又在日常之中润物无声,凝聚人心、厚植人气,着力提升各级各部门主动抓绩效的思想境界和行动自觉,为实施绩效管理提供深厚文化

[1] 《习近平谈治国理政》第三卷,外文出版社 2020 年版,第 349 页。

支撑。

税务总局党委深刻认识到文化自觉是管理的最高境界,在实践中按照"紧扣关键节点、渐次有序推进、逐步全面铺开"的思路,加强滴灌渗透,着力提升广大税务人积极主动抓绩效的政治素养、文化修养和思想境界。

一方面,从"内化于心"抓起。牢固树立"干部工作关系到税务干部的人生,关系到税务机关的人气,关系到税务系统的人心"的理念,在实施绩效管理中坚持以人为本,注重人文关怀,拓宽渠道、创新举措,将弘扬"忠诚担当、崇法守纪、兴税强国"的中国税务精神与培育"人人讲绩效、事事求绩效"的绩效文化结合起来,进行耳濡目染、润物无声的培育。比如,通过在内网网站、微信公众号、税务报纸杂志等开设绩效专栏,搭建交流互鉴、比学赶超的"赛马"平台,创作微电影、短视频和专题片等新媒体产品,特别是及时回应各方关切,讲好绩效故事,增强宣传融入感、参与感,营造"心灵感应绩效"的文化氛围;通过创建绩效管理文化角、绩效之家等,宣传绩效文化、管理知识、经典案例、税务干部所思所想,营造"心情感通绩效"的文化氛围;通过问卷调查、基层调研、召开座谈会、主题辩论等活动,出版《绩效点亮梦想》《聚力塑魂——中国税务绩效管理纪实》《铁军锻炉——中国税务数字人事实践探索》等书籍,启发税务干部在回顾历程和展望未来中关注思考绩效管理,营造"心思感悟绩效"的文化氛围。

另一方面,向"外化于行"用力。在实施绩效管理中强调"知行合一""行胜于言",各级领导以身作则讲绩效、抓绩效,全体干部上行下效争绩效、创绩效。比如,通过各级税务机关"一把手"亲自宣讲、躬身示范,分管领导具体负责、一线作战,干部主动认知、自觉躬行,使得班子成员干事创业从"给我干"向"跟我干",广大税务干部从"让我干"向"我要干",各级各部门从"只求过得去"向"追求过得硬",从"跟着感觉走"向"奔着质效去"转变,"人人讲绩效、事事求绩效"的绩效文化日渐浓厚。

美国蓝德公司和麦肯锡公司通过对全球增长最快的 30 家公司的跟踪考

察后,认为一流公司胜出其他公司的关键因素在于拥有强势的主流文化。彼得·德鲁克曾明确表示管理的根基是文化,企业家的文化价值观和企业家精神在管理中发挥着越来越重要的作用。① 绩效文化对于管理质效具有深沉而持久的渗透力和影响力。近十年来,全国税务系统通过持之以恒培育绩效文化,扎实推进绩效管理深入人心,以"实打实"的带动力、"硬碰硬"的驱动力、"心连心"的感动力,撬动系统上下"动起来、转起来、活起来",为促进税务干部一生向上、一心向善,注入更基本、更深沉、更持久的力量。

(十)绩效管理是"明理增信"的认知管理

税务总局党委认真贯彻习近平总书记"理论来源于实践,又用来指导实践"②"深刻领悟马克思主义及其中国化创新理论的真理性,增强自觉贯彻落实党的创新理论的坚定性"③的重要指示精神,坚持领会好、把握好习近平新时代中国特色社会主义思想的世界观和方法论,坚持好、运用好贯穿其中的立场观点方法,指导绩效管理实践。

实践证明,绩效管理推动明理增信,要"明道理、明原理、明机理"。强化理论思维,做到知行合一,坚持"学用研一体化"、实践推进一步、理论研究深入一层。不断增强信心,广泛凝聚共识,遇到管理难题能够找到破解之策,在理论和实践的结合中推动绩效管理向纵深发展。

税务总局党委在实践中坚持理论创新,融合治理者的视界、被治理者的视界、研究者的视界,将三种身份的视界统一起来④,使各级领导干部遇到管理

---

① 吕长江:《中国传统文化对管理学科的影响探讨》,《管理世界》2021年第9期。
② 《习近平在经济社会领域专家座谈会上的讲话》,《人民日报》2020年8月25日。
③ 习近平:《坚持用马克思主义及其中国化创新理论武装全党》,《求是》2021年第22期。
④ 有学者认为,研究国家治理,最大的难点也许是做到三种视界的融合:治理者的视界、被治理者的视界、研究者的视界。这三种角色与身份各有其价值要求,打破他们之间的隔离,促进视界的融合,形成最大限度的融合,实现"善治",是中国治理思想和实践的最高境界。参见欧阳康:《国家治理的"道"与"术"》,中国社会科学出版社2015年版,第28页。

难题能够找到破解之策,在理论和实践的结合中推动绩效管理不断向纵深发展。

一方面,围绕"用"而"研"。税务总局坚持将"往上做"提升理论层次与"往外做"加强交流互鉴、"往深做"促进扎根基层、"往优做"持续迭代升级统筹起来,适应税务绩效管理工作需要"因用而生"出题目,动员各级税务机关及税务干部紧密结合各自实践深入开展研究。2014 年 3 月专门制发《国家税务总局办公厅关于做好绩效管理工作研究的通知》,围绕完善绩效管理制度和操作体系明确十个方面的重点题目:一是税务绩效管理模式路径研究。如何建立符合税收工作和税务系统特点的绩效管理模式及其实现路径。二是税务干部绩效管理研究。如何在实施税务组织绩效管理的基础上,进一步实现以税务干部为考评对象的绩效管理。三是绩效管理与工作制度机制创新研究。如何发挥绩效管理杠杆作用,促进税收工作本身的制度机制完善和创新。四是绩效考评指标设计研究。如何设计建立适应税收工作实际、具有战略引领功能的关键绩效指标。五是绩效管理岗责体系建立研究。如何科学建立指标分解责任制,在绩效管理中突出权责一致、确保责任落实。六是绩效结果运用方法研究。如何着眼于增强动力、激发活力,拓宽绩效结果运用的范围、途径、方法。七是绩效改进研究。如何针对不同部门、业务、岗位,研究绩效改进的策略、方法,科学制定和落实绩效改进方案。八是绩效分析方法应用研究。如何确定绩效分析的内容、视角、工具、手段,有效应用绩效分析成果。九是绩效管理信息化建设研究。如何与税务管理信息化建设相统筹,优化绩效管理信息系统功能,提供信息保障和技术支撑。十是绩效文化研究。如何加强绩效文化建设,结合践行社会主义核心价值观、培育税务精神,不断深化绩效管理。各级税务机关坚持问题导向和目标导向相结合,结合绩效管理推行以来各方面的重点、焦点、难点问题,形成一批具有较强针对性、前瞻性的研究成果。

另一方面,围绕"学"而"研"。积极借助科研课题项目和专家学者力量,不断拓展理论与实践结合的广度、高度和深度。一是着眼于鉴往开来,对税务绩效管理实施以来积累的丰富实践经验,力求在更高站位和更深层次上进行理论化总结提升,既为进一步优化税务绩效管理谋划措施,又为深化政府绩效管理贡献税务智慧。二是着眼于综合集成,统筹组织绩效与个人绩效,既突出绩效指标、考评方法、运行机制、结果运用、技术支撑、作用机理、效应发挥等方面的研究,又注重从绩效管理角度总结党的十八大以来税收现代化建设的成效和经验。三是着眼于内外协同,既组织税务系统开展研究,又通过借助"外脑"特别是发挥著名专家学者的"智库"作用,拓展深化绩效管理研究。不少专家学者提出税务绩效管理的丰富实践为新时代政府绩效管理的理论研究提供了一座"富矿",并作为一个重要的实证案例加以研究,形成一系列理论成果陆续在《中国行政管理》《瞭望》《领导科学》《中国社会科学报》等报纸杂志发表。

以研究本土管理实践为重心是中国管理研究能够取得突破性进展的关键。[1] 近十年来,全国税务系统围绕推进国家治理体系和治理能力现代化等具有原创性、时代性的概念和理论,从党中央治国理政新理念新思想新战略的大道理出发,以实施税务绩效管理、助力推进新发展阶段税收现代化这一"我们正在做的事情为中心""致广大而尽精微",从实践中挖掘新材料、发现新问题、提出新观点,在实践优化中深化理论、在理论深化中优化实践,形成了"实践—认识—再实践—再认识"的用学研一体化循环。

二、税务绩效管理的未来展望

绩效管理没有最优,只有更优。税务绩效管理实施近十年来,以永远在路上的执着,追求更优和更加成熟定型,取得来之不易的成绩,但同时在理论的

---

① 陈春花、马胜辉:《中国本土管理研究路径探索——基于实践理论的视角》,《管理世界》2017 年第 11 期。

创新性、指标的科学性、考评的客观性、技术的先进性、文化的深入性等方面仍存在问题不足，需要再接再厉、不断提升。党的二十大对未来5年乃至到2035年党和国家事业发展的目标任务和大政方针作出了全面部署。新征程赋予了税收现代化新使命。深入学习贯彻党的二十大精神，围绕全面建设社会主义现代化国家，坚定不移推进税务绩效管理，确保充分发挥税收职能作用，以税收现代化服务中国式现代化，需要从"五个进一步"上持续发力。

（一）深化绩效管理理论探索：进一步彰显中国化时代化的要求

党的二十大报告指出，中国共产党为什么能，中国特色社会主义为什么好，归根到底是马克思主义行，是中国化时代化的马克思主义行。习近平新时代中国特色社会主义思想是当代中国马克思主义、二十一世纪马克思主义，实现了马克思主义中国化时代化新的飞跃。新时代新征程对政府治理提出新课题新要求，只有在实践基础上进一步坚持理论探索，才能深刻把握绩效管理发展的逻辑必然、历史必然和现实必然。

面向未来，纵深推进税务绩效管理实践，必须一以贯之加强马克思主义中国化时代化的科学理论武装。坚持以习近平新时代中国特色社会主义思想为指导，坚持好、运用好贯穿其中的立场、观点和方法，立足中国、借鉴国外、挖掘历史、把握当代，进一步强化把党的全面领导贯穿始终以凸显政治引领，由群众评判工作得失、检验工作成效以凸显人民至上，紧密结合国情税情推行中国特色绩效管理模式以凸显自信自立，在坚持和继承的基础上持续不断完善绩效管理体系以凸显守正创新，始终聚焦实践面临的新问题想方设法取得新突破以凸显问题导向，通盘考虑组织绩效与个人绩效考评以凸显系统观念，站在政府绩效管理前沿贡献税务智慧以凸显服务大局，进而为加快构建政府绩效管理体系，推动构建具有中国特色、中国风格、中国气派的政府绩效管理学科体系、学术体系、话语体系作出新贡献。

（二）强化绩效管理基本功能：进一步贯彻新时代党的组织路线

党的二十大报告强调，严密的组织体系是党的优势所在、力量所在。各级党组织要履行党章赋予的各项职责，把党的路线方针政策和党中央决策部署贯彻落实好，必须重视和加强干部队伍建设，这是我们党的优良传统和基本经验。围绕建强党的执政骨干队伍，习近平总书记开创性提出新时代党的组织路线，要求一体推进素质培养、知事识人、选拔任用、从严管理、正向激励"五大体系"建设。

面向未来，纵深推进税务绩效管理实践，必须一以贯之认真贯彻新时代党的组织路线。从深刻领悟"两个确立"的决定性意义，增强"四个意识"、坚定"四个自信"、做到"两个维护"的高度制定绩效战略目标，注重前瞻性思考、全局性谋划、整体性推进，不断提高政治站位和战略思维，致力于建设一支政治过硬、适应新时代要求、具备领导和推进税收现代化建设能力的税务干部队伍，确保拥有团结奋斗的强大政治凝聚力、发展自信心。在推进税收现代化服务中国式现代化的进程中，以贯彻新时代党的组织路线为保障，充分发挥绩效管理的指挥棒、风向标、助推器作用，推动统一意志、统一行动、步调一致前进，激励引导各级税务机关和广大税务干部以更好的状态、更实的作风贯彻落实好中央决策部署。

（三）拓展绩效管理实践成效：进一步推动税收工作高质量发展

党的二十大报告强调，高质量发展是全面建设社会主义现代化的首要任务，必须完整、准确、全面贯彻新发展理念，并对优化税制结构、加大税收调节力度、完善个人所得税制度、完善支持绿色发展的财税政策等提出系列要求，赋予税务部门担当使命、履行职责的更高标准和要求。为此，要坚持以高质量绩效管理服务高质量推进税收现代化。

面向未来，纵深推进税务绩效管理实践，必须一以贯之充分发挥税收在国家治理中的基础性、支柱性、保障性作用。进一步提升绩效管理抓班子、带队伍、促落实、提质效的效能，围绕以税收现代化服务中国式现代化的战略目标，科学编制具有引领性、关键性的绩效考评指标，聚焦充分发挥和拓展提升税收职能作用打造更加严密的绩效管理闭环，突出责任落实，确保权责一致，实现组织绩效与个人绩效协同共进，推动税收工作提质增效、税收事业更高质量发展、税务部门的行政效率和公信力显著提升。

（四）加快绩效管理技术升级：进一步提升数字化智能化水平

党的二十大报告要求，坚持创新在我国现代化建设全局中的核心地位。大数据时代，谁拥有数据资源、用活数据资源，谁就拥有未来。大数据是国家治理体系和治理能力现代化的战略资源，推进数字政府建设是构建现代政府治理体系的重要举措。

面向未来，纵深推进税务绩效管理实践，必须一以贯之提升数字化、智能化水平。充分运用互联网、大数据、人工智能等技术手段，积极推动业务与管理一体实现数字化、智能化，不断强化绩效执行数据的机生能力、绩效运转数据的机汇能力、绩效结果数据的机考能力，统筹任务分配、业务流程、岗责体系、信息系统，将绩效考评功能嵌入其中，提升自动化考评水平，提高绩效管理质效。

（五）增进绩效管理价值认同：进一步厚植内生性持久性动力

党的二十大报告提出，推进文化自信自强，铸就社会主义文化新辉煌。文化兴则国运兴，文化强则民族强。任何管理方式，只有将制度的"硬措施"升华为文化的"软实力"，才能更加深入持久地发挥作用。进一步培育内化于心、外化于行、知行合一的绩效文化，是促进各级税务机关和广大税务干部对绩效管理不断从深化认识到提高认知、再到凝聚认同的必由之路。

面向未来,纵深推进税务绩效管理实践,必须一以贯之以人为本、以文化人、浇灌培育绩效文化。进一步以社会主义核心价值观为引领,围绕大力弘扬中国精神、传播中国价值、凝聚中国力量,推动形成适应新时代要求的思想观念、精神面貌、文明风尚、行为规范,在绩效管理理念、方式、措施、手段等方面注入固本培元的精神基因,凸显尊重人、关心人、为了人、依靠人、引领人,抓好绩效提升,讲好绩效故事,不断焕发凝聚人心、汇聚共识、集聚动能的聚力铸魂新气象。

习近平总书记指出:"新时代中国特色社会主义是我们党领导人民进行伟大社会革命的成果,也是我们党领导人民进行伟大社会革命的继续,必须一以贯之进行下去。历史和现实告诉我们,一场社会革命要取得最终胜利,往往需要一个漫长的历史过程。只有回看走过的路、比较别人的路、远眺前行的路,弄清楚我们从哪儿来、往哪儿去,很多问题才能看得深、把得准。"①

当今世界正在经历百年未有之大变局,我国正处于实现中华民族伟大复兴关键时期,必须在坚持和完善中国特色社会主义制度、推进国家治理体系和治理能力现代化上下更大功夫。党的十八大以来,我国税务部门认真贯彻落实党中央统筹推进"五位一体"总体布局和协调推进"四个全面"战略布局的部署要求,服从服务于国家治理和政府治理,坚定不移实施绩效管理,一以贯之推进税收治理现代化,取得明显成效,既从党和国家税收事业"一域"折射出我国国家制度和国家治理体系"全局"具有的多方面显著优势,又为我国深入推进政府绩效管理和创新治理理念、治理方式、治理手段提供了"税务经验"。

"路曼曼其修远兮,吾将上下而求索。"实践发展永无止境,创新政府绩效管理永远在路上。展望未来,惟有"不忘初心、牢记使命",更加紧密地团结在以习近平同志为核心的党中央周围,深入学习贯彻党的二十大精神,推进新时

① 《习近平谈治国理政》第三卷,外文出版社2020年版,第69—70页。

代税收现代化建设再上新台阶,更高水平服务国家治理现代化,在实现中华民族伟大复兴中国梦的征程上贡献税务部门和每一位税务人的力量,才能把税务绩效管理持续推向深入发展,为构建政府治理体系、推进中国式现代化不断创造更多新的有益经验。

参 考 文 献

一、古籍

《周礼注疏》,中华书局 2009 年版。

《孟子注疏》,中华书局 2009 年版。

《汉书》,中华书局 1962 年版。

《晋书》,中华书局 1974 年版。

《新唐书》,中华书局 1975 年版。

《周书》,中华书局 2022 年版。

《资治通鉴》,中华书局 1956 年版。

《明史》,中华书局 2015 年版。

(汉)王符撰,(清)汪继培笺:《潜夫论笺校正》,彭铎校正,中华书局 1985 年版。

(汉)桓宽撰,王利器校注:《盐铁论校注》,中华书局 1992 年版。

刘文典撰:《淮南鸿烈集解》,冯逸、乔华点校,中华书局 2013 年版。

(唐)吴兢:《贞观政要》,中华书局 2009 年版。

《范仲淹全集》第二册,李勇先、刘琳、王蓉贵点校,中华书局 2020 年版。

(明)冯梦龙:《喻世明言》,中华书局 2009 年版。

(清)王先谦:《荀子集解》,中华书局 1988 年版。

楼宇烈主撰:《荀子新注》,中华书局 2018 年版。

顾颉刚、刘起釪:《尚书校释译论》,中华书局 2005 年版。

王文锦译解:《礼记译解》,中华书局 2016 年版。

二、图书著作

《马克思恩格斯选集》第三卷,人民出版社 2012 年版。

《毛泽东选集》第二卷,人民出版社 1991 年版。

《邓小平文选》第三卷,人民出版社 1993 年版。

《习近平谈治国理政》第一卷,外文出版社 2018 年版。

《习近平谈治国理政》第二卷,外文出版社 2017 年版。

《习近平谈治国理政》第三卷,外文出版社 2020 年版。

《习近平谈治国理政》第四卷,外文出版社 2022 年版。

《十八大以来重要文献选编》(上),中央文献出版社 2014 年版。

习近平:《做焦裕禄式的县委书记》,中央文献出版社 2015 年版。

习近平:《论坚持全面深化改革》,中央文献出版社 2018 年版。

习近平:《论坚持推动构建人类命运共同体》,中央文献出版社 2018 年版。

习近平:《论坚持党对一切工作的领导》,中央文献出版社 2019 年版。

《十九大以来重要文献选编》(上),中央文献出版社 2019 年版。

习近平:《论坚持全面依法治国》,中央文献出版社 2020 年版。

习近平:《论党的宣传思想工作》,中央文献出版社 2020 年版。

习近平:《论中国共产党历史》,中央文献出版社 2021 年版。

习近平:《论把握新发展阶段、贯彻新发展理念、构建新发展格局》,中央文献出版社 2021 年版。

《习近平关于实现中华民族伟大复兴的中国梦论述摘编》,中央文献出版社 2013 年版。

《习近平关于全面深化改革论述摘编》,中央文献出版社 2014 年版。

《习近平关于"三严三实"论述摘编》,中央文献出版社 2015 年版。

《习近平关于协调推进"四个全面"战略布局论述摘编》,中央文献出版社 2015 年版。

《习近平关于科技创新论述摘编》,中央文献出版社 2016 年版。

《习近平关于全面从严治党论述摘编》,中央文献出版社 2016 年版。

《习近平关于社会主义经济建设论述摘编》,中央文献出版社 2017 年版。

《习近平关于社会主义社会建设论述摘编》,中央文献出版社 2017 年版。

《习近平关于"不忘初心、牢记使命"重要论述选编》,中央文献出版社、党建读物出版社 2019 年版。

《习近平关于力戒形式主义官僚主义重要论述选编》，中央文献出版社 2020 年版。

《习近平关于防范风险挑战、应对突发事件论述摘编》，中央文献出版社 2020 年版。

《习近平关于统筹疫情防控和经济社会发展重要论述选编》，中央文献出版社 2020 年版。

习近平：《之江新语》，浙江人民出版社 2013 年版。

《十八大报告学习辅导百问》，学习出版社、党建读物出版社 2012 年版。

中央宣传部理论局：《十八届三中全会热点问题权威解读》，学习出版社 2013 年版。

《党的十九大报告学习辅导百问》，党建读物出版社 2017 年版。

《〈中共中央关于深化党和国家机构改革的决定〉〈深化党和国家机构改革方案〉辅导读本》，人民出版社 2018 年版。

《〈中共中央关于坚持和完善中国特色社会主义制度、推进国家治理体系和治理能力现代化若干重大问题的决定〉辅导读本》，人民出版社 2019 年版。

《中国共产党第十九届中央委员会第四次全体会议文件汇编》，人民出版社 2019 年版。

中央宣传部：《习近平新时代中国特色社会主义思想学习纲要》，学习出版社、人民出版社 2019 年版。

《〈中共中央关于制定国民经济和社会发展第十四个五年规划和二〇三五年远景目标的建议〉辅导读本》，人民出版社 2020 年版。

中央宣传部：《习近平新时代中国特色社会主义思想学习问答》，学习出版社、人民出版社 2021 年版。

《中共中央关于党的百年奋斗重大成就和历史经验的决议》，人民出版社 2021 年版。

《党的十九届五中全会〈建议〉学习辅导百问》，党建读物出版社、学习出版社 2020 年版。

《党的十九届六中全会〈决议〉学习辅导百问》，党建读物出版社、学习出版社 2021 年版。

《〈党政领导干部考核工作条例〉问答》，党建读物出版社 2021 年版。

鲍静、解亚红：《政府绩效管理理论与实践》，社会科学文献出版社 2012 年版。

财政部预算司：《绩效预算和支出绩效考评研究》，中国财政经济出版社 2007 年版。

范柏乃:《政府绩效评估与管理》,复旦大学出版社 2007 年版。

方振邦等:《绩效管理》,科学出版社 2010 年版。

郭咸纲:《西方管理学说史》,中国经济出版社 2003 年版。

洪毅:《政府绩效管理创新》,国家行政学院出版社 2010 年版。

李斌等:《未来产业:塑造未来世界的决定性力量》,北京联合出版公司 2021 年版。

李景平:《地方政府管理》,西安交通大学出版社 2008 年版。

李业昆:《绩效管理系统研究》,华夏出版社 2007 年版。

林毅夫等:《高质量发展:迈上现代化新征程的中国》,中共中央党校出版社 2021 年版。

林新奇:《机关绩效管理》,中国人事出版社 2011 年版。

刘厚金:《行政学概论》,北京大学出版社 2015 年版。

刘云柏:《中国古代管理思想史》,陕西人民出版社 1997 年版。

吕福新等主编:《变革与创新:制度·组织·技术》,中国发展出版社 2005 年版。

吕昕阳:《政府绩效管理创新研究》,经济管理出版社 2016 年版。

马作宽:《组织绩效管理》,中国经济出版社 2009 年版。

欧阳康:《国家治理的"道"与"术"》,中国社会科学出版社 2015 年版。

彭漪涟等主编:《逻辑学大辞典》,上海辞书出版社 2004 年版。

钱穆:《中国历代政治得失》,生活·读书·新知三联书店 2001 年版。

冉景亮:《政府绩效管理:理论与实务》,中国社会科学出版社 2018 年版。

沈传亮:《中国共产党如何决策》,五洲传播出版社 2019 年版。

《税收学》编写组:《税收学》,高等教育出版社、中国税务出版社 2021 年版。

万融:《商品学概论》,中国人民大学出版社 2013 年版。

王立胜:《新发展理念》,中共中央党校出版社 2021 年版。

吴迪:《质量的本质:开启数字化质量管理新时代》,广东科技出版社 2022 年版。

伍彬:《政府绩效管理:理论与实践的双重变奏》,北京大学出版社 2017 年版。

《新时代党的组织路线读本》,党建读物出版社 2021 年版。

《新中国税收 70 年》,中国税务出版社 2020 年版。

张长立、许超、曹惠民:《政府绩效管理》,中国矿业大学出版社 2018 年版。

郑海峰:《中国古代官制研究》,天津人民出版社 2007 年版。

郑新立等:《奔向 2035 的新发展格局》,中共中央党校出版社 2021 年版。

朱光磊:《当代中国政府过程》,天津人民出版社 2008 年版。

庄贵阳、周宏春:《碳达峰碳中和的中国之道》,中国财政经济出版社 2021 年版。

卓越:《政府绩效管理概论》,清华大学出版社 2007 年版。

[美]理查德·A.斯旺森:《绩效分析与改进》,中国人民大学出版社 2010 年版。

[美]丹尼尔·A.雷恩、阿瑟·G.贝德安:《管理思想史》,中国人民大学出版社 2012 年版。

[美]罗伯特·卡普兰、戴维·诺顿:《平衡计分卡:化战略为行动》,广东经济出版社 2013 年版。

[美]肯·史密斯等主编:《管理学中的伟大思想:经典理论的开发历程》,北京大学出版社 2016 年版。

[英]迈克尔·阿姆斯特朗:《做一名更好的管理者》,中信出版社 2019 年版。

[美]保罗·C.纳特、罗伯特 W.巴克夫:《公共部门战略管理》,中国人民大学出版社 2016 年版。

[美]彼得·德鲁克:《管理的实践》,机械工业出版社 2020 年版。

[美]唐纳德·P.莫伊尼汗:《政府绩效管理:创建政府改革的持续动力机制》,中国人民大学出版社 2020 年版。

三、报纸期刊

习近平:《在中央和国家机关党的建设工作会议上的讲话》,《求是》2019 年第 21 期。

习近平:《坚持和完善中国特色社会主义制度　推进国家治理体系和治理能力现代化》,《求是》2020 年第 1 期。

习近平:《以史为鉴、开创未来　埋头苦干、勇毅前行》,《求是》2022 年第 1 期。

习近平:《努力建设人与自然和谐共生的现代化》,《求是》2022 年第 11 期。

包东红、高小平:《税务绩效治理的改革价值目标与实现路径》,《改革内参》2022 年第 4 期。

包东红、高小平:《政府绩效管理差异化制度研究——以陕西税务系统建立重大改革快速响应机制为例》,《中国行政管理》2021 年第 10 期。

包国宪、保海旭:《范式演进视域下的政府绩效沟通》,《行政论坛》2015 年第 2 期。

包国宪:《我国地方政府绩效评价的回顾与模式分析》,《兰州大学学报(社会科学版)》2007 年第 1 期。

薄贵利:《构建服务型政府绩效管理体制》,《中国行政管理》2012 年第 10 期。

蔡立辉等:《政府绩效管理理论及其实践研究》,《学术研究》2013 年第 5 期。

蔡立辉:《西方国家政府绩效评估的理念及其启示》,《清华大学学报(哲学社会科学版)》2003 年第 1 期。

陈春花、马胜辉:《中国本土管理研究路径探索——基于实践理论的视角》,《管理世界》2017 年第 11 期。

陈丽君、傅衍:《我国公共政策执行逻辑研究述评》,《北京行政学院学报》2016 年第 5 期。

程俊峰:《创新组织个人绩效衔接机制 推动税务绩效管理》,《中国科技成果》2021 年第 14 期。

程俊峰:《优化税务绩效管理增强税收征管改革内生动力》,《中国行政管理》2022 年第 3 期。

戴光正:《对创造性开展工作的辩证思考》,《南京政治学院学报》1997 年第 5 期。

董静、尚虎平:《政府绩效管理鸿沟:问题识别、形成逻辑与研究展望》,《上海行政学院学报》2020 年第 5 期。

范柏乃等:《我国公共管理研究方法的统计分析及演进路径研究》,《公共管理学报》2013 年第 2 期。

方丽娜:《组织目标管理理论的渊源、形成及在我国的应用》,《经营与管理》2017 年第 1 期。

冯志峰:《新时代绩效管理机制持续改进的流程创新——以税务系统绩效管理版本为研究样本》,《东方论坛》2018 年第 3 期。

付红梅:《论政府绩效评估主体多元化》,《科教文汇(上半月)》2006 年第 7 期。

付树林、何强:《论平衡计分卡理论在税务绩效管理中的运用》,《税务研究》2022 年第 5 期。

高小平:《创新绩效管理制度打造人民满意的服务型税务机关》,《中国税务》2019 年第 12 期。

高小平、杜洪涛:《我国税务系统绩效管理体系:发展、成效和特色》,《中国行政管理》2016 年第 11 期。

高小平、贾凌民、吴建南:《美国政府绩效管理的实践与启示——"提高政府绩效"研讨会及访美情况概述》,《中国行政管理》2008 年第 9 期。

高小平等:《中国绩效管理的实践与理论》,《中国社会科学》2011 年第 6 期。

郭志博:《中日税务绩效管理制度模式比较研究》,《税务与经济(吉林财经大学学报)》2021 年第 3 期。

国家税务总局广西壮族自治区税务局、广西壮族自治区党委编办(绩效办)、广西财经学院联合课题组:《深化税务系统与地方党政绩效考评衔接融合的探讨——基于加强"系统集成"的视角》,《广西社会科学》2022 年第 4 期。

国家税务总局河北省税务局课题组:《税务绩效管理:实践经验、理论逻辑与发展方向》,《税务研究》2021 年第 12 期。

国家行政学院政府绩效评估中心:《税务系统绩效管理第三方评估报告》,2016 年。

韩亦:《组织变革的重混逻辑》,《中欧商业评论》2016 年第 2 期。

郝军辉:《数字人事管出税务好干部》,《瞭望》2021 年第 14 期。

何强、付江峰、张晨:《中美税务部门实施绩效管理的比较研究》,《中国行政管理》2019 年第 5 期。

何强:《建立税务绩效管理的长效机制》,《中国税务》2020 年第 2 期。

何强:《"人人自励,以求绩效"——中国古代绩效文化管窥》,《中国税务报》2015 年 10 月 19 日。

何强:《深化对政府绩效管理的理解:基于中国税务部门的实践》,《中国税务报》2021 年 12 月 29 日。

何强:《作为治理效能的高质量发展绩效:政府过程、税收作用与权利本位》,《中国行政管理》2020 年第 11 期。

胡立升:《以党建为引领提升税务绩效管理》,《财政监督》2021 年第 17 期。

胡怡建:《从三个视角看我国新一轮税收征管改革》,《中国税务》2021 年第 5 期。

黄严:《新 LOLF 框架下的法国绩效预算改革》,《公共行政评论》2011 年第 4 期。

黄英:《税务系统领导班子和领导干部绩效指标体系的构建——基于 AHP 方法的研究》,《税务研究》2020 年第 11 期。

贾凌民:《加强绩效管理　深化政府改革》,《中国行政管理》2009 年第 3 期。

江武峰:《从组织绩效向个人绩效考评延伸的公务员绩效管理——基于税务部门公务员绩效管理的实证分析》,《中国行政管理》2022 年第 3 期。

李恩柱:《古代官员如何考核》,《领导文萃》2010 年第 2 期。

李剑平:《税务绩效文化建设探索》,《湖南税务高等专科学校学报》2016 年第 6 期。

李玲娟:《荷兰绩效审计的最新发展与启示》,《上海商业》2021 年第 1 期。

李亚飞:《税务绩效管理:触及治理灵魂的自我革命》,《瞭望》2020 年第 46 期。

梁仁志:《中国古代官吏考核制度及启示》,《紫光阁》2018 年第 9 期。

林京华:《构建机关效能建设与税务绩效管理互融互促新格局的策略研究》,《发展研究》2021 年第 12 期。

刘登峰、姚镇:《关于加强新时代政府绩效管理信息化建设的思考》,《中国行政管理》2020 年第 8 期。

刘朋朋：《有效推进政府绩效管理改革的路径》，《中国社会科学报》2022 年 4 月 20 日。

刘朋朋：《中国地方政府综合绩效评估指标体系设计的比较研究》，《中共福建省委党校学报》2017 年第 11 期。

刘绍义：《清代官员考核的"四格八法"》，《秘书工作》2017 年第 1 期。

刘旭涛：《持续改进和优化才能切实发挥绩效管理的效用》，《中国税务》2019 年第 12 期。

刘旭涛等：《论绩效型政府及其构建思路》，《中国行政管理》2004 年第 3 期。

刘旭涛等：《政府绩效管理：经验、问题与改进》，《行政管理改革》2010 年第 12 期。

刘尊涛、马陟政：《税务数字人事：理论逻辑、实践逻辑和价值逻辑的统一体》，《税务研究》2022 年第 9 期。

龙岳辉、劳晓峰：《以数字化改革优化营商环境的税务绩效管理创新研究：以浙江省为例》，《中国行政管理》2022 年第 3 期。

吕长江：《中国传统文化对管理学科的影响探讨》，《管理世界》2021 年第 9 期。

罗晓慧：《浅谈云计算的发展》，《电子世界》2019 年第 8 期。

马亮：《大数据时代的政府绩效管理》，《理论探索》2020 年第 6 期。

马陟政：《数字人事："以数治队"的税务实践方案》，《中国税务报》2022 年 3 月 23 日。

任剑涛等：《意识形态与国家治理绩效》，《学海》2018 年第 2 期。

佘镜怀等：《公共部门绩效评价指标体系的设计方法——以税务稽查为例》，《税务研究》2014 年第 4 期。

商迎秋：《企业战略管理理论演变与战略风险思想探析》，《技术经济与管理研究》2011 年第 3 期。

沈亚平等：《当代中国行政管理体制改革的目标与展望》，《河北学刊》2010 年第 7 期。

宋鲁郑：《中国创造新的制度文明》，《红旗文稿》2013 年第 22 期。

孙德仁：《深化完善税务系统绩效管理机制的实践与思考》，《税务研究》2020 年第 2 期。

唐雪峰、刘楼、顾文静：《党建视角下的税务系统领导班子及领导干部绩效考核实践探索》，《广东财经大学学报（2021 湾区经济发展国际学术研讨会论文集）》2021 年增刊。

《推动管理创新：荷兰各务的经验与启示》，《中国税务报》2016 年 11 月 2 日。

王冰等:《基于平衡计分卡的税务系统绩效管理》,《税务研究》2016 年第 7 期。

王道树:《税务绩效管理:抓班子促落实提质效》,《瞭望》2021 年第 12 期。

王海志:《马克思主义政党执政绩效理论探源》,《佳木斯大学社会科学学报》2006 年第 6 期。

王军:《充分发挥税收职能作用 积极服务全面建设社会主义现代化国家》,《学习时报》2020 年 11 月 11 日。

王军:《绩效管理在推进税收治理现代化中的战略定位与实现路径》,《中国行政管理》2020 年第 6 期。

王军:《坚持党建引领 建设模范机关》,《旗帜》2019 年第 7 期。

王军:《坚持系统观念 健全"六个体系" 切实加强税务机关党的政治建设》,《中国税务报》2020 年 11 月 25 日。

王军:《聚焦"四力"战疫情促发展 推进税收治理现代化》,《学习时报》2020 年 3 月 25 日。

王军:《让"非接触式"办税走向常态》,《人民日报》2020 年 4 月 3 日。

王军:《深化税收征管改革 服务国家治理现代化》,《人民日报》2021 年 11 月 4 日。

王军:《深化税收征管改革 顺应人民群众期盼》,《求是》2021 年第 18 期。

王军:《"十三五"时期税收有力服务经济社会发展大局》《人民日报》2020 年 10 月 22 日。

王军:《推进税收现代化 服务高质量发展》,《经济日报》2021 年 6 月 22 日。

王军:《完善六个体系 加强税务系统党的政治建设》,《机关党建研究》2020 年第 2 期。

王军:《为全面建设社会主义现代化国家贡献税务力量》,《旗帜》2020 年第 11 期。

王军:《在服务"六稳""六保"大局中贡献税务力量》,《求是》2020 年第 16 期。

王军:《在新的征程上谱写税收现代化建设新篇章》,《学习时报》2021 年 10 月 20 日。

王林川、寿志勤、吴慈生:《政府数据开放平台服务绩效评价指标体系研究:基于公共价值视角》,《中国行政管理》2022 年第 1 期。

王献玲:《政府绩效管理中组织绩效与个人绩效衔接机制研究——基于税务部门绩效管理》,《山东经济战略研究》2021 年第 12 期。

吴建南等:《构建公共部门公众满意度测评模型的实证分析》,《甘肃行政学院学报》2006 年第 3 期。

伍舫:《税务绩效管理智能化的规划构想和实践路径》,《中国领导科学》2022 年第 1 期。

谢军、王金成、李博峰、赵国春:《KPI 绩效考核法在税务部门的运用实践和完善对策——以新疆税务为例》,《经济管理文摘》2020 年第 21 期。

徐明朗等:《基层税务机关绩效管理问题探析》,《税务研究》2016 年第 7 期。

颜世富:《中国古代绩效管理思想研究》,《上海管理科学》2014 年第 6 期。

尹虎、李文芳、顾雄:《找准绩效管理在"带好队伍"中的定位》,《中国税务报》2021 年 1 月 27 日。

俞明辉:《绩效管理是保障税收服务国家治理的重要手段》,《中国税务报》2021 年 8 月 18 日。

负杰:《以全面绩效管理引领国家税收治理现代化》,《中国税务》2019 年第 12 期。

负杰:《中国政府绩效管理 40 年:路径、模式与趋势》,《重庆社会科学》2018 年第 6 期。

臧乃康:《地方政府绩效评估的悖论及其消解》,《北京行政学院学报》2007 年第 5 期。

张定安、何强:《中国特色政府绩效管理的演进逻辑和发展方向——基于税务绩效管理的实践创新》,《中国行政管理》2022 年第 3 期。

张定安:《新时代税收营商环境的"宣言书"和税收治理现代化的"路线图"》,《中国税务报》2021 年 5 月 14 日。

张国均:《税收治理现代化背景下税务绩效管理的优化与改进》,《税务研究》2021 年第 8 期。

张晋藩:《考课与监察:中国古代职官管理的法律传统》,《中国应用法学》2018 年第 5 期。

张廷君、胡佳君、林娟:《治理导向型绩效管理:政府绩效管理中的税务模式及保障体系》,《税务研究》2021 年第 8 期。

张亚宏:《"乔哈里视窗"与图书馆员沟通能力提升策略研究》,《图书馆研究》2019 年第 1 期。

张有乾:《建设协同高效的政府绩效管理体系》,《前线》2022 年第 1 期。

张誉琼:《新加坡政府绩效评估研究》,《青年与社会》2013 年第 10 期。

赵斌:《云计算安全风险与安全技术研究》,《电脑知识与技术》2019 年第 2 期。

赵子建:《试论税务绩效管理的理论逻辑》,《税务研究》2021 年第 5 期。

《中国税务》编辑部:《外国专家看税务绩效管理》,《中国税务》2019 年第 12 期。

中国行政管理学会课题组:《聚焦市场主体关切　持续打造市场化法治化国际化营商环境》,《中国行政管理》2021 年第 8 期。

中央组织部组织二局:《扛起主体责任　汇聚各方力量　推动税务系统党建工作创新发展——国家税务总局"纵合横通强党建"工作机制的调研报告》,《人民日报》2022 年 1 月 12 日。

周志忍:《公共组织绩效评估:中国实践的回顾与反思》,《兰州大学学报(社会科学版)》2007 年第 1 期。

周志忍:《论政府绩效评估中主观客观指标的合理平衡》,《行政论坛》2015 年第 3 期。

朱立言等:《如何提高公务员绩效评价的科学性》,《中国人才》2008 年第 17 期。

卓越:《公共部门绩效评估的对象选择》,《中国行政管理》2005 年第 11 期。